コーポレート・ファイナンス

基礎と応用

Corporate Finance

新井富雄・高橋文郎・芹田敏夫 著

Arai Tomio, Takahashi Fumio, Serita Toshio

中央経済社

はじめに

本書は,企業が価値創造経営を実践する際のベースとなるコーポレート・ファイナンス（企業財務）の理論的なフレームワークとその応用方法について述べたテキストである。

本書は，ビジネススクール（MBA コース）や経済学部，経営学部等の専門課程に適したテキストとして執筆したものであるが，企業が直面する様々な応用テーマも含めて執筆しているので，ビジネスパーソンがコーポレート・ファイナンスの体系的知識を身につけるためのテキストとして使用することもできるであろう。

本書の構成と特長

本書は「コーポレート・ファイナンス－基礎と応用－」と題したが，このタイトルが示すように，本書の特長の第１として，コーポレート・ファイナンスの基本的な理論的フレームワークを体系的に述べていることが挙げられる。

これらの基礎理論は第１章から第７章で説明されている。第１章「イントロダクション」は，学問としてのコーポレート・ファイナンスの体系について説明し，あわせて，コーポレート・ファイナンスを学ぶ上で必要とされる基礎知識として，企業の財務諸表の構造と主要な財務比率や株価指標について取り上げている。

コーポレート・ファイナンスは，ファイナンス（金融経済学）といわれる学問分野の一部であり，コーポレート・ファイナンスを理解するためにはファイナンスの基礎的な概念と理論を理解することが必要とされる。これらについては，第２章「現在価値」と第４章「リスクとリターン」で解説している。

第１章で述べるように，コーポレート・ファイナンスの意思決定領域は，①投資決定，②資金調達（資本構成），③配当政策と自社株買いの３つに大きく分けられるが，これらの分野の基礎理論については，第３章「投資決定」，第５章「資本構成」，第７章「配当政策と自社株買い」で説明している。

また，企業の財務的意思決定のあり方を理解する上で重要となる理論的概念が資本コストである。資本コストの概念と具体的計算方法については，第６章「資本コスト」で取り上げている。

以上のコーポレート・ファイナンスの基礎理論を記述するにあたっては，海外のビジネススクールでの最新の教育内容を反映させるため，専門用語の定義や公式などについて，現在，アメリカのビジネススクールで使われている代表的なテキストを参考にした。

本書の第２の特長は，オプション理論とその応用について，かなりページを割いて取り上げたことである。オプションの基本理論について説明した第11章「オプション」では，コーポレート・ファイナンスのテキストではあまり取り上げられることがないが，リアル・オプションをはじめコーポレート・ファイナンスの様々な応用分野でよく用いられるアメリカン・オプションの評価について，Excelを用いた具体的な計算法を含めて説明している。

続く第12章「オプションの応用」では，オプション理論の投資決定への応用であるリアル・オプションと資金調達の応用的なテーマとして新株予約権付社債の資本コストの計算方法について説明している。

本書の第３の特長は，以上のコーポレート・ファイナンスの基礎理論をベースにして，コーポレート・ファイナンスの応用的なトピックも取り上げていることである。

第８章「企業価値の評価」と第９章「企業の合併・買収」では，産業構造の変化やグローバル化への対応策として，近年，日本でも盛んに行われるようになった企業の合併・買収（M&A）についての理論的な考え方と企業価値の評価方法について説明している。

第10章「コーポレート・ガバナンス」では，取締役会等の内部モニタリング制度の改革だけでなく，役員報酬制度や機関投資家の役割等を含む幅広い側面から，日本企業のコーポレート・ガバナンスのあり方について経済学的観点からの問題提起を行っている。

第13章「財務リスク・マネジメント」では，企業経営に関する不確実性の高まりに伴って重要性を増しているリスク・マネジメントについて，理論的なフレームワークと様々な手法について説明している。

第14章「国際財務管理」では，企業活動のグローバル化に伴って重要性を増している国際的な投資決定や資金調達について解説している。

以上のような応用的なトピックを取り上げるに際しては，第1章から第7章までで説明されたコーポレート・ファイナンスの基礎理論をベースにして，各分野についての理論的な考え方と応用手法について述べている。

本書の使い方

以上述べたように，本書の内容は，コーポレート・ファイナンスの基礎理論（第1章～第7章），コーポレート・ファイナンス理論の応用（第8章～第14章）と大きく2つにわかれる。

本書を大学でコーポレート・ファイナンスの基礎科目のテキストとして使用する場合には，第1章～第7章を中心に講義内容を組み立てればよいであろう。また，個人で本書を用いてコーポレート・ファイナンスを学習する場合には，まず第1章～第7章を学習し，その後，関心のあるテーマについて学習するという方法をとればよいであろう。

本書の記述にあたっては，主要な概念や理論について読者の理解を助けるために，各章の始めに「本章の概要」と「キーワード」を示し，章末には「本章のまとめ」を記述した。

本書では，一般式だけでなく，なるべく数値例を用いて，コーポレート・ファイナンス理論のエッセンスを説明するように努力した。特に初学者には難解と思われる一般式による説明は各章の補論で述べるようにした。

また，読者の理解を助けるために，各章に練習問題（Problems）を設けている。読者は本書を学習した後，これらの問題を解けば，内容の理解が深まるであろう。

特に証券のリスクやオプションに関する章では，Excelを用いる練習問題を何題か提示している。読者の皆さんは是非Excelを使いながら，ファイナンスの知識を深めていただきたい。

また，巻末の「さらに学ぶために」で，本書を執筆するにあたって参考にした文献やコーポレート・ファイナンスの各テーマについて学ぶ際に参考になる文献を紹介した。これらの文献は，本書を読み終えた読者の皆さんがコーポレート・ファイナンスをさらに深く学ぶ上で有益であろう。

＊　＊　＊

これまで著者３人は，それぞれコーポレート・ファイナンスや証券投資に関する著作を何冊か執筆してきたが，様々な教育・研修の機会で一緒に活動することも多かった。本書は３人が各々の専門分野や得意分野を中心に執筆したが，本書は３人の著者にとって，これまでのファイナンス分野の教育活動の成果をまとめたという意味を持っている。

本書の執筆にあたっては，中央経済社の納見伸之氏から内容や構成について大変貴重なアドバイスをいただいた。この場を借りて心から感謝の意を表したい。

2016年３月

著者を代表して

高橋　文郎

目　次

第4章　リスクとリターン　Risk and Return

第6章　資本コスト　Cost of Capital　123

第7章　配当政策と自社株買い　Dividend Policy and Share Repurchase　147

第1章 イントロダクション

Introduction

本章の概要

コーポレート・ファイナンスは，企業の財務的意思決定のあり方を学ぶ学問分野である。本章では，これからコーポレート・ファイナンスを学ぶための準備として，株式会社の基本構造，企業の資金調達方法と金融市場の役割，企業の価値創造などの基本概念と主要な財務諸表の構造について説明を行う。あわせて，これから学ぶ企業の財務的意思決定の領域と意思決定基準について概観する。

Key words

コーポレート・ファイナンス，株式，所有と支配の分離，有限責任，負債，社債，借入れ，金融市場，証券市場，発行市場，流通市場，ステークホルダー（利害関係者），要求収益率，資本コスト，加重平均資本コスト，企業価値，財務諸表，貸借対照表，損益計算書，資産，純資産，流動資産，固定資産，設備投資，減価償却，流動負債，固定負債，キャッシュ・フロー計算書，運転資本，総資本利益率（ROA），投下資本利益率（ROIC），自己資本利益率（ROE），自己資本比率，有利子負債依存度，負債比率，インタレスト・カバレッジ・レシオ，ROEの分解式（デュポン・システム），売上高純利益率，総資本回転率，株価収益率（PER），１株当たり利益（EPS），配当利回り，企業価値EBITDA倍率，株価純資産倍率（PBR），財務マネジャー，投資決定，資金調達，資本構成，配当政策，自社株買い

1.1 コーポレート・ファイナンスの領域と学習目的

コーポレート・ファイナンス(Corporate Finance，企業財務または企業金融)は，企業の財務的意思決定と財務行動のあり方を学ぶ学問分野である。コーポレート・ファイナンスで企業の財務的意思決定のあり方を議論するにあたっては「経済的価値の創造」を企業の目的として考える。つまり，企業はどのような財務的な行動をとれば経済的価値を創造できるのかということがコーポレート・ファイナンスの研究テーマとなる。企業の財務的意思決定の領域は，①投資決定，②資金調達，③配当政策に大きく分けることができる。コーポレート・ファイナンスでは，これらの領域で企業がとる行動が企業価値や株価にどのような影響を与えるのかという観点から，企業の経営戦略や財務政策のあり方を議論する。

このように，コーポレート・ファイナンスは，企業の財務マネジャーだけでなく，株主からの委託を受けて企業価値を増大することを目的とする企業経営者にとっても不可欠の知識である。

コーポレート・ファイナンスを学ぶうえでは，２つの分野の知識が必要になる。第１は，企業の財務諸表の構造など，会計学や財務分析の知識である。企業の経営政策や財務政策の結果は財務諸表（貸借対照表，損益計算書，キャッシュ・フロー計算書など）に表れるからである。

第２に，証券市場と証券価格についての知識も欠かせない。というのは，企業が事業を行う際の要求収益率（最低限，上げねばならない収益率の水準）は，企業が行う事業の性格や企業の資本構成（負債と株式の割合）に基づいて証券市場（株式市場や社債市場）で決定されるからである。コーポレート・ファイナンスはファイナンス理論の１領域であり，証券投資のリスクやリターンの概念や証券市場での証券価格形成の理論をベースとして組み立てられている。

1.2 企業の価値創造と資金調達

1.2.1 株式会社の基本構造

現代の多くの企業は株式会社形態をとっている[(1)]。株式会社は株式を発行することによって設立され，株式を所有する株主が株主総会での議決権，企業が上げた利益の一部を配当の形で受け取る権利(利益配当請求権)，企業が解散する際に残った財産を受け取る権利（残余財産分配請求権）などを持つ。株式会社はまず少人数の株主によって設立されるが，会社が成長し，多くの投資家から追加的な資本を調達する必要が生まれると，多くの会社は株式市場に株式を上場する。株式を上場することによって，投資期間や投資株数が多様な株主が株式取引に参加できるようになり，企業は新たな株式発行（増資）を行いやすくなる。

上場している大企業の多くでは，株主は直接，経営は行わず，株主総会で株主によって選任された取締役が経営を行う。この所有と支配の分離によって，株主構成が変わっても一貫した経営が追求できるようになり，企業には永続性が与えられる。しかし，所有と支配の分離によって，株主と経営者の間の利害の相反という問題が生まれる可能性がある。

株式会社では，株主の債務履行の責任は出資額に限定される。例えば，業績不振で企業が倒産してしまい，企業の保有している資産を現金化しても債務を全額返済できないような場合でも，株主は自分の出資額以上の金額を負担する必要はない。しかし，このような株式の有限責任制は，企業の業績が悪化した場合，株主と債権者の間の利害の相反という問題をもたらす可能性がある。

1.2.2 企業の資金調達方法

企業は，事業を行うにあたって必要資金を調達せねばならない。株式会社の主な資金調達方法は，大きく株式と負債に分類することができる。

前述のように，企業は利益の全部あるいは一部を株主に配当という形で支払う。しかし，配当額は企業の業績によって変動し，場合によって無配になることもある。

負債は，社債と借入金に分類される。社債の保有者は毎期決められた金額の利息を受け取り，満期時には償還金を受け取る。株式や社債のように，発行者

---

(1) 日本では，会社法に基づく会社の形態としては株式会社，合名会社，合資会社，合同会社があるが，ほとんどの会社が株式会社形態をとっている。本書では株式会社を対象として議論を展開する。

が決められたルールに基づいて証券保有者に対して一定の金額を支払うことを約束した証書は証券と呼ばれる(2)。これに対し，借入れは，企業が銀行やその他の金融機関などから直接資金を借り入れることである。

企業などが資金調達を行う場は金融市場と呼ばれる。金融市場とは，資金供給者（貸手）から資金需要者（借手）に資金が移転する場のことであり，①証券市場を経由するルートと②金融機関を経由するルートの２つに分けることができる。株式や社債は証券市場を通じる資金調達であり，ほとんどの借入れは金融機関を通じる資金調達である。

証券市場は株式や社債などの証券が取引される市場であり，発行市場と流通市場に分かれる。発行市場は新たな証券が投資家に発行される市場のことである。これに対し，流通市場はすでに発行された証券が投資家の間で売買される市場のことである。流通市場がなく，投資家が保有する証券をすぐに換金できなければ，投資家は安心して証券投資をすることができなくなってしまい，証券の新規発行もできなくなってしまう恐れがある。また流通市場で形成される証券の価格は新規証券を発行する場合の基準とすることができる。このように発行市場が機能するためには，継続的に公正・妥当な価格形成が行われ，流動性が高い（換金の可能性が高い）流通市場が不可欠であり，両市場は有機的に結びついている。

1.2.3　企業活動の経済的目的

現代の企業は，従業員，株主，債権者，取引先，顧客，地域社会，政府・自治体など様々なステークホルダー（利害関係者）の関与のもとで経済活動を行っている。企業は事業から得た収入（売上高）を原材料費，経費，人件費，支払利息，税金などの形でこれらのステークホルダーに分配し，最後に残った純利益が株主に帰属する。つまり，株主は一番最後に収益を受け取るステークホルダーである。したがって，株主が満足する利益を上げることができれば，それ以前に取引先や従業員や債権者の利益も満たされることになり，企業は経済的

---

(2)　法律では，証券は非常に幅広く定義されており，大きく証拠証券（預金証書，借用証書，受取証書など）と有価証券に分かれ，有価証券はさらに商品証券（船荷証券や倉荷証券など財貨請求権証券），貨幣証券（手形や小切手など貨幣請求権証券），資本証券（株式や債券など投資に伴う諸権利請求権証券）に分かれる。本書で取り上げる証券は法的には資本証券に相当する。

な価値を創造したことになる。

企業に対する資本提供者は大きく株主と有利子負債の提供者（金融機関や社債保有者などの債権者）に分かれるが，企業はこれらの債権者に金利を支払ったうえで株主が要求する以上の利益を上げることができれば価値を創造することができる。コーポレート・ファイナンスではこのような事業の要求収益率は資本コスト（Cost of Capital）と呼ばれる。企業が価値を生むための要求収益率（資本コスト）は，債権者の要求収益率（負債の資本コスト）と株主の要求収益率（株式の資本コスト）を加重平均することによって求められるので，加重平均資本コスト（Weighted Average Cost of Capital，WACC）と呼ばれる。企業は事業への投資を行って，加重平均資本コストを上回る収益率を上げれば，価値を創造することができるのである。

このように，企業が価値を創造すれば，それを反映して，株価が上昇し，株式の価値（株式時価総額）や企業価値が増大することになる。これが企業による価値の創造である。特殊な状況を除けば，企業価値の創造と株主価値の創造という言葉は基本的に同じ意味であり，それは具体的には株式市場で形成される株価の上昇となって表れるのである[3]。

1.2.4 エージェンシー問題

ほとんどの上場企業では，所有と支配が分離しており，経営者は株主の委託を受けて企業の経営を行っている。このようなプリンシパル（本人，委託者）とエージェント（代理人）の関係はエージェンシー関係と呼ばれる。エージェンシー関係は我々の日常生活にも広範にみられるものであり，患者（プリンシパル）－医者（エージェント），依頼人（プリンシパル）－弁護士（エージェント）などの例が挙げられる。

標準的なコーポレート・ファイナンス理論では，企業の経営者はプリンシパルである株主のエージェントとして，企業価値や株価の最大化のために行動すると想定する。しかし，現実の世界では，プリンシパルとエージェントは常に利害が一致するとは限らない。経営者が株主の利益に反する行動をとって自己

---

(3) 本章1.2.4項で述べるように，企業の業績が悪化し，債務不履行や倒産の可能性が高いような場合には，株主の利益と債権者の利益が対立し，企業価値の創造と株主価値の創造が一致しないことがあり得る。

の利益を高めることもしばしば行われる。例えば，企業経営者が自己の社会的名声を高めるために，価値創造ではなく単なる規模拡大を目指して事業を行うことは大いにあり得るし，必要以上に豪華な社用車や役員室を使ったり，交際費を濫用することなどもしばしばみられることである。

このような株主と経営者の間のエージェンシー問題が起これば，企業による価値創造が阻害されることになる。このようにプリンシパルとエージェントの利害の相違から発生する企業価値の低下幅はエージェンシー・コストと呼ばれる。エージェンシー・コストが発生する原因としては，情報の非対称性（プリンシパルとエージェントが同じ情報を持っていない）やプリンシパルによるエージェントのモニター（監視）が不完全であることが挙げられる。

企業におけるエージェンシー関係としては，株主（プリンシパル）と経営者（エージェント）の関係以外に，債権者（プリンシパル）と株主（エージェント）の関係もある。

株式会社では，株主は有限責任を持ち，株主の債務履行の責任は出資額に限定される。このような株式の有限責任制は，企業の業績が悪化した場合，株主と債権者の間の利害の相反という問題をもたらす可能性がある。

例えば，企業の業績が悪化し，債務不履行や倒産の可能性が高い場合，どのような投資プロジェクトを実施するかという点で，株主と債権者との利害が対立する可能性がある。このような場合，キャッシュフローの期待値が低くてもリスクの低い投資案件があったとすると，債権者はこのような投資プロジェクトを行うことを望む。しかし，株主としては，そのような投資プロジェクトを行っても，キャッシュフローは債権者への元利支払いにあてられてしまい，株主の利益にはならないので，たとえリスクが低くてもそのような投資プロジェクトは行わなくなる傾向がある。逆に，株主は，リスクは高いが，成功すれば多額のキャッシュフローが生まれるような事業を好む傾向がある。このような株主と債権者の利害の対立は，企業が倒産しても株主の債務履行の責任は出資額に限定されるという株式の有限責任制が原因となっている。

1.3　財務諸表の構造

企業の経済的活動（資金調達や事業活動）の成果は財務諸表に表される。主な財務諸表には，貸借対照表，損益計算書，キャッシュ・フロー計算書がある。ここではこれら3つの財務諸表の構造について説明しよう。なお，日本では子会社や関係会社を連結した連結財務諸表で企業の業績や財務状況を評価するのが一般的である。

1.3.1　貸借対照表

図表1－1に連結貸借対照表の構造を示した。貸借対照表は，企業がどのように事業に必要な資金を調達し，その資金を使ってどのような資産を保有しているかを示したもので，資産の部，負債の部，純資産の部に分かれる。貸借対照表では，必ず資産＝負債＋純資産という関係になっているので，貸借対照表はバランスシート（Balance Sheet）と呼ばれることもある。

⑴　資　　産

企業が保有する資産は流動資産と固定資産に分かれる。流動資産は決算日から1年以内に現金化できる資産で，固定資産は決算日から1年以内に現金化できない資産のことである。

主な流動資産としては，現金（手許現金と要求払預金など）及び現金同等物（容易に換金可能であり，価値が変動するリスクが僅少な短期投資），売掛金（製品の販売代金のうち入金されていない未回収残高），有価証券（短期の運用益を目的に購入される証券），棚卸資産（商品，製品，仕掛品，原材料などの在庫）などがある。

主な固定資産としては，有形固定資産（土地，建物，機械装置など），無形固定資産（営業権，特許権，商標権など），投資その他の資産（投資有価証券，関係会社株式，長期貸付金など）がある。

企業が設備投資（土地，建物，機械設備の購入）を行うと，その支出額は貸借対照表に資産として計上される。有形固定資産のうち，建物や機械設備については，決められた会計規則に基づいて何期間かにわたって減価償却費が損益計算書に計上され，減価償却費の分だけ資産計上額が減少することになる。

図表１－１　連結貸借対照表の構造

（単位：百万円）

	20X1年３月31日	20X2年３月31日
資産の部		
流動資産	2,597	2,758
固定資産		
有形固定資産	1,547	1,784
無形固定資産	155	259
投資その他の資産	1,351	1,790
固定資産合計	3,053	3,833
資産合計	5,650	6,591

（単位：百万円）

	20X1年３月31日	20X2年３月31日
負債の部		
流動負債	1,085	1,346
固定負債	558	701
負債合計	1,643	2,047
純資産の部		
株主資本	3,480	3,590
その他の包括利益累計額	416	814
新株予約権	4	3
少数株主持分	107	137
純資産合計	4,007	4,544
負債純資産合計	5,650	6,591

⑵ 負　　債

負債は，決算日から１年以内に返済しなければならない流動負債と返済期限が１年を超える固定負債に分かれる。

主な流動負債としては，買掛金（商品や原材料などの購入代金の未払残高），短期借入金（返済期限が１年以内の借入金），前受金（製品の販売時点よりも前に販売先から受け取った契約手付金や予約金）などがある。

主な固定負債としては，社債，長期借入金（返済期限が１年を超える借入金），退職給付債務（将来，従業員に支払われる退職金・退職年金のうち，すでに発生していると認められる金額）などがある。

(3) 純 資 産

純資産は，株主資本（資本金，資本剰余金など株主が出資した金額と利益剰余金など利益の内部留保額），その他の包括利益累計額(金融商品や外国為替などの評価損益)，新株予約権（株式を予め決められた価格で取得する権利），少数株主持分(連結子会社の純資産のうち親会社以外の株主が保有している部分)などからなる。

株主資本とその他の包括利益累計額を合計した金額は自己資本または株主持分と呼ばれる。自己資本はこれまで株主が出資した金額と企業の利益留保額と様々な資産の評価損益を合計した数字であり，株主に帰属する資本の金額を表している。

1.3.2　損益計算書

図表1－2に示したのが連結損益計算書である。損益計算書はある1期間に発生した収益と費用を示している。どのような種類の費用を控除するかによって，利益はいくつかの種類に分かれる。

(1) 売上総利益

売上総利益は売上高（営業収入）から売上原価（商品を仕入れたり，製造したりするときに掛かる費用）を引いたものである。

売上総利益＝売上高－売上原価

(2) 営業利益

売上総利益から販売費及び一般管理費（販売に要する費用と会社全体を管理するのに要する費用）を引いたものが営業利益である。営業利益は通常の営業活動から上げた利益を表す指標である。

営業利益＝売上総利益－販売費及び一般管理費

(3) 経常利益

営業利益に営業外収益(受取利息，受取配当金など)を加え，営業外費用(支払利息など）を引いたものが経常利益である。

経常利益＝営業利益＋営業外収益－営業外費用

(4) 親会社株主に帰属する当期純利益

最終的に株主に帰属する利益が「親会社株主に帰属する当期純利益」である[4]。親会社株主に帰属する純利益は，経常利益に特別利益（固定資産売却益，

図表1－2　連結損益計算書の構造

（単位：百万円）

	自20X0年4月1日 至20X1年3月31日	自20X1年4月1日 至20X2年3月31日
売上高	5,951	6,313
売上原価	4,183	4,412
売上総利益	1,768	1,901
販売費及び一般管理費	1,500	1,534
営業利益	268	367
営業外収益	43	64
営業外費用	14	17
経常利益	297	414
特別利益	137	146
特別損失	18	16
税金等調整前当期純利益	416	544
法人税等合計	109	125
非支配持分控除前当期純利益	307	419
被支配株主に帰属する当期純利益	14	22
親会社株主に帰属する当期純利益	293	397

投資有価証券売却益など）を加え，特別損失（固定資産除却損など），法人税等の税金，被支配株主に帰属する当期純利益（親会社以外の子会社の株主に帰属する子会社の利益）を引いたものであり，株主への配当の原資となる。

親会社株主に帰属する当期純利益

＝経常利益＋特別利益－特別損失－法人税等合計－被支配株主に帰属する当期純利益

1.3.3　キャッシュ・フロー計算書

損益計算書は，企業が1期間に上げた利益を計算する財務諸表であるが，企業が生み出した現金の額は示していない。その理由の1つは，企業の費用項目

(4)　本書の以下の章では，「親会社株主に帰属する当期純利益」のことを純利益という言葉で表現する。

図表1－3　連結キャッシュ・フロー計算書の構造

（単位：百万円）

	20X1年3月31日	20X2年3月31日
営業活動によるキャッシュ・フロー	301	302
投資活動によるキャッシュ・フロー	△22	△523
財務活動によるキャッシュ・フロー	△61	52
現金及び現金同等物に係る換算差額	14	17
現金及び現金同等物の増減額	232	△152
現金及び現金同等物の期首残高	638	870
現金及び現金同等物の期末残高	870	718

（注）△は減少を意味する。

には，減価償却費やその他の償却費など現金支出を伴っていない費用項目があることである。もう1つの理由は，土地や建物の購入や棚卸資産の追加に要した費用などが損益計算書には載っていないことである。

企業が1期間にどれだけの現金及び現金同等物を生んだのかを説明するのが**図表1－3**に示した連結キャッシュ・フロー計算書である。キャッシュ・フロー計算書は，1期間における現金及び現金同等物の増減を営業活動・投資活動・財務活動ごとに区分して表示している。

(1)　営業活動によるキャッシュ・フロー

営業活動によるキャッシュ・フローは，事業に関連した取引の収入総額から支出総額を引いた金額である。損益計算書では減価償却費やその他の償却費など現金支出を伴っていない費用項目が控除されて利益が計算されているので，営業活動によるキャッシュ・フローを計算するには，当期純利益にこれらの償却費を足し戻すことが必要になる。さらにこの金額に売掛金，買掛金，棚卸資産等の残高の増減から生まれる運転資本の増減を調整して，営業活動によるキャッシュ・フローが計算される。

(2)　投資活動によるキャッシュ・フロー

投資活動によるキャッシュ・フローには，有形・無形固定資産の購入と売却，有価証券や投資有価証券の購入や売却による資金の収支が含まれる。企業が設備投資を行えば，投資活動によるキャッシュ・フロー（マイナスの値）に計上される。

(3) 財務活動によるキャッシュ・フロー

財務活動によるキャッシュ・フローとは，資金調達と返済による資金の流れのことであり，株式の発行，自己株式の取得，配当の支払い，社債の発行・償還，金融機関等からの借入れと返済などが含まれる。

以上の3種類のキャッシュ・フローの合計額に現金及び現金同等物についての為替換算差額を加えた金額が今期の現金及び現金同等物の変化額となる。

1.4 主要な財務比率と株価指標

1.4.1 収益性を示す財務比率

すでに述べたように，企業の目的は，事業を行って価値を上げることであり，企業が事業活動から価値を生むことができれば，それに応じて企業価値や株価が高まることになる。したがって，企業活動の効率性は，企業が上げた利益を資本で割った資本利益率で測ることができる。

$$\text{資本利益率}=\frac{\text{利益}}{\text{資本}}$$

利益や資本としてどのような指標を用いるかによって，資本利益率はいくつかの種類に分けることができる。

(1) 総資本利益率

$$\text{総資本利益率}=\frac{\text{営業利益}+\text{受取利息・配当金}}{\text{総資本}}$$

総資本利益率（Return on Assets，ROA）は，利益を総資本（負債と純資産の合計）で割った業績指標である。この場合，分子の利益としては，事業利益（実物資産が生み出す営業利益と金融資産が生み出す受取利息・配当金の合計）または営業利益を用いるのが望ましいが，経常利益や純利益が用いられることもある。

(2) 投下資本利益率

$$\text{投下資本利益率}=\frac{\text{税引後営業利益}}{\text{投下資本}}$$

投下資本利益率（Return on Invested Capital，ROIC）は，企業が事業に投下した資本（投下資本）に対する利益の比率を示す指標である。分母の投下資本としては，以下のいずれかの数字が用いられることが多い。

投下資本＝短期借入金＋固定負債＋純資産

投下資本＝有利子負債＋純資産

また，分子は税引後営業利益（Net Operating Profit after Tax，NOPAT）が用いられる。これは，営業利益に（１－法人税率）を掛けたものであるが，事業利益（営業利益と受取利息・配当金の合計）に（１－法人税率）を掛けた税引後事業利益が用いられることもある。

(3)　自己資本利益率

$$自己資本利益率=\frac{純利益}{自己資本}$$

自己資本利益率（Return on Equity，ROE）は，分母に自己資本，分子に純利益をとっている。自己資本は株式発行や利益の内部留保などによって企業内部に蓄積された資金で，株主から調達した金額を表す。純利益は，法人税を支払った後の利益で，株主に帰属する利益である。したがって，ROEは，企業が株主から委託された資金を用いてどれだけの利益を上げたかを示している。このようにROEは株主にとっての事業のリターンを表す指標であり，株価の妥当水準の判断を仕事とする証券アナリストが株価評価の際に最も重視する指標の１つになっている。

1.4.2　財務体質の安全性を示す財務比率

企業の資金調達方法は大きく株式と負債に分かれる。一般に総資本に占める有利子負債の割合が高まると，元利金を完済する確度が低下し，財務の安定性が損なわれることになる。財務体質の安全性を示す比率としては，以下のようなものがある。

(1)　自己資本比率

$$自己資本比率=\frac{自己資本}{総資本}$$

自己資本比率は，自己資本を総資本で割った比率である。この比率が高いほど負債に対して自己資本の割合が高くなるので，財務の安全性が高いと判断される。

(2) 有利子負債依存度

$$有利子負債依存度 = \frac{有利子負債}{総資本}$$

有利子負債依存度は有利子負債（借入金，社債）を総資本で割った比率である。この比率が低いほど元利返済能力が高いと判断される。

(3) 負債比率

$$負債比率 = \frac{有利子負債}{自己資本}$$

負債比率は有利子負債を自己資本で割った比率である。有利子負債依存度と同様に，この比率が低いほど元利返済能力が高いと判断される。

(4) インタレスト・カバレッジ・レシオ

$$インタレスト・カバレッジ・レシオ = \frac{営業利益+受取利益・配当金}{支払利息}$$

企業の金利支払能力は，金利を支払うのに十分な利益を生んでいるかどうかによっても判断することができる。インタレスト・カバレッジ・レシオは，年間の事業利益（営業利益＋受取利息・配当金）が支払利息の何倍であるかを示す指標である。

1.4.3 ROE の分解

前述のように，ROE は株主にとって最も重要な財務比率の１つであるが，いくつかの財務比率に分解することができる。これはデュポン・システムと呼ばれる。

●自己資本利益率（ROE）の分解

$$\frac{純利益}{自己資本} = \frac{純利益}{総資本} \times \frac{総資本}{自己資本}$$

$$= \frac{純利益}{売上高} \times \frac{売上高}{総資本} \times \frac{総資本}{自己資本}$$

（ROE）　（売上高純利益率）（総資本回転率）　（レバレッジ）

以上の式の変形が示すように，ROE は以下の３つの指標に分解される。

(1)　売上高純利益率

売上高純利益率は，純利益を売上高で割った指標である。売上高のうち，どのくらいの割合が最終的な利益となって残ったかを示す。

(2)　総資本回転率

総資本回転率は売上高を総資本で割ったもので，総資本を用いてどれだけの収入を達成したかという資本効率を示す指標である。

(3)　レバレッジ比率

レバレッジ比率は総資本を自己資本で割った比率であり，自己資本比率（自己資本/総資本）の逆数である。レバレッジとは元来，梃子（てこ）を意味する英語であるが，ファイナンス分野では，負債利用の程度を意味する。一般に，総資本に占める負債の割合を高くすると，ROEの水準と変動性が高くなる効果があり，レバレッジ効果と呼ばれる。

ROEの分解式を用いれば，ROEが変化した場合，事業の収益性の変化によるものか，資本構成の変化によるものかを分けて分析できる。負債を利用してレバレッジを高めればROEが高まるが，あまりにレバレッジを高めすぎると財務体質が悪化したり，ROEの変動性が高まるのでレバレッジの利用には限界がある。

1.4.4　主要な株価指標

企業の株価の妥当性を判断する際には，企業によって事業規模や株式数が違うので，株価自体を比較しても意味はない。このため，株価水準の判断は株価と企業の財務データを関連付けた指標を用いて行われることが多い。株価水準を判断するための指標には次のようなものがある。

(1)　株価収益率

$$\text{株価収益率（PER）}=\frac{\text{株価}}{\text{1株当たり利益}}$$

株価収益率（Price Earnings Ratio，PER）は，株価を1株当たり利益（当期純利益/発行済株式数，Earnings per Share，EPS）で割った指標である。PERを計算する際に用いるEPSは，過去の実績ではなくて，今期の予想数字を使うことが多い。これは利益の実績ではなく，今後の予想利益を織り込んで株価が形成されると考えられるからである。PERが低いほど，株価は利益水準に比べて割安と判断でき，逆にPERが高いほど，株価は割高と判断できる。PERを用いて株価判断を行う場合には，株式市場平均や同業他社のPERと比較して割高，割安の判断を行うことが多い。

⑵ 配当利回り

$$配当利回り=\frac{1株当たり配当}{株価}$$

配当利回り（Dividend Yield）は，1株当たり配当を株価で割った指標であり，株価に対して，どれだけのインカム・ゲインがあるかを示す。

分子の1株当たり配当は，直近の実績額だけでなく，予想配当額が用いられることもある。これまで，日本では，配当利回りは投資尺度としてあまり用いられなかった。しかし，1990年代後半以降，金利水準の低下により，配当利回りが金利水準よりも高い銘柄が増えたので，これらの銘柄については配当利回りが投資尺度として使われるようになった。

⑶ 企業価値EBITDA倍率

$$企業価値\text{EBITDA}比率=\frac{企業価値}{減価償却控除前営業利益}$$

企業価値EBITDA倍率（EV/EBITDA倍率）は，企業価値（Enterprise Value, EV）をEBITDA（Earnings before Interests, Tax, Depreciation and Amortization）で割った比率である。

企業価値EBITDA倍率を計算する場合，企業価値としては，有利子負債総額＋株式時価総額－現金・預金が用いられることが多い。EBITDAとしては，国内会計基準では営業利益＋減価償却費が用いられることが多い。

この比率は，企業が生む税引前キャッシュフローとしてEBITDAをとり，その数値をもとに企業価値の水準を判断するものである。

⑷ 株価純資産倍率

$$株価純資産倍率=\frac{株価}{1株当たり自己資本}$$

株価純資産倍率（Price to Book Value Ratio，PBR）は株価を1株当たり自己資本で割った比率である。

1株当たり自己資本は，その会社の自己資本を発行済株式数で割ったものである。PERが株価を利益のフローとの比較で評価するのに対して，PBRは1株当たり自己資本というストックとの比較で株価を評価する尺度である。

PBRは，貸借対照表上の1株当たり自己資本が株式の資産価値または解散価値を表すので，PBRが1倍であれば（株価が1株当たり自己資本と同じであれば）株価は底値であるという発想で用いられる。しかし，収益力が極端に低い企業や倒産の可能性が高まった企業の場合，PBRが1以下になってもおかしくないので，PBRを用いて株価判断を行う場合には，企業の収益力の評価も合わせて行うことが必要である。

1.5　財務マネジャーの役割

企業が行う財務的意思決定の領域は，①投資決定，②資金調達，③配当政策の3つに大きく分かれる。

第1の投資決定とは，企業がどのような事業を行うかを決定することであり，これによって，貸借対照表の資産の内容が決定される。投資決定の際には加重平均資本コストを上回る収益率が期待できる事業を選択することが決定基準になる。

第2の資金調達の決定は，事業に必要な資金をどのように調達するかを決定することである。その際に考慮すべき点は，株式と負債をどのような割合で組み合わせれば，加重平均資本コストが低下して，企業価値が最大化するかということである。もし資金調達の方法を変えることによって，加重平均資本コストを下げることができるならば，同じ投資を行っても，より多くの価値を生むことができ，企業価値が高まるからである。資金調達の決定は資本構成（負債と株式の割合）の決定と表現することもできる。

企業の資金調達手段は，純粋な株式と借入金・社債に限られず，転換社債，ワラント債など多様化している。これらの各種資金調達手段の特徴を正しく捉えることも，企業価値を高める資本構成を実現するうえで必要になる。

第3の配当政策は，企業が上げた純利益を株主にどれだけ分配するかを決定することである。本来，企業が上げた純利益は株主に帰属するものであり，株主が要求すればすぐに分配されるべき性格のものである。しかし，ほとんどの企業は企業活動の継続と拡大のために，純利益の一部を内部留保して事業への再投資に回す。この内部留保の比率をどのように決めれば，企業価値や株価を高めることができるかということが配当政策の課題になる。

また，近年は日本でも自社株買いが原則として自由化されたが，自社株買いも株主に対する現金の配分という点では広義の配当政策に含めて考えることができる。このため，最近，アメリカでは配当政策と自社株買いを併せてペイアウト政策（Payout Policy）と呼ぶことがある。

企業活動は財務的に見れば，金融市場から資金を調達して，事業に投下して，その結果得られるキャッシュフローを資本提供者（株主と債権者）に返還するプロセスである。この意味で，企業の財務マネジャーは金融市場と企業の事業活動をつなぐ役割を果たしている。

以上述べたように，企業の財務的意思決定の領域は企業活動全般にわたる。いずれの意思決定も企業価値に直結するだけに，単に財務マネジャーだけでなく企業のトップ経営者が財務的意思決定のあり方を十分に理解する必要がある。コーポレート・ファイナンスを単に資金の調達・運用という狭い意味でとらえるのではなく，経営戦略の策定や実行を含む企業活動全般を財務的な観点から考えることであると位置づけることが，企業の価値創造に必要とされるのである。

◆ 本章のまとめ ◆

●コーポレート・ファイナンスは，企業の財務的意思決定と財務行動のあり方を学ぶ学問分野である。

●株主は，株主総会での議決権，企業が上げた利益を配当の形で受け取る権利，企業が解散する際に残った財産を受け取る権利などを持つ。

●株式会社が上場すると，投資期間や投資株数が多様な株主が株式取引に参加できるようになり，企業は新たな株式発行を行いやすくなる。

●多くの上場大企業では所有と支配の分離の結果，株主が変わっても一貫した経営が追求できるが，株主と経営者の利害の相反が起こる可能性がある。

●株主の債務履行の責任は出資額に限定されるので，企業の業績が悪化した場合，株主と債権者の間の利害の相反という問題が生まれる可能性がある。

●金融市場は，資金供給者から資金需要者に資金が移転する場であり，①証券市場を通じるルートと②金融機関を通じるルートの2つに分けられる。

●企業が価値を創造すれば，それを反映して株価が上昇し，株式の価値（株式時価総額）や企業価値が増大する。

●貸借対照表は，企業の資金調達方法と保有資産の内容を示している。

●損益計算書は，ある1期間に企業が上げた収益と費用を示している。

●キャッシュ・フロー計算書は，企業が1期間に生んだ現金及び現金同等物の金額を示している。

●収益性を示す財務比率として，総資本利益率（ROA），投下資本利益率（ROIC），自己資本利益率（ROE）がある。

●財務体質の安全性を示す財務比率として，自己資本比率，有利子負債依存度，負債比率，インタレスト・カバレッジ・レシオがある。

●自己資本利益率（ROE）は，売上高純利益率，総資本回転率，レバレッジ比率（自己資本比率の逆数）に分解できる。

●主な株価指標として，株価収益率（PER），配当利回り，企業価値EBITDA倍率，株価純資産倍率（PBR）がある。

●企業価値を高めるための企業の財務的意思決定は，①投資決定，②資金調達，③配当政策の3つに大きく分かれる。

●企業が投資決定を行う際には，期待収益率が資本コストを上回るような事業を選択すれば，価値を創造することができる。

●資金調達の決定では，企業価値を最大化する資本構成（負債と株式の割合）を実現することが目標となる。

●配当政策は，純利益のうち，どれだけの割合を株主に配当するかを決定することであり，自社株買いも広義の配当政策に含めて考えることができる。

Problems

問1　企業の資金調達方法である株式と負債の違いについて説明しなさい。

問2　企業の主要な財務諸表である貸借対照表，損益計算書，キャッシュ・フロー計算書について，それぞれどのような情報を提供するのかについて述べなさい。

問3　企業の財務的意思決定の3つの領域（①投資決定，②資金調達，③配当政策）の意思決定の内容と目標について述べなさい。

第2章 現在価値

Present Value

本章の概要

本章では，キャッシュフローの概念を学び，時点の異なるキャッシュフローをどのように現在価値に直すかを理解する。これを応用して，投資決定の原理で用いられる NPV，IRR，債券および株式の評価を行う。

Key words

キャッシュフロー，現在価値，将来価値，貨幣の時間価値，完全資本市場の仮定，一般価値公式，割引キャッシュフロー法，正味現在価値(NPV)，内部収益率(IRR)，割引債，利付債，裁定取引，配当割引モデル，定額配当割引モデル，定率成長配当割引モデル

2.1 キャッシュフローと現在価値公式

2.1.1 キャッシュフローとは

キャッシュフローとは，ある時点で発生する現金の流列を表す。プラスは受取り，マイナスは支払いを意味する。キャッシュフローの適切な評価は，証券や投資プロジェクトの価値評価の基礎となるものである。キャッシュフローの評価にあたっては，金額，リスク特性，発生のタイミングが重要である。図表2－1には，1年間の運用と借入の場合のキャッシュフローが図示されている。

図表２－１　キャッシュフロー

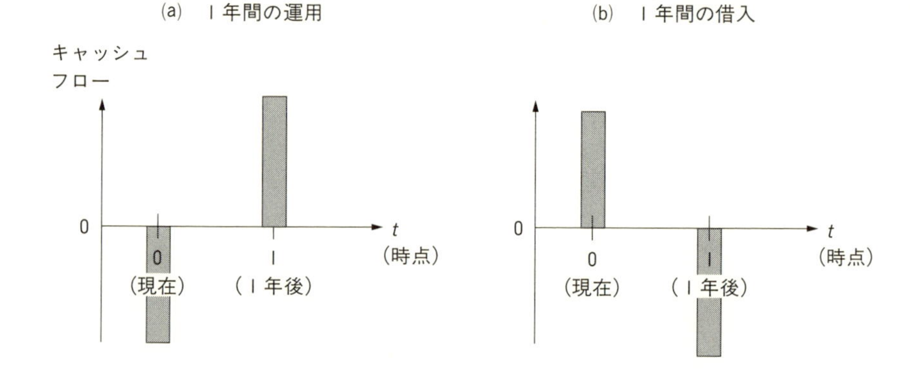

キャッシュフローが同金額であっても発生のタイミングが異なれば，キャッシュフローの価値は異なる。すなわち，現在の１万円の価値は，１年後の１万円と価値は異なる。

会計上の概念には，キャッシュフローの概念とは異なるものがある。例えば，今期末の売上高のうち，まだ回収されていない部分（売掛金と呼ばれる）はまだキャッシュフローの受取りが発生していないため，今期のキャッシュフローには含まれない。また，設備投資を行うと，設備投資の支払い時にキャッシュフローが発生するが，設備の購入金額はすぐには費用に計上されず，決められた期間に按分されて減価償却費として費用計上される。したがって，会計上の利益は，現金の授受がないものを入れて算出されている。証券や事業へ投資を行うと，現金の授受のタイミングで費用や収益が発生するので，証券の評価や事業投資の意思決定においては，会計上の利益ではなく，キャッシュフローを正しく認識する必要がある。

2.1.2　証券および投資プロジェクトとは

証券とは，証券の保有者が将来時点にキャッシュフローを受け取ることができる請求権，すなわち，将来キャッシュフローのかたまり（ポートフォリオ）とみなすことができる。例えば，債券は，キャッシュフローとして毎期事前に決められた利息（クーポン）を，満期においてクーポンと償還金を受け取れる証券である。株式は，企業が存続する限り毎期，配当を受け取れる証券とみな

図表2－2　債券，株式，投資プロジェクトのキャッシュフロー

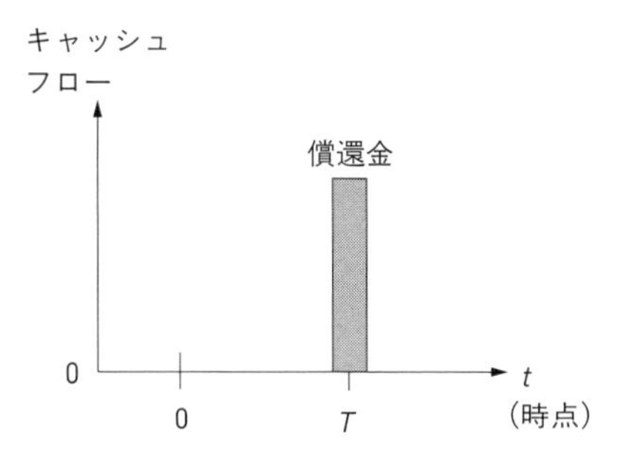

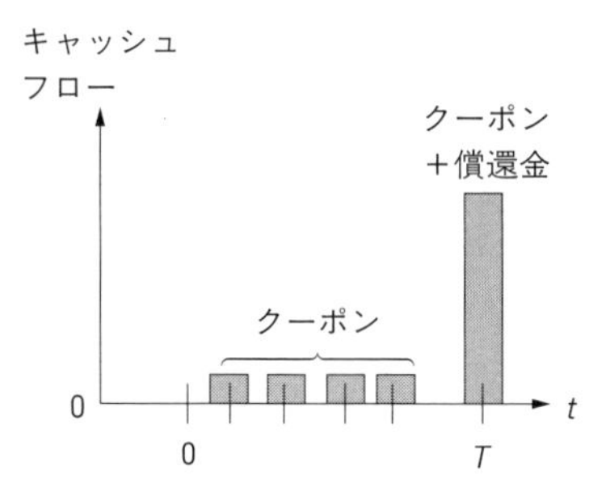

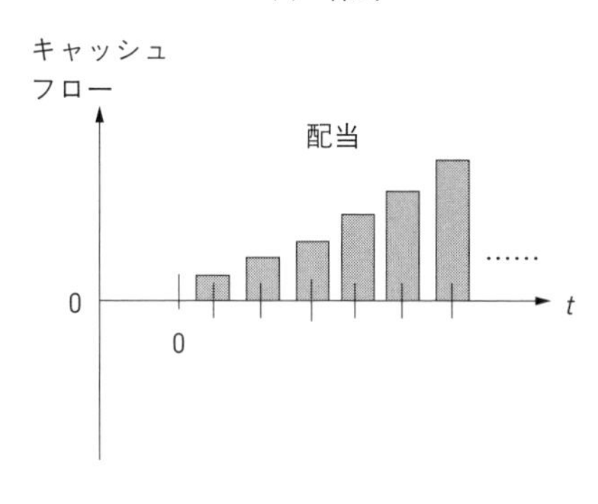

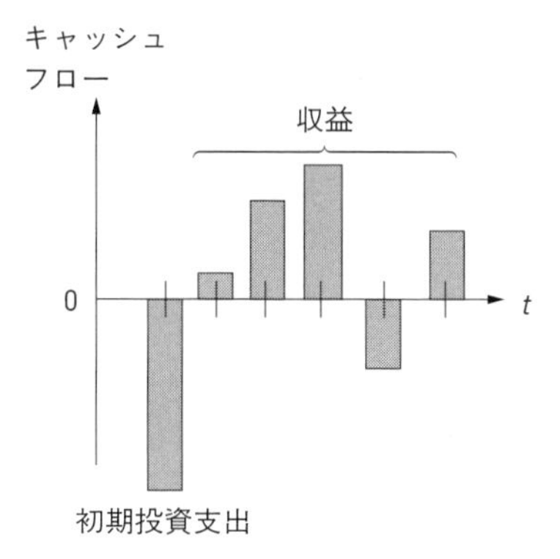

すことができる。ただし，債券のクーポンとは異なり，配当は利益に応じて変動する。このように，将来受け取るキャッシュフローの特性により様々なタイプの証券が存在し，その価値は，キャッシュフローとその発生するタイミングに基づいて評価される。

企業が行う投資プロジェクトも，証券と同様に，発生するキャッシュフローのかたまりとして理解できる。すなわち，投資プロジェクトとは，初期に資本支出を行うと，将来得られる収入から支出を引いたキャッシュフローを受け取れるものと考えることができる。

図表2－2は，債券(割引債および利付債)，株式，投資プロジェクトをキャッシュフローに着目して図示したものである。これらは，キャッシュフローの集

合とみなすことができ，各期のキャッシュフローの価値が決まれば，証券や投資プロジェクトの価値は，個々のキャッシュフローの価値の合計として評価することができる。

個々のキャッシュフローはどのように評価することができるであろうか。現在の１万円と１年後の１万円は価値が異なるため，これらの価値会計を求める際に単純に１＋１＝２万円と足すことはできない。足すことを可能にするためには，異なる時点のキャッシュフローを１つの時点に合わせる必要がある。現在時点のキャッシュフローの価値を現在価値と呼ぶ。現在価値の決定をこれから説明しよう。

2.1.3 完全資本市場

本章では，金融市場について，完全資本市場の仮定を置く。完全資本市場とは，証券の取引において，取引コスト・税，空売り(1)に対する制約などがなく，大量の取引でも所与の市場価格で取引できる（プライステイカーの仮定）市場を意味する。それに対して，現実の貸借取引であれば借入金利＞運用金利が成立し，様々な借入れの制約，利子に対する課税などが存在する。したがって，現実の市場は不完全市場である。それにもかかわらず，完全資本市場の仮定を置くのは簡単化のためであり，また2.3.4で述べる裁定取引が十分に行われるためである。この仮定により，例えば貸借市場においては，借入金利＝運用金利が成立し，いくらでも貸借可能となる。

2.1.4 現在価値

１年後の１万円の現在価値はいくらになるだろうか。１年後の１万円は直ちに使うことができないため，現在の１万円よりも価値が低くなる。現在の x 円を預金すると１年後に確実に（リスクなし）１万円になるならば，この x 円が１年後の現在価値と考えることができる。金利が r%のとき，x 円は１年間預けると $x(1+r)$ となり，これが１万円になることから，$x(1+r)=1$ を解いて $x=\frac{1}{1+r}$ を得る。r は，将来のキャッシュフローを現在価値に変換するための割

(1) 空売り（ショートセール）とは，保有していない証券を保有者から借りて直ちに売り，将来時点で買い戻す取引を意味する。

引率と呼ばれる。同様に2年後の1万円の現在価値 x 円は，2年後に複利運用で $x(1+r)^2$ 倍となるから，$x=\frac{1}{(1+r)^2}$ を得る。

したがって，以下のような一般公式が得られる。

●公式　現在価値の一般公式（リスクなし）

$$t\text{年後の}x\text{円（リスクなし）の現在価値}=\frac{x}{(1+r_t)^t}\text{円} \qquad (2.1)$$

r_t：割引率＝t 年物の金利（リスクフリー・レート）

$\frac{1}{(1+r_t)^t}$：t 年後のキャッシュフローを割り引くための割引ファクター

割引率 r は，市場が要求する収益率（要求収益率）と考えられる。

（数値例２－１）

割引率が５％のとき，３年後の１万円の現在価値はいくらか。また，30年後の１万円の現在価値はいくらか。

$$3\text{年後の}1\text{万円現在価値}=\frac{1}{(1+0.05)^3}=0.864\text{万円}$$

$$30\text{年後の}1\text{万円の現在価値}=\frac{1}{(1+0.05)^{30}}=0.231\text{万円}$$

すなわち，遠い将来の１万円の現在価値ほど小さくなる。

このように，貨幣の価値は時間により異なるので，時間の経過を考慮した貨幣の価値は，貨幣の時間価値と呼ぶ。

2.1.5　将来価値

異なる時点のキャッシュフローを比較したり，加減する場合には，どこかの時点に統一すればよいのであるから，現在価値のように現在時点に統一する必要はなく，将来のある時点（T 期先）に統一してもよい。将来時点におけるキャッシュフローの価値は，将来価値と呼ばれる。現在の１万円は，割引率（３年物金利）が５％のとき，３年後には $(1+0.05)^3=1.16$ 万円となる。よって，1.16万円が，現在の１万円の３年後における将来価値といえる。一般に，現在の x 円の t 年後の価値は，以下の公式で表すことができる。

●公式　将来価値

$$\text{現在の}\ x\ \text{円の}\ t\ \text{年後の価値} = x(1+r_t)^t\ \text{円} \quad (2.2)$$

（数値例２－２）　将来価値の計算

割引率が３％であるとき，現在の50万円の10年後の将来価値はいくらか。

将来価値$=50\times(1+0.03)^{10}=67.2$万円

2.1.6　リスクがある場合の現在価値

ここまで，将来キャッシュフローは確実に生まれることを暗黙的に前提にしてきたが，一般に将来のキャッシュフローはリスクを伴う。リスクを伴うキャッシュフローの現在価値を求めるための代表的な方法は，将来キャッシュフローの期待値を推定し，その期待値を，キャッシュフローのリスクを反映した割引率を用いて割り引くことである。例えば，１年後のキャッシュフローが10万円あるいは０円となる確率がそれぞれ50％である場合，期待値は$10\times0.5+0\times0.5=5$万円である。このキャッシュフローに適用される割引率が10％であるとすると，このリスクのあるキャッシュフローの現在価値$=5/(1+0.1)=4.55$万円となる。まとめると次のようになる。

●公式　現在価値の一般公式（リスクあり）

$$\text{リスクのある}\ t\ \text{年後のキャッシュフローの現在価値} = \frac{E(C_t)}{(1+r_t)^t} \quad (2.3)$$

$E(C_t)$：t 期のキャッシュフロー C_t の期待値

r_t：キャッシュフロー C_t のリスクに応じた割引率

＝金利（リスクフリー・レート）＋リスク・プレミアム

一般に，投資家はリスクを嫌う（リスク回避的）ため，リスクを反映した割引率は，金利にリスク・プレミアム ρ が上乗せされる。キャッシュフローのリスクが大きいほど，ρ は大きくなる。なお，リスクの測定およびリスク・プレミアムの決定については第４章で説明する。

ここまで説明した将来キャッシュフローを割り引いて現在価値を算出する方

法は，割引キャッシュフロー法（Discounted Cashflow Method, DCF 法）と呼ばれる。次に，割引キャッシュフロー法に基づいて，投資プロジェクト，債権，株式の評価を説明する。

2.2　NPV と IRR

2.2.1　投資プロジェクトの正味現在価値（NPV）

投資プロジェクトは，前述のように，まず投資支出を行って，その後，事業からのキャッシュフローを獲得するものである。

各期のキャッシュフローと割引率がわかれば，投資プロジェクトの現在価値は，先の公式(2.3)式を用いて算出することができる。数値例を用いて説明しよう。

（数値例２－３）　投資プロジェクトの現在価値

以下の**図表２－３**のように初期投資支出が100万円で，１年後，２年後，３年後のキャッシュフローの期待値がそれぞれ50万円，40万円，30万円であるような投資プロジェクトＡの現在価値はいくらか。ただし割引率はどの期も８％とする。

図表２－３　投資プロジェクトＡのキャッシュフロー

（単位：万円）

	0期	1期	2期	3期
投資プロジェクトＡ	－100	50	40	30

この投資プロジェクトの現在価値は，各期のキャッシュフローの現在価値の合計に等しい。すなわち，次のように算出される。

$$\text{投資プロジェクトＡの現在価値} = -100 + \frac{50}{1.08} + \frac{40}{1.08^2} + \frac{30}{1.08^3} = 4.40\text{万円}$$

正味現在価値（NPV）

前述の投資プロジェクトのように，投資支出（キャッシュ・アウトフロー）と投資収益（キャッシュ・インフロー）の現在価値の合計は，投資プロジェクトの正味現在価値（Net Present Value，NPV）と呼ばれる。正味現在価値の単位は，現在時点での金額(円)である。第３章で詳しく説明するように，NPV

は，投資決定の基準として考えることができる。正味現在価値の計算を一般的にまとめると次の公式にまとめることができる。

●公式　正味現在価値（NPV）

一般に，初期投資支出を I，将来の t 時点のキャッシュフローの期待値を $C_t(t=1,\cdots,T)$，将来キャッシュフローの割引率を r とすると，NPV は以下のように計算することができる。

$$NPV=-I+\frac{C_1}{1+r}+\frac{C_2}{(1+r)^2}+\cdots\cdots+\frac{C_T}{(1+r)^T} \tag{2.4}$$

2.2.2　内部収益率（IRR）

前述のように投資プロジェクトの価値は，NPV により測れる。投資プロジェクトの収益率は，以下のように算出することができる。先ほどの投資プロジェクト例（数値例２－３）で考えてみよう。割引率が８％である時，NPV＝4.40万円であった。割引率を８％から少しずつ高めていくと，NPV は減少していく。割引率＝10.65％の時，NPV≒０となる。このように，NPV＝０を満たす割引率は，投資プロジェクトの収益率と考えることができ，これは内部収益率（Internal Rate of Return，IRR）と呼ばれる。

一般的に述べると，内部収益率とは，初期投資支出 I，将来の t 時点のキャッシュフローの期待値を $C_t(t=1,\cdots,T)$ とするときに，以下の等式を満たす r である。

$$-I+\frac{C_1}{1+r}+\frac{C_2}{(1+r)^2}+\cdots\cdots+\frac{C_T}{(1+r)^T}=0$$

上記の方程式は，r について T 次方程式となっている。そのため，この解を電卓を用いて厳密に算出することは困難であるが，Excel の IRR 関数を用いれば簡単に算出することができる[2]。

---

(2)　数値を繰り返し入れ替えて方程式を満たす r を求める数値解法が必要となる。Excel の IRR 関数は，この解法により解を算出している。

（数値例2－4）　IRRの計算

先ほどの数値例2－3においてNPVを計算した投資プロジェクトのIRRを算出する。

$-100+\frac{50}{1+r}+\frac{40}{(1+r)^2}+\frac{30}{(1+r)^3}=0$ を満たす r をExcelのIRR関数を用いて求めると，$r=10.65\%$ となる。NPVおよびIRRの実際的な利用の詳細は，次の第3章で扱う。

2.3　債券の評価

2.3.1　債券とは

債券とは，事前に約束されたキャッシュフロー（多くの場合，固定額）を受け取ることのできる証券ということができる[3]。債券は，キャッシュフローの特性から，割引債と利付債に分けることができる。割引債は，満期においてのみ償還金と呼ばれるキャッシュフローを受け取り，途中のキャッシュフローが一切ない債券である。他方，利付債は，満期前に定期的にクーポン（多くの場合，額面の一定割合の固定額）を受け取り，満期においてクーポンと償還金を受け取れる債券である。

2.3.2　割引債の評価

割引債は，キャッシュフローが1回だけの債券であるから，その価格（＝現在価値）は，先に述べた現在価値の一般公式（2.1）式とほぼ同じ以下の公式で表される。

●公式　割引債の評価

残存期間 T 年，額面 F 円の割引債の価格 P は，以下のように表すことができる。

$$P=\frac{F}{(1+r_T)^T} \qquad (2.5)$$

r_T：割引率（T 年物のスポット・レート）

---

(3)　本章では，債券には債務不履行（デフォルト）はない，すなわち信用リスクなしと考える。

割引債の価格評価に用いられる割引率（最終利回り）は，スポット・レートと呼ばれる。スポット・レートは，期間ごとに異なり，様々な債券の価格付けの基本となる金利である。現実の債券市場では，スポット・レートは直接観察できず，割引債の市場価格から逆算して求められる。

（数値例２－５） 割引債の評価

３年物のスポット・レートが５％のとき，３年満期の割引債（額面100円）の価格はいくらになるか。また，満期５年の割引債価格が76.9円の時，５年物のスポット・レートはいくらになるか。

$$3\text{年満期の割引債の価格}=\frac{100}{(1+0.05)^3}=86.38\text{円}$$

５年物のスポット・レートは，$76.9=\dfrac{100}{(1+r)^5}$ を満たす r であるから，これを解くと，$r=5.39\%$となる。

2.3.3 利付債の評価

利付債の価格は，将来発生する個々のキャッシュフローの現在価値の合計と考えることができる。したがって，利付債の価格は以下の公式で表される。

●公式　利付債の価格

残存期間 T 年，毎期のクーポン C 円，額面 F 円の割引債の価格 P は，スポット・レートを用いると，以下のようになる。

$$P=\frac{C}{(1+r_1)}+\frac{C}{(1+r_2)^2}+\cdots\cdots+\frac{C+F}{(1+r_T)^T} \qquad (2.6)$$

r_t：t 年物のスポット・レート

（数値例２－６） 利付債の評価

４年満期，クーポン・レートが３％の利付債（額面＝100円）の価格はいくらになるか。ただし，１年から４年物のスポット・レートは以下の表の通りである。なお，クーポン・レートとは，額面に対する毎期のクーポンの金額の割合を示す。

図表2－4　スポットレート

年	1年	2年	3年	4年
スポット・レート	3.0%	3.5%	4.0%	4.5%

クーポン・レートが3％の利付債のクーポン額は100×0.03＝3円であるから，利付債の価格は，上表のスポット・レートを用いると以下のようになる。

$$\text{利付債価格} = \frac{3}{1.03} + \frac{3}{1.035^2} + \frac{3}{1.04^3} + \frac{103}{1.045^4} = 94.75\text{円}$$

2.3.4　裁定取引（アービトラージ）

利付債は割引債のポートフォリオと考えることができるので，利付債の理論価格は，公式を用いて割引債価格から求めることができる。しかし，現実の価格が理論価格と異なれば，どうなるであろうか。その場合には，裁定取引の余地がある。裁定取引（アービトラージ）とは，初期資金ゼロで，将来に確実にプラスの利益が得られる，あるいは現時点でプラスの利益が得られて将来の収益はゼロとなる取引を表す。例えば，現実の利付債の価格が理論価格より高いとしよう。その場合には，割高な利付債を空売りして，割引債を用いてそのキャッシュフローを完全に複製した割安な合成利付債を買えばよい。そうすれば現時点で資金が余り（＝プラスの利益が得られ），将来のすべての期の収益は，相殺されてゼロとなる。

したがって，もし現実の利付債の価格＞合成利付債の価格が継続するならば，裁定取引が続いて，現実の利付債の売りが増えて価格が下落し，合成利付債の買いが増えて価格が上昇する力が働く。このような裁定取引は，合成利付債の価格＝現実の利付債の価格となるまで続く。したがって，十分な裁定が行われれば，裁定取引の機会は消滅し，割引債や利付債の価格は前述の公式の通りに決定される。

（数値例2－7）　債券における裁定取引

数値例2－6のスポット・レートの下で，4年満期，クーポン・レートが3％の利付債（額面＝100円）の現実の価格が96.0円であったとする。この場合における裁定取引を示しなさい。

数値例２－６より，理論価格＝94.75円であるから，現実の利付債価格が割高となっていることがわかる。よって，現実の利付債を空売りし，合成利付債を買えばよい。合成利付債を作成するためは，毎年のクーポンが３円であるから，１年物～３年物の割引債を額面３円分，４年物の割引債を額面103円分購入すれば，額面100円の利付債となり，その作成コストは理論価格の94.75円となる。現実の利付債を額面100円分空売りし，合成利付債を額面100円分買えば，現時点で96.0－94.75＝1.25円が利益として手元に残り，将来のキャッシュフローはすべて相殺されてゼロとなるから，裁定取引の利益を得ることができる。

このような裁定取引が十分に行われて裁定機会が消滅するためには，2.1.3で述べた完全資本市場の仮定が不可欠である。すなわち，取引コストゼロかつプライステイカーが成立するので，マーケット・インパクトなしにいくらでも大量に売買可能，空売りも可能，ということが必要となるのである。なお，現実の市場は不完全であるため，裁定取引は完全には働かず，公式は近似的に成立する。ただし，現実の債券市場における取引コストや取引制約は小さいため，理論価格と現実の価格との誤差はごく小さい。

2.4 株式の評価

2.4.1 株式とは

株式とは，前述のように企業が存続する限り無限先までの将来の配当を受け取る権利を持つ証券と考えることができる。よって，株式の価値は，将来の各時点で支払われる配当額の期待値を適切な割引率を用いて現在割引価値に割り引いたものの合計と考えられる。株価がこのように決定されると考えるのが配当割引モデル（Dividend Discount Model，DDM）である。

2.4.2 配当割引モデル（DDM）

一般に，現在の株価 P は将来発生する個々の配当の現在価値の合計として，以下のように評価される。これは，配当割引モデル（DDM）と呼ばれる。

●公式　配当割引モデル

将来配当の期待値と割引率が与えられた時，株価 P は，

$$P=\frac{D_1}{(1+r)}+\frac{D_2}{(1+r)^2}+\cdots\cdots=\sum_{t=1}^{\infty}\frac{D_t}{(1+r)^t} \tag{2.7}$$

D_t：t 期先の配当の期待値

r：将来配当のリスクに対応する割引率

（＝リスクフリー・レート＋リスク・プレミアム）

公式より，現在の株価は，将来の配当の期待値 D_t や割引率 r の変動により変動することがわかる。すなわち，景気や業績の好転見込みなどで将来配当の期待値が上昇する，あるいは金利低下やリスク・プレミアムの縮小により割引率 r が低下すると株価は上昇する。また，新たな情報によって将来配当に対する予想に大きな変化が起きれば，株価は瞬時に大きく変化することになる。これらは現実の株価の動きと整合的である。

2.4.3　定額配当割引モデルと定率成長配当割引モデル

配当割引モデルには，いくつかの特殊ケースが存在する。そのうち，将来配当の期待値 D_t が D 円で一定の場合は，定額配当割引モデル，将来配当の期待値が一定成長率 g で成長する場合は定率成長配当割引モデルと呼ばれる。

定額配当割引モデルに基づく株価は以下の公式のように表される。

●公式　定額配当割引モデル

将来配当の期待値が D 円で一定である時，株価 P は，

$$P=\frac{D}{(1+r)}+\frac{D}{(1+r)^2}+\cdots\cdots=\sum_{t=1}^{\infty}\frac{D}{(1+r)^t}=\frac{D}{r} \tag{2.8}$$

●公式　定率成長配当割引モデル

1年後の将来配当の期待値が D 円，その後定率の成長率 $g(g<r)$ で成長する時，株価 P は，

$$P=\frac{D}{(1+r)}+\frac{(1+g)D}{(1+r)^2}+\cdots\cdots=\sum_{t=1}^{\infty}\frac{(1+g)^{t-1}D}{(1+r)^t}=\frac{D}{r-g} \tag{2.9}$$

上記の2つの公式の導出には，以下に示した無限等比級数の和の公式を利用すればよい。

●無限等比級数の和の公式

初項 a，公比 $r(-1<r<1)$ の無限等比級数の和 $S=\frac{a}{1-r}$

証明）　S と，S の両辺に $(1+r)$ を掛けたものはそれぞれ，

$$S=a+ar+ar^2+\cdots\cdots$$

$$rS=ar+ar^2+ar^3+\cdots\cdots$$

上の式から下の式を引くと，

$$(1-r)S=a$$

$$S=\frac{a}{1-r}$$

（数値例２－８）　定額配当割引モデル

将来配当の期待値が毎期10円で一定，割引率が８％である時，この株式の価格はいくらか。

定額配当割引モデルの公式を用いると，以下のようになる。

$$P=\frac{10}{0.08}=125\text{円}$$

（数値例２－９）　定率成長配当割引モデル

１期先の配当の期待値が10円で，その後毎年４％の成長率で増加し，割引率が８％である時，この株式の価格はいくらか。

定率成長配当割引モデルの公式を用いると，以下のようになる。

$$P=\frac{10}{0.08-0.04}=250\text{円}$$

コラム

連続複利とは

ここまで，キャッシュフロー発生の時間間隔は，1年後，2年後のような離散時間を前提としてきた。割引率を r，満期を t とすれば，これまでの説明のように複利計算により1円の t 年後の将来価値＝$(1+r)^t$ 円となる。

では，この複利計算の時間間隔を狭めていくとどうなるであろうか。時間間隔を半年にすると，半年当たりの割引率は，$r/2$ となり，期間数は $2t$ となる。この場合は，半年複利となり，その将来価値は，以下のようになる。

$$\text{半年複利の将来価値}=\left(1+\frac{r}{2}\right)^{2t}$$

同様に，時間間隔を1ヶ月，1日へと狭めると，その将来価値は，それぞれ1ヶ月複利，1日複利の将来価値となり，以下のようになる。

$$\text{1ヶ月複利の将来価値}=\left(1+\frac{r}{12}\right)^{12t},\quad \text{1日複利の将来価値}=\left(1+\frac{r}{365}\right)^{365t}$$

一般に，1年間の間隔数を n とすれば，将来価値＝$\left(1+\frac{r}{n}\right)^{nt}$ となる。

時間間隔を限りなく小さくする（期間数 n を限りなく増やして限りなく時間間隔を小さくしていく）ときの複利は，連続複利と呼ばれ，以下で定義される e を用いて表される。

$$\mathrm{e}\equiv\lim_{n\to\infty}\left(1+\frac{1}{n}\right)^{n}$$

$$\text{連続複利の将来価値}=\lim_{n\to\infty}\left(1+\frac{r}{n}\right)^{nt}=\left[\lim_{n\to\infty}\left(1+\frac{1}{n/r}\right)^{n/r}\right]^{rt}=\mathrm{e}^{rt}$$

e は，自然対数の底と呼ばれ，値は，e＝2.718281828……となる無理数である。なお，連続複利で将来のキャッシュフローを割り引いて現在価値を求める場合には，e^{rt} の逆数である e^{-rt} を掛ければよい。

このような連続複利の契約は現実の金融市場には存在しないが，長期にわたる意思決定を連続時間モデルで扱う時に便利であるため，理論モデルで考えるときにしばしば用いられる。例えば，オプションのプライシングで有名なブラック＝ショールズ・モデルでは，連続時間が前提とされ，リスクフリー・レートによる割引において連続複利の e^{-rt} が用いられる。

なお，e のべき乗，例えば e^{rt} は第11章などでは $\exp[rt]$ という表現が用いられる。

◆ 本章のまとめ ◆

- キャッシュフローとは，ある時点で発生する現金の受取りや支払いを表す。
- 現在価値は，将来のキャッシュフローを適切な割引率を用いて算出することができる。

$$t\ 年後の（確実な）x\ 円の現在価値=\frac{x}{(1+r_t)^t}\ 円$$

- 将来価値は，ある将来時点における価値を表す。

$$現在の\ x\ 円の\ t\ 年後の価値=x(1+r_t)^t\ 円$$

- 完全資本市場とは，証券の取引において，取引コスト・税，空売り制約などの制約がなく，大量の取引でも所与の市場価格で取引できる（プライステイカーの仮定）市場を意味する。
- 現在価値の一般公式（リスクあり）

$$リスクのある\ t\ 年後のキャッシュフローの現在価値=\frac{E(C_t)}{(1+r_t)^t}$$

- 正味現在価値（NPV）とは，投資支出（キャッシュ・アウトフロー）と投資収益（キャッシュ・インフロー）の現在価値の合計である。
- IRR とは投資プロジェクトの収益率を表す指標で，NPV＝0 を満たす割引率 r のことである。
- 債券とは，事前に約束されたキャッシュフロー（多くの場合，固定額）を受け取ることのできる証券のことである。
- 割引債と利付債の価値の公式

$$P=\frac{F}{(1+r_T)^T},\quad P=\frac{C}{(1+r_1)}+\frac{C}{(1+r_2)^2}+\cdots\cdots+\frac{C+F}{(1+r_T)^T}$$

- 裁定取引とは，初期資金ゼロで，将来に確実にプラスの利益が得られる，あるいは現時点でプラスの利益が得られて将来の収益はゼロとなる取引を表す。キャッシュフローの等しい証券の価格は，裁定取引により一致する。
- 株式は，無限先までの将来の配当を受け取る権利を持つ証券と考えることができる。株式評価の代表的なモデルの 1 つに配当割引モデルがある。

$$P=\frac{D_1}{(1+r)}+\frac{D_2}{(1+r)^2}+\cdots\cdots=\sum_{t=1}^{\infty}\frac{D_t}{(1+r)^t}$$

- 定額配当割引モデルと定率成長配当割引モデル

$$P=\frac{D}{(1+r)}+\frac{D}{(1+r)^2}+\cdots\cdots=\frac{D}{r},\quad P=\frac{D}{(1+r)}+\frac{(1+g)D}{(1+r)^2}+\cdots\cdots=\frac{D}{r-g}$$

Problems

問1（Excel 利用）　横軸を割引率 r，縦軸を期間 t（年）として，様々な r と t に対応する割引ファクターの表を作成しなさい。

問2（Excel 利用）　あなたは現在，30歳である。65歳から年金を毎年100万円を生涯（80歳まで生きると仮定する）もらえるとする。この年金の現在価値はいくらか。割引率は3％とする。また，割引率が5％の時の現在価値はいくらになるか。（ヒント：PV 関数を用いると簡単に計算できる）

問3　1年物割引債の価格が96.5円，2年物割引債の価格が92.3円，クーポン・レート5％の2年物利付債の価格＝101.0円とする。この時，どのような裁定取引を行えば，裁定利益を得ることができるか。

問4　配当割引モデルを用いて，次の理論株価を計算しなさい。

(1)　X社の株式は，将来配当の期待値は1年後が20円で将来3％の一定率で成長するとする。配当割引モデルに基づくX社の理論株価を求めよ。ただし，割引率は8％とする。また，①割引率が7％に低下した時，②1年後配当の期待値が25円に上昇した時（その後は3％で成長），③成長率が0％に低下した時，それぞれにおけるX社の理論株価はいくらになるか。

(2)　Y社の株式は，1年後の将来配当の期待値が1年後10円で，2年目から5年目まで毎年20％で成長し，6年目以降は2％の一定率で成長するものとする。配当割引モデルに基づくY社の理論株価を求めよ。ただし，割引率は8％とする。

第3章 投資決定

Investment Decision

本章の概要

本章では，企業が行う投資プロジェクトの決定方法について説明する。まず，企業が用いている様々な投資決定基準の特徴について説明し，次いで，投資決定の際の様々な留意点について述べる。なお，本章では投資プロジェクトの割引率は与えられたものとして議論する。

Key words

貸付型プロジェクト，借入型プロジェクト，相互排他的プロジェクト，収益性指数，資本投下額の制約，等価年間便益，回収期間，割引回収期間，会計上の利益率，事業からのキャッシュフロー（営業キャッシュフロー），投資のキャッシュフロー，フリー・キャッシュフロー，設備投資額，正味運転資本増加額，サンクコスト（埋没費用），機会費用，副次効果，インフレーション，間接費負担

3.1 様々な投資決定基準

3.1.1 正味現在価値

第2章で説明したように，投資決定の第1の方法は，投資の正味現在価値（NPV）を計算して，NPVがプラスならば投資を実行することである。企業は

NPV がプラスになるような投資プロジェクトを実施すれば，NPV の金額だけ新たな価値が生まれ，企業価値がそれだけ高まることになる。

> **●NPV に基づく投資決定基準**
>
> NPV＞0　ならば投資を実施する。

例えば，キャッシュフローが**図表３－１**のように予測されている投資プロジェクトＡについて，割引率10％を用いて NPV を計算してみよう。

図表３－１　投資プロジェクトＡの予想キャッシュフロー

（単位：億円）

	0 期	1 期	2 期	3 期
投資プロジェクトＡ	－100	35	40	50

割引率を10％とすると，投資プロジェクトＡのキャッシュフローの NPV は2.4億円とプラスになるので，このプロジェクトは実施すべきである。

$$-100+\frac{35}{1.1}+\frac{40}{1.1^2}+\frac{50}{1.1^3}=2.4\text{億円}$$

本章で以下述べるように，企業は様々な投資決定基準を用いることがあるが，企業価値の最大化を事業の目的とする場合，NPV を用いればどのような場合でも正しい判断を行うことができる。

3.1.2　内部収益率

投資決定の第２の方法は，投資プロジェクトの内部収益率（IRR）を計算して，IRR が割引率を上回ればその投資を実行することである。

> **●IRR に基づく投資決定基準**
>
> IRR＞割引率　ならば投資を実行する。

例えば，前述の投資プロジェクトＡの IRR は次の式を満たす r になる。

$$-100+\frac{35}{1+r}+\frac{40}{(1+r)^2}+\frac{50}{(1+r)^3}=0$$

この式は手計算で解くのは困難であるが，Excelを用いればIRRをたやすく計算することができ，$r=11.3\%$となる。したがって，IRR11.3％が割引率10％より大きいので，この投資プロジェクトは実施すべきである。

投資プロジェクトAの割引率とNPVとの関係をグラフに表すと**図表3－2**のようになる。投資プロジェクトのNPVは割引率が高くなるとともに低下していき，NPVを示す曲線が横軸と交差する点（11.3％）がIRRになる。

投資プロジェクトAのように割引率を高めるとNPVが一様に減少していく投資プロジェクトの場合，IRRとNPVは同じ判断結果をもたらす。割引率が10％の場合，投資プロジェクトのNPVは2.4億円とプラスになるので，プロジェクトは実施すべきであるという判断になるが，IRRを用いても，IRR11.3％が割引率10％を上回るため，実施すべきであるという結論になる。

このように多くの投資プロジェクトの場合，NPVとIRRとは同じ判断をもたらすが，以下述べるような特殊なケースではIRRはNPVと異なった答えをもたらすこともあるので注意が必要である。

IRRの注意点(1)－貸付型プロジェクトと借入型プロジェクト

まず，第1に，当初はキャッシュフローがプラスで，その後，キャッシュフローがマイナスになるような投資プロジェクトの場合にIRRを機械的に適用

図表3－2　投資プロジェクトAの割引率とNPVの関係

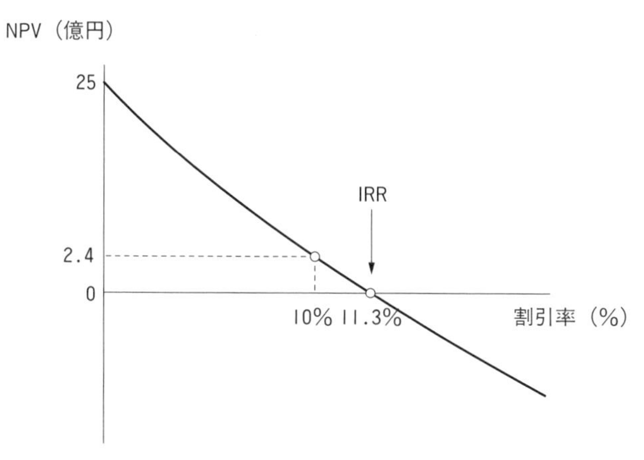

図表３－３　投資プロジェクトＢ，Ｃの予想キャッシュフローとIRR，NPV

（単位：億円）

	キャッシュフロー 0期	キャッシュフロー 1期	IRR	NPV（割引率10％）
投資プロジェクトＢ	－100	120	20％	9.09
投資プロジェクトＣ	100	－120	20％	－9.09

図表３－４　投資プロジェクトＢ，Ｃの割引率とNPVの関係

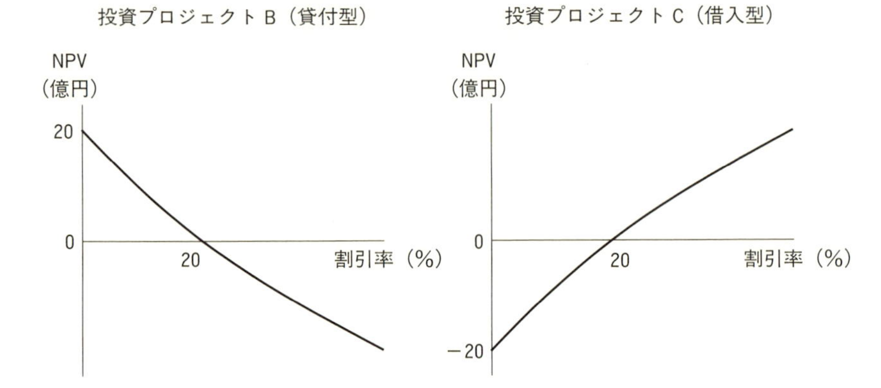

すると誤った判断結果になる。これを**図表３－３**の例で見てみよう。

投資プロジェクトＢは，これまで見てきた投資プロジェクトＡと同様に，当初，投資を行うため，キャッシュフローがマイナスで，次の期にプラスのキャッシュフローが生まれる。このようなプロジェクトの場合，**図表３－４**に示すように，割引率を高めるとNPVが減少するため，IRRが割引率よりも大きければ必ず割引率で割り引いたNPVはプラスになり，NPVとIRRは同じ判断結果をもたらす。

ところが，投資プロジェクトＣのように，当初，まずプラスのキャッシュフローが生まれ，その後，キャッシュフローがマイナスになるプロジェクトの場合，割引率を高めるとNPVが増大する。このため，IRRが割引率より大きければ，割引率で割り引いたNPVはマイナスになり，NPVとIRRは反対の判断結果をもたらす。

このように，IRRを用いると投資プロジェクトＢと投資プロジェクトＣと

図表3－5　投資プロジェクトDの予想キャッシュフローIRR，NPV

（単位：億円）

	キャッシュフロー			IRR	NPV（割引率10%）
	0期	1期	2期		
投資プロジェクトD	−65	162	−100	12.6%，36.63%	−0.37

で反対の判断結果になるのは，プロジェクトBは「貸付型」であるのに対し，Cは「借入型」のプロジェクトであるためである。プロジェクトBの場合，IRRは貸付けの金利に相当するので高いことが望ましいが，プロジェクトCの場合，IRRは借入れの金利に相当するので低い方が望ましいのである。

IRRの注意点(2)－複数のIRRが計算される場合

IRRの第2の問題点として，**図表3－5**の例のようにキャッシュフローのパターンによっては，複数のIRRが計算されることが挙げられる。

投資プロジェクトDの場合，IRRを求めるために次の式を解くと$r=$12.6%，36.63%と2つの答えが得られる(1)。

$$-65+\frac{162}{1+r}+\frac{-100}{(1+r)^2}=0$$

この例の場合，IRRを求める式はrを未知数とする一種の2次方程式になっているので，解が2つ得られるのである。これは，**図表3－6**でプロジェクトDのNPVを示す曲線が横軸と2回交差しているという形で表される。このような場合には，投資決定はNPVに基づいて行う必要がある。もし，割引率が12.6%よりも低ければNPVはマイナスになるのでプロジェクトは棄却され，割引率が12.6%と36.63%の間にあればNPVはプラスになるのでプロジェクトは採用されることになる。一般に，キャッシュフローの符号が変化した回数だけのIRRが計算される可能性がある。

IRRの注意点(3)－相互排他的な投資プロジェクト

以上説明してきたのは，ある1つの投資案件の採否を決定する場合であったが，場合によっては，同じ事業分野について複数の代替的な投資プロジェクト

(1)　このように IRR が複数計算される場合，Excel で IRR を計算する際には IRR 関数の初期値の与え方によって得られる解は変化する。

図表３－６　投資プロジェクトＤの割引率とNPVの関係

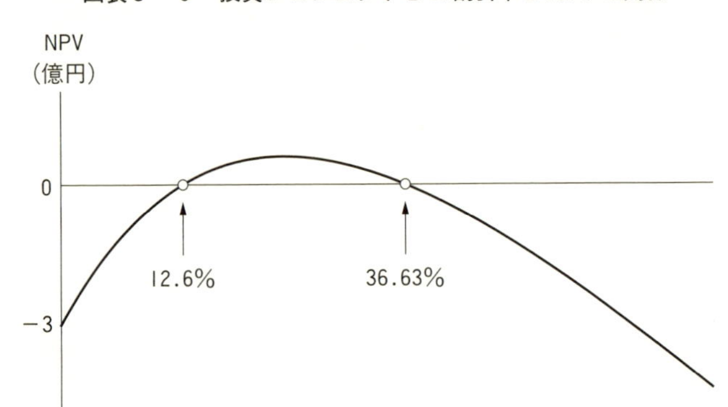

図表３－７　投資プロジェクトＥ，Ｆの予想キャッシュフローとNPV，IRR

（単位：億円）

	キャッシュフロー		IRR	NPV
	0期	1期		（割引率10%）
投資プロジェクトＥ	−200	300	50%	72.73
投資プロジェクトＦ	−300	420	40%	81.82

があり，そのうち１つしか選べないという形で投資決定が行われることもある。このように相互排他的なプロジェクトからの選択が問題になる場合，IRRとNPVとでは選択結果が異なることがある。

例えば，**図表３－７**に示す２つの投資プロジェクトを比べると，IRRではプロジェクトＥの方が優れているが，NPVではプロジェクトＦの方が望ましいという判断になる。

この場合には，より大きなNPVをもたらすプロジェクトＦを選択すべきである。なぜなら，プロジェクトＦは，収益率（IRR）は低いが，投資規模が大きいため，より多くのNPVが生まれ，企業価値がより高まるからである。このようにIRRは収益率の尺度なので，投資の規模を考慮しないという問題点がある。

また，**図表３－８**に示す２つの相互排他的な投資プロジェクトの場合，IRRで判断するとプロジェクトＧの方が望ましいという結果になるが，NPVを用いると，割引率が10%の場合はプロジェクトＨが選択され，割引率15%の場合は

図表3－8　投資プロジェクトG，Hの予想キャッシュフローとIRR，NPV

（単位：億円）

	キャッシュフロー				IRR	NPV	
	0期	1期	2期	3期		割引率10%	割引率15%
投資プロジェクトG	－200	160	100	0	21.24%	28.1	14.7
投資プロジェクトH	－200	0	120	180	17.01%	34.4	9.1

図表3－9　投資プロジェクトG，Hの割引率とNPVの関係

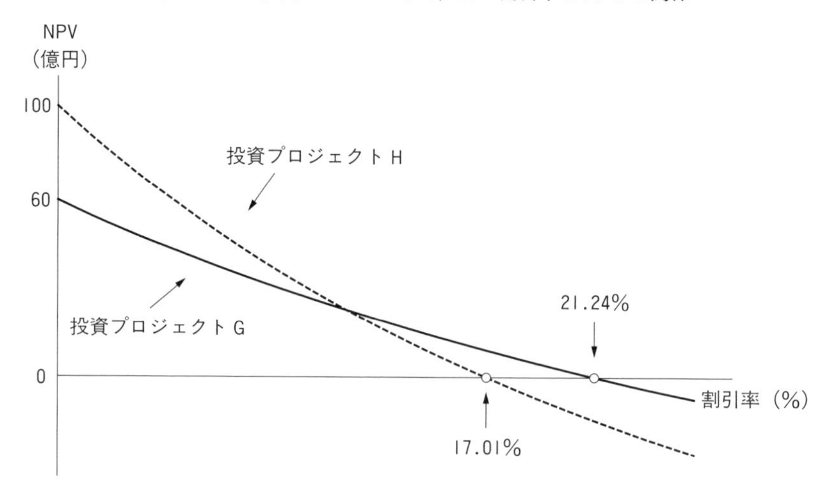

プロジェクトGが選択されることになり，割引率の大きさによって選択結果が異なる。

この状況は，**図表3－9**に示されている。割引率の大きさによって両プロジェクトのNPVの大小関係が変わってくるのは，割引率を高くすると，より将来生まれるキャッシュフローがより大きく割り引かれるため，より短期の投資案件（プロジェクトG）のNPVが相対的により高くなり，割引率を低くすると，将来のキャッシュフローの割り引かれる度合いが小さくなるため，より長期の投資案件（プロジェクトH）のNPVが相対的により高まるためである。

以上の2つの例が示すように，相互排他的な投資プロジェクトから1つを選択する場合には，IRRを直接比較してはならず，プロジェクトのリスクを考慮した適切な割引率を用いたNPVで判断する必要がある。

3.1.3 収益性指数

収益性指数（Profitability Index，PI）は次の式で表される(2)。

$$収益性指数=\frac{投資プロジェクトのNPV}{初期投資額}$$

投資プロジェクトのNPVがプラスであれば，収益性指数もプラスになるので，収益性指数を投資判断に用いる場合，収益性指数がプラスになる投資プロジェクトを実施するということになる。このように投資プロジェクトを単独で評価する場合には，収益性指数とNPVとは同じ結果をもたらす。

例えば，**図表3－10**に示した3つの投資プロジェクトは，いずれもNPV＞0，収益性指数＞0となるので，採用される。

しかし，相互排他的な投資プロジェクトの選択の場合，収益性指数はIRRと同様に規模を考慮しないので誤った評価をもたらすことがある。この例で3つのプロジェクトが相互排他的で，どれか1つのプロジェクトを選択しなければならない場合，収益性指数によればプロジェクトKが最も望ましいと判断されるが，NPVによればプロジェクトIが最も望ましい。このように収益性指数はIRRと同様に投資の規模の効果を考慮しないという欠点があるので，相互排他的な投資プロジェクトの選択の場合には用いるべきではない。

収益性指数は，資本投下額の制約がある場合にプロジェクト選択基準として

図表3－10　投資プロジェクトI，J，Kの予想キャッシュフローと収益性指数，NPV

（単位：億円）

	キャッシュフロー			収益性指数	NPV
	0期	1期	2期		（割引率10%）
投資プロジェクトI	－200	130	220	0.50	100.00
投資プロジェクトJ	－100	60	130	0.62	61.98
投資プロジェクトK	－100	110	90	0.74	74.38

(2)　コーポレート・ファイナンスのテキストの中には，次の式のように投資プロジェクトの正味現在価値ではなく投資プロジェクトの現在価値を初期投資額で割った値を収益性指数と定義しているものもある。

$$収益性指数=\frac{投資プロジェクトの現在価値}{初期投資額}$$

この場合には，収益性指数が1より大きければ投資プロジェクトを実施するという判断になる。

用いることができる。例えば，この例で投資額が200億円以内という資金制約がある場合，プロジェクトＩのみを実施するか，プロジェクトＪとＫの２つを実施するかの選択になる。この場合にはプロジェクトＪとプロジェクトＫのNPVを独立にプロジェクトＩのNPVと比べるのではなく，ＪとＫのNPVの合計をＩのNPVと比較すべきであり，その結果，プロジェクトＪとプロジェクトＫの２つを実施するという判断結果になる。

このような資本投下額の制約がある場合，収益性指数を用いてもNPVを用いる場合と同じ結果が得られる。この場合には資本制約額の範囲内で収益性指数の高い順に投資プロジェクトを選択すれば，K，Ｊの順番にプロジェクトが選択される。

3.1.4　等価年間便益

ある企業が生産性を上昇させるために生産機械を最新鋭の機械に取り替えることを検討している。機械Ｘは費用が1,000万円で，導入すると３年間にわたって毎年450万円生産費用が低減する（キャッシュフローが450万円改善される）。これに対して，機械Ｙは費用が1,500万円で，導入すると４年間にわたって毎年キャッシュフローが520万円改善される。

図表３－11　機械Ｘ，Ｙの導入によるキャッシュフロー改善額

（単位：万円）

	0期	1期	2期	3期	4期
機械Ｘ	－1,000	450	450	450	－
機械Ｙ	－1,500	520	520	520	520

この場合，どちらの機械を購入すべきかを判断するために，割引率を10％として，２つの機械に投資する場合のNPVを計算すると以下のようになる。

$$\text{機械X}：-1{,}000+\frac{450}{1.1}+\frac{450}{1.1^2}+\frac{450}{1.1^3}=119.1\text{万円}$$

$$\text{機械Y}：-1{,}500+\frac{520}{1.1}+\frac{520}{1.1^2}+\frac{520}{1.1^3}+\frac{520}{1.1^4}=148.3\text{万円}$$

単純に両者のNPVを比べると機械Ｙを購入する方が有利に見える。しかし，機械Ｘは耐用年数が３年間なので，３年後に取り替える必要があり，機械

Y は 4 年後に取り替える必要があるので，この計算結果をもとに機械 Y を購入するという判断を下してはならない。ここでは，単純に耐用年数が終わったら，また同じ価格で機械を購入でき，同じ金額だけキャッシュフローが改善されると想定してみよう。その際に投資判断を行う方法としては，次の 2 つが考えられる。

第 1 の方法は，機械 X の耐用年数が 3 年，機械 Y の耐用年数が 4 年なので，最小公倍数の12年間をとってみて，12年間を通して，どちらの機械を購入すれば NPV が大きくなるかを考えてみることである

この場合，機械 X は 3 年後， 6 年後， 9 年後に取り替えることが必要になる。その際，現時点， 3 年後， 6 年後， 9 年後の取り替えによって各々の年で119.1万円の NPV が生まれることになるので，12年間を通して生まれる NPV は次のように計算される。

$$\text{機械 X の12年間の NPV}：119.1+\frac{119.1}{1.1^3}+\frac{119.1}{1.1^6}+\frac{119.1}{1.1^9}=326.3\text{万円}$$

同じように，機械 Y は 4 年後と 8 年後に取り替えることが必要になり，現時点， 4 年後， 8 年後に148.3万円の NPV が生まれるので，12年間を通して生まれる NPV は次のように計算される。

$$\text{機械 Y の12年間の NPV}：148.3+\frac{148.3}{1.1^4}+\frac{148.3}{1.1^8}=318.8\text{万円}$$

このように12年間をとってみると NPV は機械 X の方が大きくなるので，機械 X を購入する方がよいという判断になる。

第 2 の方法は， 2 つの投資の等価年間便益（Equivalent Annual Benefit, EAB）を比較することである。EAB とは，現在価値がその投資プロジェクトの NPV に等しくなるような定額年金（毎期，一定のキャッシュフローを受け取ることができる投資機会）の毎年の受取額のことである[3]。

機械 X の取替期間（ 3 年間）の NPV は119.1万円であったが，次の式が示すように機械 X の投資の EAB は47.9万円である。

---

(3) この例では，機械の取り替えによってプラスの NPV が生まれるので，等価年間便益（Equivalent Annual Benefit, EAB）という用語を用いたが，マイナスの NPV が生まれる場合には，等価年間費用（Equivalent Annual Cost, EAC）という用語が使われることがある。

$$\frac{47.9}{1.1}+\frac{47.9}{1.1^2}+\frac{47.9}{1.1^3}=119.1\text{万円}$$

同様に，機械Yの投資（NPVが148.3万円）のEABは46.8万円である。

$$\frac{46.8}{1.1}+\frac{46.8}{1.1^2}+\frac{46.8}{1.1^3}+\frac{46.8}{1.1^4}=148.3\text{万円}$$

したがって，機械Xの方がEABが大きいので，機械Xを購入すべきである。なお，詳しくは数学注で説明するように，2つの投資プロジェクトのEABは以下の式で計算することができる。

$$\text{EAB}=\frac{\text{NPV}}{\frac{1}{r}\left(1-\frac{1}{(1+r)^n}\right)}$$

$$\text{機械X：EAB}=\frac{119.1}{\frac{1}{0.1}\left(1-\frac{1}{1.1^3}\right)}=47.9\text{万円}$$

$$\text{機械Y：EAB}=\frac{148.3}{\frac{1}{0.1}\left(1-\frac{1}{1.1^4}\right)}=46.8\text{万円}$$

【数学注】　定額年金の現在価値と等価年間便益（EAB）

定額年金とは毎年一定のキャッシュフローを受け取れる投資機会のことである。割引率がrの時，n期間にわたって一定のキャッシュフローCを受け取れる定額年金の現在価値は次の式で表される。

$$\text{PV}=\frac{C}{1+r}+\frac{C}{(1+r)^2}+\frac{C}{(1+r)^3}+\cdots\cdots+\frac{C}{(1+r)^n} \tag{3.1}$$

この式の両辺に$\frac{1}{1+r}$を掛けると，

$$\frac{1}{1+r}\text{PV}=\frac{C}{(1+r)^2}+\frac{C}{(1+r)^3}+\frac{C}{(1+r)^4}+\cdots\cdots+\frac{C}{(1+r)^{n+1}} \tag{3.2}$$

(3.1)式から(3.2)式を引くと

$$\left(1-\frac{1}{1+r}\right)\text{PV}=\frac{C}{1+r}-\frac{C}{(1+r)^{n+1}}$$

これを変形すると次式が得られる。

$$\mathrm{PV}=\frac{C}{r}\left(1-\frac{1}{(1+r)^n}\right)$$

この式で，C は PV の EAB になっているので，ある投資プロジェクトの EAB と NPV は次のような関係になる。

$$\mathrm{NPV}=\frac{\mathrm{EAB}}{r}\left(1-\frac{1}{(1+r)^n}\right)$$

したがって，投資プロジェクトの EAB は次の式で表される。

$$\mathrm{EAB}=\frac{\mathrm{NPV}}{\frac{1}{r}\left(1-\frac{1}{(1+r)^n}\right)}$$

3.1.5 回収期間と割引回収期間

回収期間（Payback Period）は，投資から生まれるキャッシュフローで投資金額を回収するのに要する年数のことである。回収期間を投資決定基準として用いる場合には，回収期間がある目標年数より短ければプロジェクトを実施するという判断になる。

例えば，**図表 3 －12**に示す投資プロジェクト L は，1 年目には投資額の100億円のうち，30億円が回収され，2 年目には残りの70億円がちょうど回収されるので，回収期間が 2 年になる。もし 2 年以内に回収するという目標があるならば，投資プロジェクト L は実施されることになる。

このように回収期間は考え方がわかりやすく，計算も簡単であるため，多くの企業で使われている。しかし，回収期間にはいくつか問題点がある。その第 1 は，回収期間は毎期のキャッシュフローを同等に評価して計算されるので，貨幣の時間価値を考慮していないことである。第 2 の問題点は，回収期間以後に発生するキャッシュフローは考慮されないことである。このため，回収期間を投資決定基準として用いると，キャッシュフローが遅く生まれるが，NPV が

図表 3 －12　投資プロジェクト L の予想キャッシュフロー

（単位：億円）

	0 期	1 期	2 期	3 期
投資プロジェクト L	－100	30	70	50

大きくなるような投資プロジェクトが棄却されることになる。言い換えれば，回収期間を用いると，NPVを用いる場合に比べて，より短期的な視点から投資決定が行われる可能性がある。さらに第3の問題点として，回収期間の目標数字をどう定めたらよいか曖昧であることが挙げられる。NPVやIRRの場合，第6章で示すように割引率は資本市場のデータからある程度客観的に推計することができるが，回収期間の場合，目標回収年数は経験的に定めるしかなく，この目標を達成すれば企業価値が高まるというわけではない。

回収期間が持つこれらの問題点のうち，貨幣の時間価値を考慮しないという欠点を改善するために，キャッシュフローそのものではなく，キャッシュフローの現在価値を使えば投資金額を何年で回収できるかを計算する方法がとられることがあり，割引回収期間（Discounted Payback Period）と呼ばれる。

例えば，割引率が10%の場合，投資プロジェクトLの各年度のキャッシュフローの現在価値は**図表3－13**のように計算される。この表で，初期投資額のうち，2年間で回収できていない分は100－27.27－57.85＝14.88億円である。したがって，投資プロジェクトLの割引回収期間は2＋14.88/37.57＝2.4年と計算される。

図表3－13　投資プロジェクトLの予想キャッシュフローの現在価値

（単位：億円）

	0期	1期	2期	3期
キャッシュフロー	－100	30	70	50
キャッシュフローの現在価値	－100	27.27	57.85	37.57

しかし，投資決定基準として割引回収期間を用いた場合でも，①割引回収期間以後のキャッシュフローを無視する，②割引回収期間の目標値をどう定めるか曖昧であるという問題点は依然として残る。

3.1.6　会計上の利益率

投資決定の際，総資本利益率や投下資本利益率などの会計上の利益率が評価基準として用いられることも多い。会計上の利益率は様々な方法で計算される。例えば，分子の利益として税引後の純利益や税引後営業利益を用いたり，税引前の経常利益や営業利益を用いたりする。分母の資本についても総資本が使われることもあれば，投下資本が使われることもある。各年度の会計上の利益率が計算されることもあれば，投資プロジェクトの期間を通じての平均利益を平均投資額で割った平均的な利益率が計算されることもある。

会計上の利益率の投資決定基準としての第1の問題点は，キャッシュフローではなく財務会計上の利益と投資の簿価を用いることである。毎年のキャッシュ・アウトフローの一部は会計上の費用とみなされ，発生後直ちに売上高から控除されるが，それ以外の会計上の投資とみなされる部分については，何期間かにわたって減価償却という形で収益から控除される。このような会計上の判断が入り込むため，会計上の利益率は減価償却方法の影響を受けることになる。

会計上の利益率の第2の問題点は，利益やキャッシュフローのタイミングを考慮しない点である。例えば，投資プロジェクトの全期間の平均利益を平均投資額で割って平均的な資本利益率を計算する場合，単純に全期間の利益の平均をとっているので，貨幣の時間価値は考慮されていない。

会計上の利益率の第3の問題点は，比較対象基準が曖昧であることである。会計上の利益率を用いる多くの企業は，これまでの会計上の利益率の実績値や産業平均の会計上の利益率などを比較対象とすることが多いが，はたしてこれが企業価値を増大させる保証になるかは必ずしも明らかではない。

3.1.7　様々な投資決定基準の比較

これまで述べてきたことをまとめると，他の投資決定基準と比較してのNPVのメリットとして次の3点が挙げられる。

1．利益ではなくキャッシュフローを用いる。
2．プロジェクトの全期間のキャッシュフローを考慮する。
3．キャッシュフローの生まれるタイミングを考慮する。

このNPVのメリットと比較対照する形で他の投資決定基準の特徴を**図表3－14**に示した。この表に示したように回収期間，割引回収期間，会計上の利益率は上記の3条件を全部は満たしていない。IRRと収益性指数はキャッシュフローの形状が特殊な場合や複数のプロジェクトからの選択の場合には，誤った結論をもたらすことがある。したがって，投資プロジェクトの評価はNPVに基づいて行われるべきであり，他の基準はあくまでも補助的な判断基準として用

図表3－14　様々な投資決定基準の比較

	キャッシュフローの使用	全期間のキャッシュフローの考慮	キャッシュフローのタイミングの考慮	長　所	短　所
正味現在価値	○	○	○	どのような場合にも正しい判断ができる	金額で表されるので，直観的にわかりにくい
内部収益率	○	○	○	リターンで表されるので直観的にわかりやすい	複数の解が出ることがある 複数のプロジェクトからの選択の場合，誤った判断をする可能性がある
収益性指数	○	○	○	投下資金の制約がある場合に用いることができる	複数のプロジェクトからの選択の場合，誤った判断をする可能性がある
会計上の利益率	×	×	×	会計数字をそのまま使える 計算が簡単	目標の定め方が恣意的
回収期間	○	×	×	計算が簡単	目標の定め方が恣意的
割引回収期間	○	×	○		目標の定め方が恣意的

いるべきである。

図表3－15は，日米企業が実際にどのような投資決定基準を用いているかを調査した結果である。この調査結果からわかるように，アメリカでは約4分の3の企業がNPVやIRRをよく用いているが，日本企業でNPVやIRRをよく用いている企業は約4分の1にとどまっている。また，日米とも半分の企業が回収期間を用いている。

このように実際には多くの企業で割引キャッシュフロー法以外の投資決定基準が用いられている理由として，NPVやIRRに比べて回収期間や会計上の利益率の方が簡単でわかりやすいことが挙げられる。投資決定は財務スタッフだけでなく，生産部門やマーケティング部門など財務部門以外のスタッフも交え

図表３－15　日米企業の用いている投資決定基準

投資決定基準	よく用いている企業の割合（%）	
	アメリカ	日本
内部収益率	75.6	26.9
正味現在価値	74.9	25.7
回収期間	56.7	57.0
会計上の利益率	20.3	33.4

（注）アメリカ企業392社，日本企業214社の調査結果。
（出所）花枝・芹田他［2020］「日本のコーポレートファイナンス」（白桃書房）第２章をもとに作成。

たコミュニケーションの過程であるため，直観的により理解しやすい回収期間や会計上の利益率がコミュニケーションの手段として使われるのである。

3.1.8　割引キャッシュフロー法の限界とリアル・オプション

割引キャッシュフロー法では，投資が生み出す将来のキャッシュフローを予想してNPVやIRRを計算する。この場合，将来の経済環境や競争状況などについて最も起こりそうなシナリオに基づいてキャッシュフローの予想が行われるのが普通である。このように，通常の割引キャッシュフロー法では，経営環境が変化した場合でも，企業は当初の事業戦略を維持し続けるという前提のうえでキャッシュフローを予想する。しかし，厳密に考えると，企業は将来の環境変化に応じて，事業内容を途中で修正したり，事業を中止したり，投資プロジェクトを延期できるというオプションを持っている。したがって，通常の割引キャッシュフロー法は，経営者の政策変更のオプションを織り込んでいないので，戦略的な投資の決定を行うには限界があると考えられる。

例えば，新製品や新事業への投資の中には，その投資自体は利益を生まないが，早めに新市場を獲得したり，新技術を実用化することによって，その後の事業の展開を有利にし，将来の収益源を生むという性格を持つものもある。このような投資は，まず初期段階の投資を行うことによって，市場への参入実績をつくるという意味がある。将来，市場が予想通り拡大すれば本格的な追加投資を行い，当初期待したほど市場が拡大しなければ追加投資を行わなければよいのである。

このように，新事業の投資は，将来，本格的に事業に参入するオプションを買うという性格を持っているので，現時点で予想される将来のキャッシュフローのNPVを計算してプラスならば実行，マイナスならば棄却といった機械的な判断を行うと将来性ある分野への参入に否定的な結論しか出ない恐れがある。

このような企業の投資プロジェクトに付随するオプションは実物資産の投資に対するオプションという意味で，リアル・オプションと呼ばれる。このようなリアル・オプションの評価方法については，第12章で説明する。

3.2　投資決定に使われるキャッシュフロー

3.2.1　フリー・キャッシュフロー

事業投資の決定や企業価値評価の際に用いるキャッシュフローの定義について説明しよう。企業の生むキャッシュフローは，事業からのキャッシュフローと投資のキャッシュフローに分かれる。

まず，事業からのキャッシュフロー（営業キャッシュフロー）は次の式で計算される[4]。

事業からのキャッシュフロー＝営業利益×(1－法人税率)＋減価償却費

事業からのキャッシュフローを計算する際には，まず売上高から諸費用を引いて営業利益を計算する。ここで，支払利息を控除しない点に注意してほしい。事業投資の決定や企業価値評価の際には，資本提供者（株主と有利子負債提供者）に帰属するキャッシュフローを計算する必要があるので，有利子負債提供者に支払われるキャッシュフローである支払利息を差し引かないのである。

---

(4)　本章で説明する「事業からのキャッシュフロー」（営業キャッシュフロー）は，第1章で説明したキャッシュ・フロー計算書で表示される「営業活動によるキャッシュ・フロー」とは大きく次の2点が異なる。第1に，投資決定の際に用いられる「事業からのキャッシュフロー」は営業利益から支払利息を控除しないが，キャッシュ・フロー計算書の「営業活動によるキャッシュ・フロー」は営業利益から支払利息が引かれている。第2に，キャッシュ・フロー計算書の「営業活動によるキャッシュ・フロー」には正味運転資本増加額の調整が含まれている。これに対し，コーポレート・ファイナンスでは，通常，正味運転資本増加額は「事業からのキャッシュフロー」ではなく，「投資のキャッシュフロー」として扱う。

次に，税引後営業利益を計算する際には，営業利益から実際の税金支払額を差し引くのではなく，負債のあるなしにかかわらず，営業利益に（1－法人税率）を掛けて計算する。企業が負債を利用すると支払利息は税控除の対象となるので，支払利息に法人税率を掛けた金額だけ法人税支払額が減るが，事業投資の決定や企業価値評価の際にはキャッシュフローにこのような負債利用の節税効果は含めず，企業が負債を全く持たない場合に生まれるキャッシュフローを割引の対象とする。第6章で説明するように，負債利用の節税効果はキャッシュフローではなく割引率（資本コスト）の調整という形で投資プロジェクトや企業の価値に反映させるのである。

税引後営業利益に減価償却費を加えれば，事業からのキャッシュフローが計算される。このように，税引後営業利益に減価償却費を足し戻すのは，減価償却はすでに支出された投資額を会計的に各期にわたって費用として配分しているだけで，現金支出を伴っていないためである。

次に，投資のキャッシュフローを計算する。これは設備投資額と正味運転資本増加額からなる。

投資のキャッシュフロー＝設備投資額＋正味運転資本増加額

設備投資額は，企業が事業を行うために必要な固定資産（土地，建物，機械設備等）の増加額であり，資本投資額や資本支出とも呼ばれる。設備投資額は通常，投資プロジェクトの開始時点に発生するが，投資プロジェクトのなかには事業を実施している期間中に追加投資が必要になるものもある。

正味運転資本は，現金・預金を除いた流動資産から短期借入金を除いた流動負債を引いたものである。主な流動資産の項目としては，売掛金（製品の販売代金のうち現金回収されていない部分）や棚卸資産（商品，製品，仕掛品，原材料などの在庫）があり，主な流動負債の項目としては，買掛金（商品や原材料などの購入代金の未払残高）や前受金（製品の販売時点よりも前に販売先から受け取った契約手付金や予約金）がある。正味運転資本の年間増加額が新たに事業に必要なキャッシュフローとなる。

事業からのキャッシュフローから投資のキャッシュフローを引いたものは，フリー・キャッシュフローと呼ばれる。投資決定や企業価値の評価の際には，フリー・キャッシュフローを適切な資本コストで割り引いて現在価値や正味現在価値を計算する。

図表３－16　キャッシュフロー予測の例

（単位：億円）

	0	1	2	3	4	5
①売上高		190	220	270	290	220
②費用（除く減価償却費）		96	102	126	132	96
③減価償却費		60	60	60	60	60
④営業利益（①－②－③）		34	58	84	98	64
⑤法人税（税率40%）		13.6	23.2	33.6	39.2	25.6
⑥税引後営業利益（④－⑤）		20.4	34.8	50.4	58.8	38.4
⑦事業からのキャッシュフロー（⑥＋③）		80.4	94.8	110.4	118.8	98.4
⑧設備投資額	300	0	0	0	0	0
⑨正味運転資本増加額		19	3	5	2	－29
⑩投資のキャッシュフロー（⑧＋⑨）	300	19	3	5	2	－29
⑪フリー・キャッシュフロー（⑦－⑩）	－300	61.4	91.8	105.4	116.8	127.4

フリー・キャッシュフロー

＝事業からのキャッシュフロー－投資のキャッシュフロー

＝営業利益×(1－法人税率)＋減価償却費－設備投資額－正味運転資本増加額

図表３－16はある投資プロジェクトについてのキャッシュフローの予測数字である。この例では，初期投資額が300億円で追加投資は想定していない。投資プロジェクトの終了する第５期の建物，生産設備などの残存価値をゼロとし，減価償却を５年間の定額法で行うので毎年の減価償却費は300÷５＝60億円となる。

また，正味運転資本増加額の計算にあたっては，毎期，売上高の10%の正味運転資本残高（現金・預金を除く流動資産－短期借入金を除く流動負債）が必要となり，投資プロジェクトが終了する第５期にはこれらの資金はすべて現金の形で回収されると仮定してある。

3.2.2　キャッシュフロー予測の留意点

実際の投資決定の際には，何を投資プロジェクトのもたらすキャッシュフローとして考えるかという判断が難しいこともある。ここで，投資決定の際に考慮すべきキャッシュフローについての一般原則を述べると「投資プロジェクト実施に伴って発生するフリー・キャッシュフローの増加額」ということになる。言い換えると，その投資プロジェクトを実施する場合と実施しない場合の企業のフリー・キャッシュフローの差額をとり，それを割り引くことが必要である。いくつかの例を用いて，キャッシュフロー計算の留意点について説明しよう。

(1) サンクコスト

サンクコスト（Sunk Cost，埋没費用）とは，すでに支出してしまい，回収不可能な費用のことである。例えば，新製品への投資の決定に先立って，テスト・マーケティングを行ったところ，良好な結果が出たので，投資を実施するか否かの最終決定を行うことにした。この場合，テスト・マーケティング費用はすでに支出してしまった費用なので，テスト・マーケティングの成果を他社に売却するなどの形で回収する可能性がないのであれば，キャッシュフローに含めるべきではない。ただし，キャッシュフローに含めないのは，すでに発生したテスト・マーケティング費用であり，もし今後さらにテスト・マーケティングを行う予定があるのであれば，その費用は含めるべきである。

(2) 機会費用

新規投資プロジェクトで現在外部に貸している倉庫を使う場合，いままで得ていた倉庫の賃貸料が投資プロジェクトの実施によって入らなくなる。この収入減少はキャッシュフローに含めるべきだろうか。

この例のように，投資プロジェクトで既存の資産（設備，建物，土地等）を使う場合には，その資産を別の用途に用いたり，売却すれば入るであろう金額をマイナスのキャッシュフローとして考慮すべきである。言い換えれば2つの用途のキャッシュフローの差額を考慮すべきである。したがって，賃貸料収入の減少分は投資プロジェクトのコストに含めるべきである。

以上の例の倉庫の賃貸料のように，ある行動を選択すると，他の選択肢を選んでいたら得られたであろう利益が失われるような場合，このような失われる利益は機会費用と呼ばれる。この機会費用の考え方は，遊休資産（設備，建物，土地等）についても適用される。例えば，現在使われていない工場を新規プロジェクトに使う場合，その建物と土地の費用（市場価格）を投資額に含めるべきである。工場の費用を考慮することにより，その工場の土地，建物，生産設備等を売却する場合とそれらの資産を投資プロジェクトに用いる場合とどちらが経済的に有利かを比較することができる。遊休設備という理由でその費用をゼロと考えると投資プロジェクトの経済性を正しく評価することにはならないのである。

⑶　副次効果

新商品を発売すると，競合により，自社の既存商品の売上や利益が減ってしまうことが予想される場合，それを考慮して，予想キャッシュフローを減らすべきであろうか。

投資プロジェクトの評価は，その投資プロジェクトを実施した場合と実施しなかった場合のキャッシュフローの差額をもとに判断すべきなので，この場合には競合による既存事業のキャッシュフローの減少額をキャッシュフロー予測に織り込むべきである。つまり，投資プロジェクト実施によって，企業全体のキャッシュフローがどれだけ増減するかを考慮すべきである。

この例とは逆に新規プロジェクトが既存事業のキャッシュフローを増加させる効果を持つのであれば，その効果を考慮すべきである。例えば，電鉄会社が路線沿いに商業施設をつくると，その商業施設からの収入だけでなく，電車の乗降客の増加も見込まれるのであれば，それによるキャッシュフローの増加も考慮すべきである。

⑷　間接費負担

管理会計上，本社の管理部門の人件費，賃借料，光熱費などの間接費を各事業部門や各投資プロジェクトに割り振って部門収支の計算を行うことがある。しかし，投資評価の観点からは，投資プロジェクトの実施に伴って実際に新たに発生する費用のみキャッシュフローの計算に含めるべきである。もし，プロジェクトの実施に伴って，本社部門の費用が増えるのであるならば，その金額をキャッシュフローの計算に入れるべきであるが，本社部門の費用が実際に増えないのであれば，管理会計上の間接費はキャッシュフローの計算に含めるべきではない。

⑸　インフレーション

キャッシュフロー予測を行う場合，予想キャッシュフローに将来のインフレーションを反映させるかどうかも問題になる。これに関しては，キャッシュフローと割引率との整合性をとることが重要である。金融市場で成立している金利や金融資産の要求収益率は将来の期待インフレ率を反映した名目ベースの数字なので，これらを割引率として用いるのであれば，キャッシュフロー予測の際には将来のインフレを考慮すべきである。逆に，現在の価格水準に基づいたキャッシュフロー予測を行った場合には，割引率は将来の期待インフレ率を引いた実質ベースの割引率を用いるべきである。

◆ 本章のまとめ ◆

●企業価値の増大を投資の判断基準とする場合，NPVは常に正しい判断結果をもたらす。

●割引率を高めるとNPVが一様に減少していく投資プロジェクトの場合，NPVとIRRは同じ投資判断をもたらす。

●IRRには，①借入型プロジェクトの場合，NPVによる判断結果と異なる，②複数のIRRが計算されることがある，③相互排他的なプロジェクトから選択する場合，NPVと選択結果が異なることがある，という問題点がある。

●収益性指数は，資本投下額の制約がある場合にプロジェクト選択基準として用いることができるが，相互排他的な投資プロジェクトの選択の場合，NPVと選択結果が異なることがある。

●機械を定期的に取り替える場合は，等価年間便益（EAB）を意思決定基準として用いることができる。

●回収期間は計算が簡単であることがメリットであるが，どのような目標数字を用いればよいかが曖昧であるなどの問題点がある。

●会計上の利益率は，①キャッシュフローではなく利益を用いている，②貨幣の時間価値を考慮していないなどの問題点がある。

●アメリカでは，NPVやIRRが多くの企業によって用いられているが，日本ではこれらの投資決定基準はまだあまり普及していない。

●割引キャッシュフロー法は，経営者の政策変更の可能性を織り込んでいないので，新製品・新事業への投資など，戦略的な投資の決定を行うには限界がある。

●投資決定の際には，事業からのキャッシュフローから投資のキャッシュフローを引いたフリー・キャッシュフローを割引の対象とする。

●フリー・キャッシュフローを予測する際には，サンクコスト，機会費用，副次効果，間接費負担，インフレーションなどの扱いに注意すべきである。

Problems

問1　ある投資プロジェクトについて，次のような業績が予想されている。法人税率が40%，割引率が8%の場合，投資プロジェクトの正味現在価値と内部収益率を計算して，投資を実施すべきか否かを判断しなさい。

（単位：億円）

	0	1	2	3
売上高		80	120	100
費用（除く減価償却費）		36	54	45
減価償却費		40	40	40
設備投資額	120	－	－	－
正味運転資本増加額		12	6	－18

問2　資金の制約のため，以下の2つの投資プロジェクトのうち，1つしか実施できない場合，企業価値の増大を目的とすると，どちらの投資プロジェクトを選択すべきか。ただし，両プロジェクトとも割引率は5%とする。

（単位：億円）

	フリー・キャッシュフロー			
	0期	1期	2期	3期
プロジェクトA	－300	93.2	110.8	147.6
プロジェクトB	－300	212.2	77.6	47.8

問3　ABC社はこれまで新規事業の準備を進めており，新製品完成の目途がついたため，これから具体的な事業計画を作成し，最終的な投資判断を行おうとしている。事業計画によれば，今年中に120億円かけて工場を建設し，来年初めに商品を発売する予定である。工場建設用地は，同社が保有する遊休地を利用する計画である。この土地は3年前に80億円で購入されたもので，現在も80億円で売却可能と見られている。また，これまで同社は新規事業の研究開発のために30億円を投じてきた。同事業は特殊な事業なので，この研究開発成果は他の事業に転用できず，知的財産として市場性を持つことはないと見られている。ABC社は投資プロジェクトの評価にあたって，初期投資額をいくらと考えるべきであろうか。

第4章 リスクとリターン

Risk and Return

本章の概要

前章まではリスクの重要性は指摘しつつも，リスクがある場合のキャッシュフローの割引率は，リスクを反映した割引率として所与として扱い，明示的には扱っていなかった。本章では，リスクをどのようにとらえるか，またリスクを反映した割引率が金融市場でどのように決まるかをポートフォリオ理論に基づいて説明する。

Key words

収益率，期待収益率，分散，標準偏差，正規分布，共分散，相関係数，ポートフォリオ，ポートフォリオの期待収益率と分散(標準偏差)，空売り，安全資産，リスクフリー・レート，投資機会集合，効率的フロンティア，効率的ポートフォリオ，接点ポートフォリオ，分離定理，リスク回避的，無差別曲線，最適ポートフォリオ，トービンの分離定理，CAPM，市場ポートフォリオ，証券市場線，ベータ，システマティック・リスク，アンシステマティック・リスク(個別リスク)，ベータの推定，アノマリー，マルチファクター・モデル，ファーマ＝フレンチの3ファクター・モデル，APT

4.1 リターンとリスクの尺度

4.1.1 投資のリターン

証券の収益は，期中の証券の値上がり益と，期中に得られたキャッシュフローから構成される。例えば，株式の収益は，期中の値上がり益と配当の合計である。その収益を，前期末の価格で割って１円当たりの収益にしたものが収益率である。すなわち，収益率とは，一定期間証券を保有した時に得られる収益の相対的な大きさ（投資金額１円当たりの収益）を表し，単位は％で示す。収益率は投資金額１円当たりに基準化された収益の尺度であるから，収益率で考えることにより，価格の異なる証券間の収益比較が可能となる。

一般に，証券への投資から得られる t 期の収益率（リターン）R_t は，以下のように定義される。

$$R_t=\frac{P_t+CF_t-P_{t-1}}{P_{t-1}} \tag{4.1}$$

P_t：t 期末の証券価格　P_{t-1}：$t-1$ 期末の証券価格

CF_t：t 期中に発生するキャッシュフロー

投資のリターンとリスクをとらえるために，以下の例を考えてみよう。現在，１期後の経済について３つのシナリオ（好景気，並みの景気，不景気）があり，それぞれ３分の１の確率で起こるものとする。それぞれのシナリオの下で，証券Ａと証券Ｂの価格が現在から１期後において，**図表４－１**のように変動すると予想されている。

図表４－１　証券 A，B の価格変化

（上段が好景気，中段が並み，下段が不景気，カッコ内の数値は収益率）

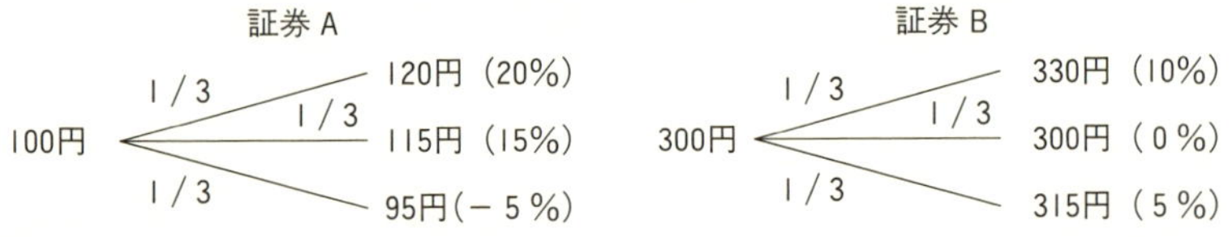

証券 A

100円 → 1/3 → 120円（20%）
100円 → 1/3 → 115円（15%）
100円 → 1/3 → 95円（－５%）

証券 B

300円 → 1/3 → 330円（10%）
300円 → 1/3 → 300円（０%）
300円 → 1/3 → 315円（５%）

4.1.2　期待収益率

証券の特性は，収益率の水準と変動性の２つで捉えることができる。収益率にはリスクがあるので，その特性を数量化するためには，収益率を確率変数として捉えることが有益である。確率変数としての収益率の特性は，確率分布で捉えることができる。

収益率の大きさを測るときに，平均的に予想される収益率を，収益率の期待値（Expectation）の意味で期待収益率（Expected return）と呼び，μ で表す。期待値は，確率変数が取りうる値に発生確率を掛け，すべての状態について合計したものである。証券 i の期待収益率は，$E(R_i)$ と表され，以下のように定義される。

$$E(R_i)=p_1R_{i1}+p_2R_{i2}+\cdots\cdots+p_SR_{iS}=\sum_{s=1}^{S}p_sR_{is} \tag{4.2}$$

図表４－１から証券Ａ，Ｂの期待収益率を求めると，以下のようになる。

$$証券A\quad E(R_A)=\frac{1}{3}\times 20+\frac{1}{3}\times 15+\frac{1}{3}\times(-5)=10\%$$

$$証券B\quad E(R_B)=\frac{1}{3}\times 10+\frac{1}{3}\times 0+\frac{1}{3}\times 5=5\%$$

4.1.3　リスク：分散（標準偏差）

証券のリスクは収益率のばらつきと捉えることができる。ばらつきの尺度にはいくつかあるが，代表的な尺度は分散である。分散（Variance）は，平均からの乖離の二乗の期待値と定義され，σ^2 で表す。証券 i の収益率の分散は $\mathrm{Var}(R_i)$ と表され，以下のようになる。

$$\begin{aligned}\mathrm{Var}(R_i)&=p_1(R_{i1}-E(R_i))^2+p_2(R_{i2}-E(R_i))^2+\cdots\cdots+p_S(R_{iS}-E(R_i))^2\\&=\sum_{s=1}^{S}p_s(R_{is}-E(R_i))^2=E[R_i-E(R_i)]^2\end{aligned} \tag{4.3}$$

注意すべき点として，分散は，期待値を下回る部分だけでなく，上回る部分も同じようにリスクと考えていることがある。また，分散には単位はない（あえて単位をつければ％の２乗）。分散の平方根をとったものは標準偏差（Standard deviation）と呼ばれ，σ で表す。標準偏差の単位は収益率と同じ％となる。標準偏差は収益率や期待値と単位が同じ％で使いやすいため，これ以降はリスクの尺度として主に標準偏差を用いて説明する。

証券Aの分散と標準偏差を計算すると以下のようになる。

$$\mathrm{Var}(R_A)=\frac{1}{3}\times(20-10)^2+\frac{1}{3}\times(15-10)^2+\frac{1}{3}\times(-5-10)^2=116.67$$

$$SD(R_A)=\sqrt{116.67}=10.80\%$$

証券Bの分散と標準偏差を計算すると以下のようになる。

$$\mathrm{Var}(R_B)=\frac{1}{3}\times(10-5)^2+\frac{1}{3}\times(0-5)^2+\frac{1}{3}\times(5-5)^2=16.67$$

$$SD(R_B)=\sqrt{16.67}=4.08\%$$

4.1.4 正規分布

証券のリターンは，しばしば正規分布が前提とされることが多い。それは，証券のリターンが様々な値を取り，現実のリターンの分布をグラフにとると，正規分布に近い形となるためである。正規分布は，**図表4－2**のように，平均を中心とした左右対称の釣鐘状の分布である。平均と標準偏差がどのような値をとった場合でも，平均を中心に標準偏差で何単位分か離れた領域に収益率がおさまる確率が，次のように定まっている。

「平均±１×標準偏差」に入る確率＝68.27%

「平均±２×標準偏差」に入る確率＝95.45%

「平均±３×標準偏差」に入る確率＝99.73%

（数値例4－1）

ある証券の期待収益率は10%で，収益率の標準偏差は10%である。この証券の収益率が⑴マイナスとなる確率，⑵30%以上となる確率，はいくらか。

収益率がマイナスとなるのは，期待値10%から１標準偏差（10%）下方になる場合なので，収益率がマイナスとなる確率は，（１－0.6827）÷２≒15.9%となる。また，収益率が30%以上になるのは，期待値10%から２標準偏差(20%)だけ上方にあるので，収益率が30%以上になる確率＝(１－0.9545)÷２≒2.3%となる。

4.1.5 リターン間の連動性：共分散と相関係数

ポートフォリオとは，複数の証券の組み合わせのことを言う。ポートフォリ

図表4－2　正規分布（平均＝μ，標準偏差＝σ）

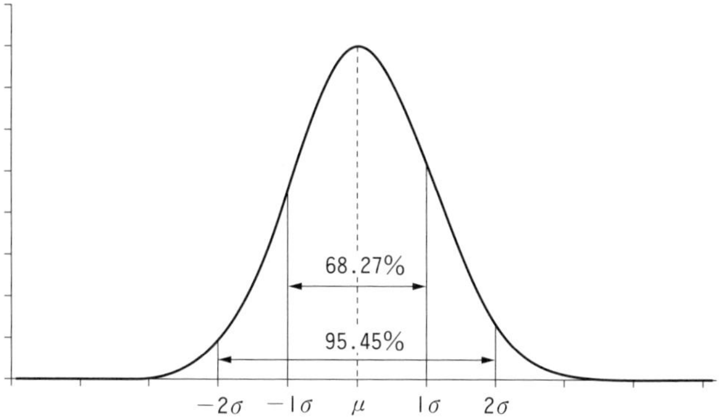

オのリスクを考える場合，証券の収益率間の連動性に考慮することが重要となる。複数証券の収益率間の連動性が低いほど，ポートフォリオを組んだときのリスク分散効果がより大きく働き，リスクを小さくすることができるからである。2つの証券の収益率の連動性を測る尺度として，共分散が有用である。

一般に，2つの証券iと証券jの収益率の共分散（Corariance）は，それぞれの期待値からの乖離の積の期待値として以下のように定義される。

$$
\begin{aligned}
\mathrm{Cov}(R_i, R_j) &= p_1(R_{i1}-E(R_i))(R_{j1}-E(R_j))+p_2(R_{i2}-E(R_i))(R_{j2}-E(R_j)) \\
&\quad +\cdots\cdots+p_S(R_{iS}-E(R_i))(R_{jS}-E(R_j)) \\
&= \sum_{s=1}^{S} p_s(R_{is}-E(R_i))(R_{js}-E(R_j)) \\
&= E(R_i-E(R_i))(R_j-E(R_j)) \qquad (4.4)
\end{aligned}
$$

この定義からわかるように，共分散は，2つの証券の収益率が平均を同時に上回る，あるいは同時に下回る状況が起こる程度を示す。共分散がプラスで大きいほど，2つの確率変数は同じ方向に動く程度が大きくなる。共分散の値は，一般に分散が大きいほど大きくなるため，共分散の値の大きさだけでは証券収益率間の共変動の程度は把握できない。そこで共分散を2つの証券の標準偏差で割って基準化した相関係数ρ（ロー）がよく用いられている。すなわち，証券iとjとの収益率の相関係数ρ_{ij}は，以下のように定義される。

$$
\rho_{ij}=\frac{\mathrm{Cov}(R_i, R_j)}{\sigma_i\sigma_j} \qquad (4.5)
$$

相関係数は，１と－１の間の値をとることが知られており，１の時は完全に連動し，－１の時は完全に逆に連動し，ゼロの時は全く連動性がないことを示す。前出の証券Ａと Ｂの共分散と相関係数を計算すると，

$$\begin{aligned}Cov(R_A, R_B) &= \frac{1}{3}\times(20-10)\times(10-5)+\frac{1}{3}\times(15-10)\times(0-5)\\&\quad+\frac{1}{3}\times(-5-10)\times(5-5)\\&=8.33\end{aligned}$$

$$\rho_{AB}=\frac{8.33}{10.80\times4.08}=0.19$$

4.2 分散化と最適ポートフォリオの決定

4.2.1 2証券で構成されるポートフォリオ

ポートフォリオは，各証券への投資比率で特定される。ポートフォリオ理論の基本原理は，「卵を１つのかごに入れて運ぶな」ということである。すなわち ,ポートフォリオを組むことによって分散化の効果が発揮され，ポートフォリオのリスクが低減するのである。このことは，マーコウィッツ（H. Markowitz）によって示された。

まず，ポートフォリオとして最も簡単な2証券のみを用いるケースで考えてみる。初期投資額が100万円で，証券Ａに40万円，証券Ｂへ60万円を投資した場合のポートフォリオについて考えてみよう。この場合，証券Ａへの投資比率は，40/100＝40％となり，証券Ｂへの投資比率は，60/100＝60％となる。各証券への保有比率の合計は１（＝100％）となる。

図表４－１で示した証券Ａと証券Ｂの特性をまとめると，**図表４－３**の通りである。

図表４－３　証券ＡとＢの特性

	期待収益率	標準偏差
証券Ａ	10.0％	10.80％
証券Ｂ	5.0％	4.08％
相関係数	0.19	

このポートフォリオの期待収益率＝0.4×10＋0.6×5＝7.0％

このポートフォリオの分散と標準偏差は以下のようになる。

分散＝$0.4^2\times10.80^2+0.6^2\times4.08^2+2\times0.4\times0.6\times10.80\times4.08\times0.19=28.67$

標準偏差＝$\sqrt{28.67}=5.35$％

すなわち，ポートフォリオのリスクは，ポートフォリオの組み込まれた証券のリスクだけではなく，証券間の共分散（または相関係数）にも影響されることがわかる。

一般に，証券A，BのリターンをR_A, R_Bとし，保有比率をそれぞれw_A, $w_B(=1-w_A)$とするポートフォリオの期待リターンとリターンの分散は，以下のようになる。

$$E(R_p)=w_AE(R_A)+w_BE(R_B) \quad (4.6)$$

$$\mathrm{Var}(R_p)=w_A^2\mathrm{Var}(R_A)+w_B^2\mathrm{Var}(R_B)+2w_Aw_B\mathrm{Cov}(R_A, R_B) \quad (4.7)$$

以上の式は，2つの確率変数の和の期待値と分散の性質(数学注)から導かれる。

【数学注】　ポートフォリオ収益率の期待値と分散の性質

ポートフォリオ収益率の期待値および分散は，以下の期待値を分散の性質から導出することができる。

期待値の定義から，2つの確率変数$\tilde{x}$，$\tilde{y}$の期待値について，以下の性質が導かれる。

$$E(a\tilde{x}+b\tilde{y}+c)=aE(\tilde{x})+bE(\tilde{y})+c$$

よって，この性質を用いて，ポートフォリオの期待値は(4.6)式のように表すことができる。

2つの確率変数$\tilde{x}$，$\tilde{y}$の共分散$\mathrm{Cov}(\tilde{x}, \tilde{y})$は，以下のように定義される。

$$\mathrm{Cov}(\tilde{x}, \tilde{y})=E[\tilde{x}-E(\tilde{x})][\tilde{y}-E(\tilde{y})]$$

また，分散の定義から，分散は以下の性質を持つ。

$$\mathrm{Var}(a\tilde{x}+b)=a^2\mathrm{Var}(\tilde{x})$$

$$\begin{aligned}&\mathrm{Var}(a\tilde{x}+b\tilde{y})\\&=E[a\tilde{x}+b\tilde{y}-E(a\tilde{x}+b\tilde{y})]^2\\&=E[a\tilde{x}-E(a\tilde{x})]^2+E[b\tilde{y}-E(b\tilde{y})]^2+2E[a\tilde{x}-E(a\tilde{x})][b\tilde{y}-E(b\tilde{y})]\\&=a^2\mathrm{Var}(\tilde{x})+b^2\mathrm{Var}(\tilde{y})+2ab\mathrm{Cov}(\tilde{x}, \tilde{y})\end{aligned}$$

よって，この性質を用いて，ポートフォリオの分散は(4.7)式のように表すことができる[(1)]。

4.2.2 投資機会集合

証券A，Bへの投資比率をいろいろ変化させると，様々な期待リターンと分散（標準偏差）を持つポートフォリオを構築することができる。証券Aへの保有比率を0％から10％ずつ変化させた時のポートフォリオの特性は，先ほどの計算をそれぞれの保有比率について繰り返せば，**図表4－4**の通りとなる。

図表4－4で示されたように，証券A，Bの保有比率を変えると，様々な期待収益率と標準偏差を持つポートフォリオを構築することができる。

証券Aの保有比率を0％から高めてゆくと，期待収益率が上昇する一方で，標準偏差は当初低下し，保有比率10％近辺で標準偏差が最も小さくなり，その後上昇する。これが分散化の効果である。また，**図表4－4(B)**における曲線は，投資機会集合と呼ばれ，その形状が双曲線となることは数学的に示すことができる。

4.2.3 空売りの効果

では，証券Bより期待値の低いポートフォリオや，証券Aよりも期待値の高いポートフォリオを構築することができるであろうか。証券の空売り（ショートセール）ができれば構築可能である。空売りした証券の保有比率はマイナスとなる。**図表4－5**の点Fは，証券Bを空売りして，すなわち$w_B<0$として，その売却代金を用いて証券Aを買い増す，すなわち$w_A>1$とすることによって実現することができる。同様に，点Gは証券Aを空売り，すなわち$w_A<0$，$w_B>1$となるポートフォリオを示している。空売りによって，投資機会集合は拡大するのである。

(1) さらに詳しいことを知りたい方は，森棟［2000］や小林・芹田［2010］を参照されたい。

図表4－4　証券AとBの保有比率を変えて構築したポートフォリオ

(A)

証券Aの保有比率	証券Bの保有比率	期待収益率	標準偏差
0%	100%	5.00%	4.08%
10%	90%	5.50%	4.02%
20%	80%	6.00%	4.24%
30%	70%	6.50%	4.71%
40%	60%	7.00%	5.35%
50%	50%	7.50%	6.12%
60%	40%	8.00%	6.98%
70%	30%	8.50%	7.88%
80%	20%	9.00%	8.83%
90%	10%	9.50%	9.81%
100%	0%	10.00%	10.80%

(B)

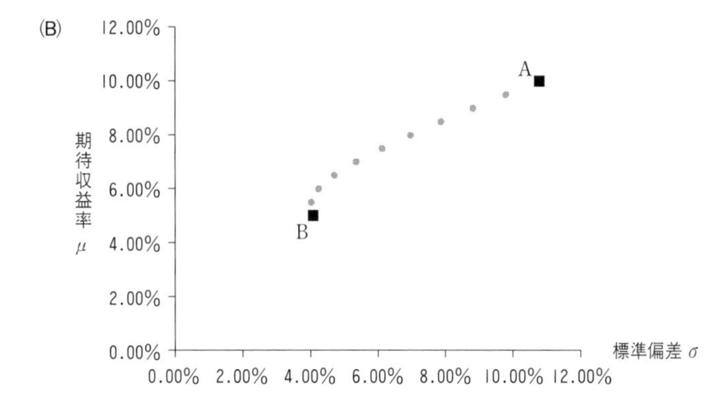

図表4－5　空売りの効果

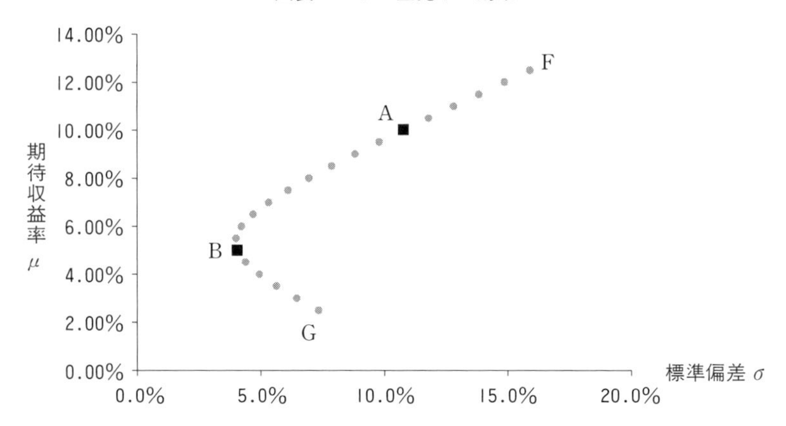

4.2.4　相関係数の効果

図表 4 － 4(B) 中の双曲線の AB の曲がり具合は，リスク分散効果の程度に依存し，それは証券間の連動性の尺度である相関係数によって決定される。2つの証券の連動性が低くなるほど，すなわち相関係数が小さいほど，分散化によってポートフォリオの分散をより小さくすることが可能となる。一方，2証券が完全連動している，すなわち相関係数が1であれば，分散化してもリスクの低減効果は全くない。**図表 4 － 6** は，前述の期待値と標準偏差を持つ証券 A と証券 B について，その相関係数 ρ のみがいろいろな値をとった場合の投資機会集合である。$\rho=1$ の時には，分散化の効果が全くなく，投資機会集合は点 A と点

図表 4 － 6　相関係数の効果

(A)

相関係数		1.0	0.5	0.0	−1.0
証券Aの保有比率	期待収益率	標準偏差	標準偏差	標準偏差	標準偏差
0%	5.00%	4.08%	4.08%	4.08%	4.08%
10%	5.50%	4.75%	4.31%	3.83%	2.59%
20%	6.00%	5.42%	4.73%	3.91%	1.10%
30%	6.50%	6.10%	5.28%	4.32%	0.38%
40%	7.00%	6.77%	5.94%	4.97%	1.87%
50%	7.50%	7.44%	6.66%	5.77%	3.36%
60%	8.00%	8.11%	7.43%	6.68%	4.85%
70%	8.50%	8.78%	8.24%	7.66%	6.34%
80%	9.00%	9.46%	9.08%	8.68%	7.82%
90%	9.50%	10.13%	9.93%	9.73%	9.31%
100%	10.00%	10.80%	10.80%	10.80%	10.80%

(B)

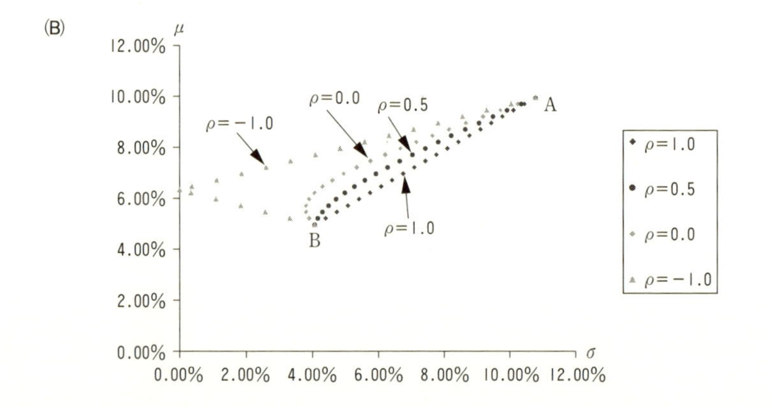

Bを結ぶ直線となる。$\rho<1$の場合には，分散化の効果によるリスク低減が働き，ρが小さくなるほど投資機会集合は左に折れ曲がり具合が大きくなり，同じ期待リターンを持つポートフォリオの標準偏差は小さくなる。ついに$\rho=-1$の時には，ある保有比率（この数値例は証券Aの保有比率≒30％の時）の下では，ポートフォリオのリスクをゼロにすることができる。

4.2.5　危険資産と安全資産の場合

安全資産とは，収益率が全く変動しない，すなわち標準偏差がゼロの証券(具体的には短期国債など）のことである。証券Bが安全資産の場合，すなわち収益率の標準偏差＝0の時，投資機会集合は直線となる。このことは容易に示すことができる。**図表4－7**は，証券Bが安全資産(標準偏差＝0)で，収益率＝5％の時の投資機会集合を示している。AB間は，安全資産の保有割合が0％以上100％以下，Aより右側では安全資産を空売り（すなわち借入）して，危険資産である証券Aの保有比率を100％以上に高めた場合を示している。なお，安全資産の収益率は，リスクフリー・レートr_fと呼ばれる。

図表4－7　危険資産＋安全資産のポートフォリオ

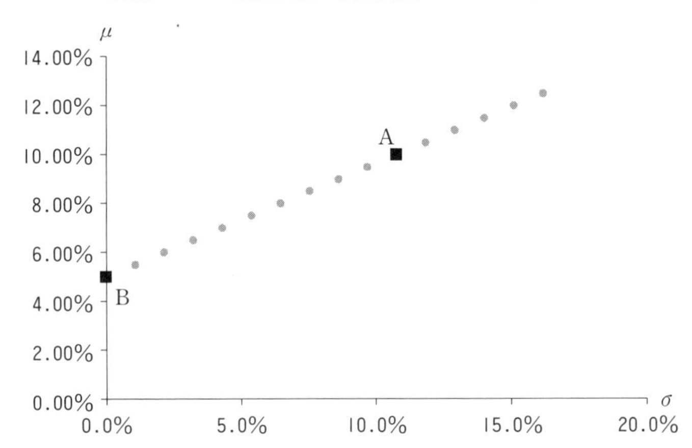

図表４－８　組入れ証券数増加の効果

（３証券のケース，フロンティアはExcelのソルバーで算出）

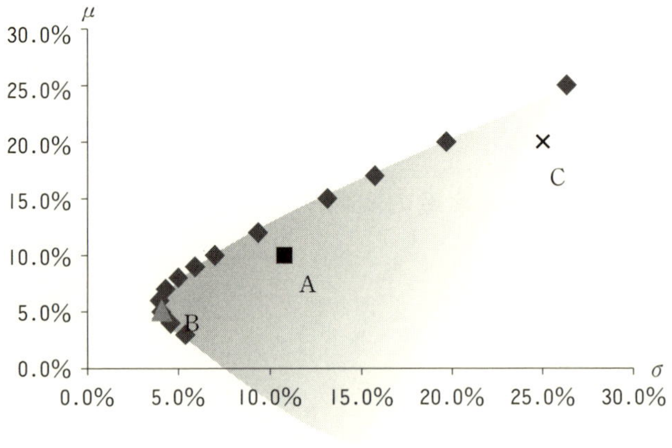

4.2.6　証券数増加の効果

これまでは，２証券を用いたポートフォリオを考えてきた。それでは，証券の数が増加したとき，投資機会集合はどうなるであろうか。結論として，２証券の場合が線であったものが面となることで，さらに選択できる範囲が広がり，分散化の効果も大きくなるといえる。すなわち，投資機会集合が面で示され，左側に拡大する。**図表４－８**は，証券A，Bに加えて，証券C（期待収益率＝20%，標準偏差＝25%）を加えた投資機会集合が示されている。証券A，Bの２証券の場合よりも分散化の効果が大きくなっていることがわかる。このような投資機会集合の拡大は，相関係数の低い証券や異なる資産クラスの証券を組み入れるほど，大きくなる。したがって，不動産やオルタナティブ投資などの異なる資産クラスの組入れや，海外資産へ広く投資を行う国際分散投資は，投資機会集合がより大きく拡大することが期待できるという意味で有効性がある。

4.2.7　効率的フロンティア

図表４－９(a)に示されたように，多数の危険資産から構築された投資機会集合の中で，ある期待値の下で最小の分散を達成するポートフォリオを最小分散ポートフォリオ（**図表４－９(a)**では，左端の境界線AGB）と呼ぶ。これはこれ以上できないほど極限まで分散化を行ったポートフォリオの集合である。最小

分散ポートフォリオは多数存在し，様々な期待収益率に対応して１つ存在する。そのうち最も標準偏差が小さいポートフォリオを大域的最小分散ポートフォリオ（図表４－９(a)では点Ｇ）と呼ぶ。最小分散ポートフォリオの集合の中で大域的最小分散ポートフォリオよりも期待リターンの大きいポートフォリオの集合は効率的ポートフォリオ，それを図示した曲線を効率的フロンティア(図表４－９(a)では左側の境界線のうち太線GB)と呼ばれる。効率的フロンティアの内部の点に対しては，必ず同じリスクで期待値が高い別のポートフォリオを作成することができる。よって，どんな投資家であれ，その最適ポートフォリオは，効率的フロンティアの内部に存在することはありえず，必ず効率的フロンティア上にある。詳細は上級テキストに譲るが，効率的フロンティアは，①右上がり（リスクとリターンのトレードオフ），②双曲線，という性質を持っている。

安全資産がある場合は，図表４－９(b)で示され，効率的フロンティアは右上がりの直線になる。すなわち，図表４－９(b)において，安全資産を示す点 r_f と危険資産のみの投資機会集合との接点Ｔを通る直線 r_fTC（図表では太線で示している）が効率的フロンティアである。Ｔを接点ポートフォリオと呼ぶ。効率的フロンティアが直線となる理由は，安全資産と接点ポートフォリオＴとで作られるポートフォリオは図表４－７のように直線になるからである。また，任意の効率的ポートフォリオは，安全資産と接点ポートフォリオＴの２つのみで実現することができることはすぐにわかるであろう。

図表４－９　効率的フロンティア

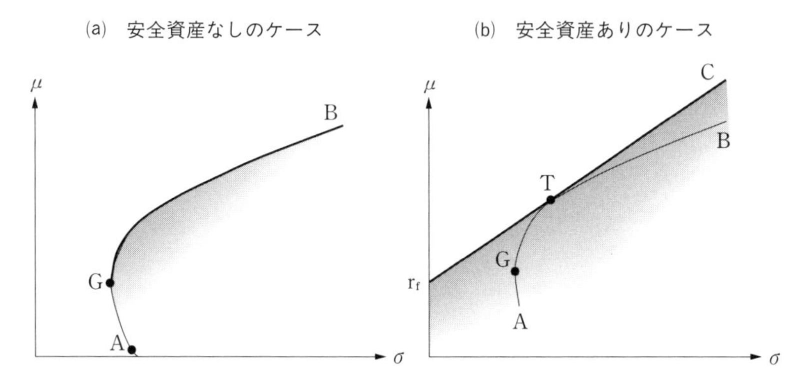

なお，効率的フロンティアは，数学的には，二次計画法と呼ばれる手法によって求めることができる。すなわち，ある期待収益率の下で分散が最小となるポートフォリオ（個別証券の保有ウェイト）を決定し，それを様々な期待収益率について繰り返すのである。コンピュータのソフトウェア（Excelにおけるソルバーなど）を用いることによって求めることができる。

4.2.8　投資家の選好

これまでは，ポートフォリオ構築による投資家の投資機会集合について検討してきた。投資家の最適ポートフォリオの選択においては，投資機会集合だけでなく，投資家のリターン（期待収益率 μ）とリスク（標準偏差 σ）に関する選好も必要となる。投資家の選好は人によりまた保有する資産額により異なる。ポートフォリオ理論では，リスク回避的な投資家を前提とする。リスク回避的とは，期待収益率が同じならばより低いリスクを好むことを意味する。

投資家の選好は，投資機会集合と同じ図に，すなわち横軸に収益率の標準偏差 σ，縦軸に期待収益率 μ をとった図に，無差別曲線を用いて示すことができる。無差別曲線とは，同じ満足度（経済学では効用と呼ばれる）が得られる μ と σ の組み合わせを表す。図表４－10の通りである。

リスク回避的な投資家の無差別曲線は以下の３つの性質を満たす。すなわち，①右上がり，②左上にある無差別曲線ほど効用は高くなる，③凸性，の３つである。これらの理由について説明する。リスク回避的な投資家にとっては，期待収益率は高ければ高いほどよい，一方リスクは小さければ小さいほどよい。図表４－10において，リスク回避的な投資家にとって，点Ａよりもリスクが高いにもかかわらず無差別であるためには，点Ａよりも高い期待収益率を投資家は要求する（例えば点Ｂ）。したがって，無差別曲線は右上がりとなるのである。また，左上にいくほど，期待収益率が高く，リスクが小さくなることであるから，リスク回避的な投資家にとっては望ましいことである。よって，左上にある無差別曲線ほど効用が高くなる。図表４－10においては，無差別曲線 U_1 よりも左上に位置する無差別曲線 U_2 の方が効用が高いのである。無差別曲線の接線の傾きは，１単位の追加的なリスク負担の見返りに何単位の追加的期待収益率を必要とするかを示している。通常，リスク回避的な投資家は，負担するリスク水準が低い時には，追加的リスク負担の見返りにはわずかの追加的期待収益

図表4－10　リスク回避的な投資家の選好（無差別曲線）

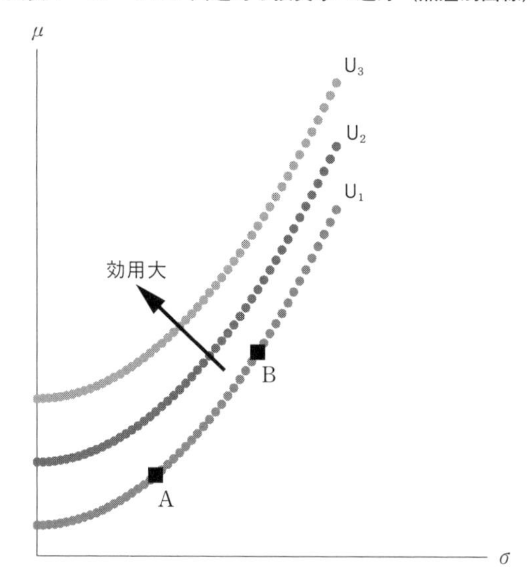

率しか必要としない。しかし，負担しているリスク水準が高くなるにつれ，追加的リスクに必要とされる追加的期待収益率がだんだん大きくなる。これが，無差別曲線の凸性であり，図のように無差別曲線の形が単に右上がりだけではなく，弓のような形状をとるのである。

また，無差別曲線の形は，投資家によっても異なる。投資家ごとにリスクに対する選好が異なるからである。個人の無差別曲線群が全体として傾きが急であるほど，すなわち1単位の追加的リスクの見返りに必要な追加的期待収益率が大きいほど，リスクを回避する度合いが大きいということができる。リスクを回避する度合いを，リスク回避度と呼ぶ。図表4－11(a)，(b)は，それぞれ，リスク回避度が大きい投資家(無差別曲線の傾きが急)，リスク回避度が小さい投資家（無差別曲線の傾きが緩やか）の無差別曲線群が描かれている。

4.2.9　最適ポートフォリオの決定

ここまで投資機会集合と投資家の選好を説明し終えたので，投資家の最適ポートフォリオ決定の準備が整った。そこで，投資家Xの最適なポートフォリオの決定を考える。投資家Xにとっての最適なポートフォリオとは，投資機会

図表４－11　リスク回避度の異なる投資家の無差別曲線

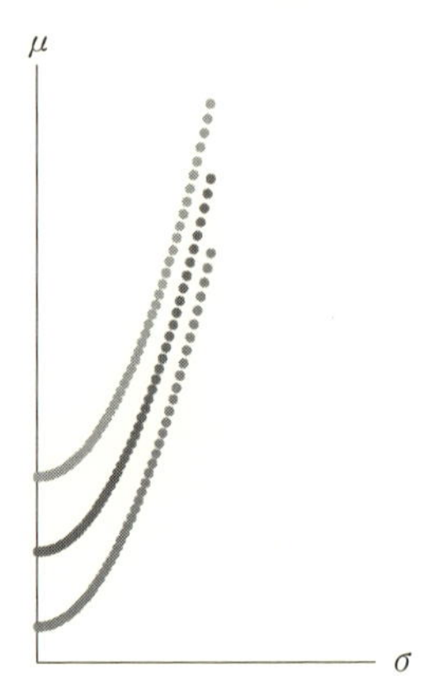

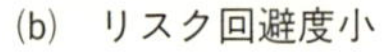
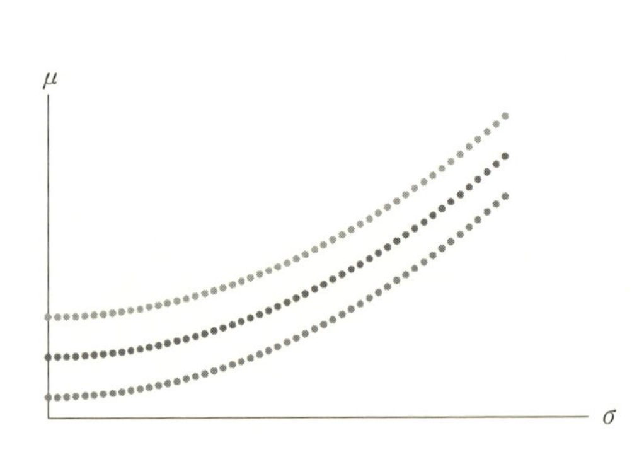

図表４－12　最適ポートフォリオの決定（安全資産なしの場合）

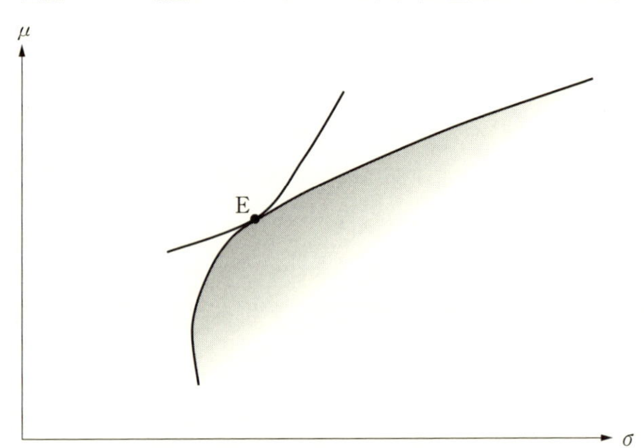

集合の中で，最も効用の高いポートフォリオのことを意味する。最適点は投資機会集合と無差別曲線の接点で示すことができる。安全資産が利用できないときには，**図表４－12**のように効率的フロンティアは双曲線になり，最適点は接点Ｅになる。また，最適点は必ず効率的フロンティア上にあることもわかる。

4.2.10　トービンの分離定理

安全資産があるときには，前述のように効率的フロンティアは直線になるので，最適ポートフォリオはその直線と無差別曲線の接点となる。**図表4－13**の通りである。安全資産が利用できるとき，投資家の最適なポートフォリオの決定は2つのステップに分離することができる。第1ステップは危険資産のみのポートフォリオにおける最適ポートフォリオの決定で，これは接点ポートフォリオTになる。投資機会集合はすべての投資家にとって同一であるから，接点ポートフォリオTは選好の異なるすべての投資家に共通である。第2ステップは，接点ポートフォリオTと安全資産の保有比率の決定で，ここで投資家の選好の違いが反映される。リスク回避度の大きい投資家ほど最適ポートフォリオは安全資産の割合が高いものになる。**図表4－13**においては，リスク回避度が大きい投資家は最適点E_Aを，リスク回避度が小さい投資家は点E_Bを選択するのである。このように，2つのステップに分離された最適ポートフォリオの決定を，発見者トービン（J. Tobin）の名にちなんでトービンの分離定理と呼ばれる。

図表4－13　トービンの分離定理（安全資産ありの場合）

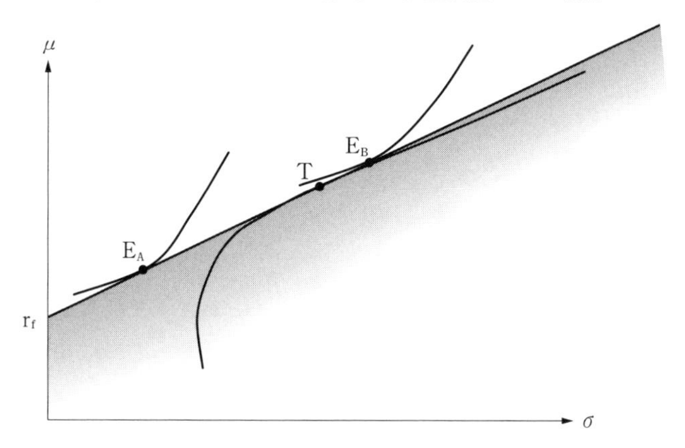

4.3 CAPM

4.3.1 CAPMとは

これまでは，個別投資家の最適ポートフォリオの決定について説明してきた。この節では，個々の投資家が最適ポートフォリオの決定を行う状況に基づいた市場均衡について考える。市場均衡とは，証券に対する需要と供給が一致する状況である。市場均衡をもたらす価格は均衡価格と呼ばれる。ここで考えている証券市場は，多数の種類の証券が取引されている市場であるから，市場均衡は，多数存在する個々の証券の市場の同時均衡である。この市場均衡を記述するモデルは様々なものがあるが，最も代表的なものが，シャープ（W. Sharpe）によって初めて示された資本資産評価モデル（Capital Asset Pricing Model：CAPM）である。これまでは外から与えられていた個々の証券の期待収益率が，このCAPMの市場均衡において決定されるのである。

CAPMでは，以下の5つの仮定が前提とされる。

(1) 投資家の選好は，平均・分散アプローチに基づく

(2) 完全資本市場（税や取引費用はなし，投資家はプライステイカー）

(3) 安全資産の存在（リスクフリー・レートで，いくらでも貸借可能）

(4) すべての証券について，空売りの制約なし

(5) すべての投資家の情報は同質的である

(1)～(4)の4つの仮定は，前章における個別投資家の最適ポートフォリオの決定でも前提としていたものである。(1)の仮定は，投資家の選好がポートフォリオの収益率の期待値と分散（あるいは標準偏差）のみに依存し，**図表4－10**のような無差別曲線が描けることを意味している。(2)から(4)の仮定は，個々の投資家が最適なポートフォリオを選択する際に，取引についての様々な制約がないことを示している。(5)の仮定は，個々の投資家が持つ，個々の証券の期待収益率，分散，共分散についての認識が全員共通であることを示している。これらの仮定により，すべての投資家の投資機会集合および効率的フロンティアは，同一となる。安全資産が利用できるので，効率的フロンティアは，先に示した**図表4－9(b)**と同じになり，直線となる。CAPMにおいては，次に述べる市場ポートフォリオが大きな役割を果たす。

4.3.2　市場ポートフォリオ

市場ポートフォリオとは，市場に供給されるすべての証券の全体である。したがって，均衡における市場ポートフォリオへの投資比率は，すべての証券について時価総額に比例した投資比率となる。前節で示したように，安全資産が利用できるとき，すべての投資家にとっての危険資産の最適ポートフォリオは，接点ポートフォリオとなる。仮定(5)より，すべての投資家の効率的フロンティアは同一であるから，接点ポートフォリオもまたすべての投資家にとって同一となる。市場均衡の下では，この接点ポートフォリオが市場ポートフォリオとなる。よって，**図表4－14**では**図表4－9**(b)の接点ポートフォリオTが市場ポートフォリオMで置き換えられている。また，CAPMにおいては，直線で表された効率的フロンティアは資本市場線（Capital Market Line，CML）と呼ばれる。市場ポートフォリオは効率的フロンティア上にあるから，効率的ポートフォリオであることがわかる。まとめると以下の命題が得られる。

【CAPMの第1命題】

市場均衡において，市場ポートフォリオは効率的ポートフォリオとなる。ただし，市場ポートフォリオとは，市場に存在するすべての危険資産を含み，各証券の保有割合は，市場全体の時価総額に占める当該証券の時価総額となるポートフォリオである。

市場ポートフォリオは効率的ポートフォリオである。これがCAPMの示す第1のポイントである。CAPMにおいては，無数に存在する効率的ポートフォリオの中でも，特に市場ポートフォリオが決定的に重要な役割を果たすのである。すべての投資家の最適ポートフォリオは，市場ポートフォリオと安全資産の組み合わせで作ることができる。これが，CAPMの下でのトービンの分離定理である。現実の証券市場に適用すると，すべての投資家の最適ポートフォリオの決定は，安全資産と市場ポートフォリオを模したインデックス・ファンドという2資産の間の保有割合のみを決定すればよいということになる。今日の投資信託におけるインデックス・ファンドの隆盛は，CAPMに大きく拠っている。

図表4－14　CAPMの効率的フロンティア（資本市場線CML）

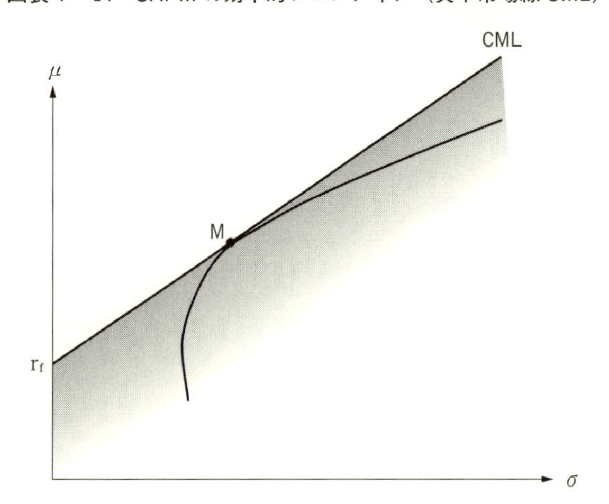

4.3.3　リスク・プレミアムの決定－証券市場線－

市場均衡では，個々の投資家の最適ポートフォリオ選択と同時に，個々の証券のリスクが評価され，リスク・プレミアムが決定される。しかし，個々の証券に含まれるリスクのすべてが市場で評価されるわけではない。リスクの評価においては，分散化により無視できるものと無視できないものとに区別することが重要である。分散化により無視できるリスクはアンシステマティック・リスク（個別リスク）と呼ばれ，市場では評価されずにリスク・プレミアムはゼロとなる。一方，分散化では無視できないリスクは，経済全体が直面している本質的なリスクであり，システマティック・リスクと呼ばれる。このシステマティック・リスクが市場で評価され，これが大きいほどリスク・プレミアムが大きくなる。

CAPMにおいては，システマティック・リスクは市場ポートフォリオのリターンと連動する部分となる。市場ポートフォリオと連動する部分は，分散化のために市場ポートフォリオを保有しても残るからである。システマティック・リスクの大きさは，CAPMにおける唯一のリスク尺度である「ベータ」で測ることができる。証券iのリスク・プレミアム$(E(R_i)-r_f)$は，ベータβ_iと市場ポートフォリオのリスク・プレミアム$(E(R_M)-r_f)$によって決定される。それに対して，市場ポートフォリオと連動しないリスクは，分散化によって無視することができるため，アンシステマティック・リスクとなる。

以上のことをまとめたものが，証券市場線（Security Market Line）と呼ばれる関係で，証券 i の期待収益率およびリスク・プレミアムの決定は以下のようにまとめることができる[(2)]。

【CAPMの第2命題（証券市場線）】

証券 i のリスク・プレミアム＝証券 i のベータ×市場リスク・プレミアム

$$E(R_i)-r_f=\beta_i[E(R_M)-r_f] \tag{4.8}$$

$$\beta_i \equiv \frac{\mathrm{Cov}(R_i, R_M)}{\mathrm{Var}(R_M)}=\frac{\sigma_i}{\sigma_M}\rho_{iM} \tag{4.9}$$

R_M：市場ポートフォリオのリターン

ρ_{iM}：i 証券と市場ポートフォリオの相関係数

σ_i：R_i の標準偏差　σ_M：R_M の標準偏差

証券 i のベータ β_i は，証券 i と市場ポートフォリオのリターン間の共分散 $\mathrm{Cov}(R_i, R_M)$ を市場ポートフォリオリターンの分散 $\mathrm{Var}(R_M)$ で割った値であり，市場ポートフォリオとの連動性の尺度である。

証券市場線は，**図表4－15**のように，切片がリスクフリー・レート r_f で，ベータが1の時に市場ポートフォリオの期待リターンをとるような直線で表される。では，証券市場線の意味を考えてみよう。証券市場線は，個々の証券のリスク・プレミアムは，ベータと市場リスク・プレミアムを乗じた値になり，ベータの大きさに比例することを示している。証券市場線の(4.8)式における市場リスク・プレミアムはすべての証券に共通であるから，CAPMにおいては，ベータが個別証券のリスク・プレミアムの大きさを決定する唯一のファクターと考えることができる。したがって，異なる証券においても，ベータが等しいならば，リスク・プレミアムは等しくなる。また，たとえその証券が危険資産であってもベータがゼロであれば，市場ではシステマティック・リスクはないと見なされ，そのリスク・プレミアムもゼロとなる。

複数の証券から構築されたポートフォリオについても，そのベータを考える

(2)　導出は，小林・芹田［2010］第3章を参照。

図表 4 －15　証券市場線

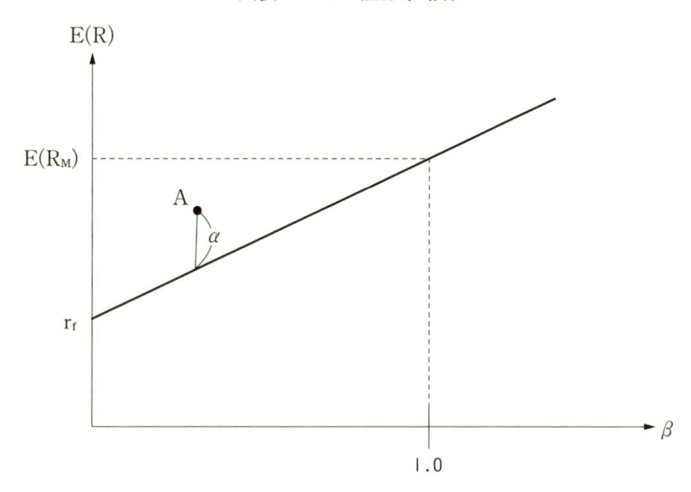

ことができる。ポートフォリオのベータは個々の証券のベータの加重平均となる。それは共分散の性質から簡単に示すことができる。したがって，任意のポートフォリオについても証券市場線の関係は成立する。また，市場ポートフォリオのベータは，定義上 1 である。

ある証券またはポートフォリオのリスク・プレミアムのうち，証券市場線が示すリスク・プレミアムを超える部分を CAPM アルファ（α）と呼ぶ。CAPM が成立しているときには，すべての証券，ポートフォリオのリスク・プレミアムは厳密に証券市場線の関係を満たす，すなわち $\alpha = 0$ となる。それは，どんな優秀な投資家であっても，市場が要求する以上のリターンを得ることはできないことを意味する。それに対して，もし CAPM アルファがプラスとなる証券またはポートフォリオがあれば，それは市場が要求する以上のリターンをあげることになる。**図表 4 －15**に示された点 A は，CAPM アルファがプラスの点である。もし点 A のような証券あるいはポートフォリオがあれば，市場が非効率的である，あるいは CAPM が不成立ということを意味する。

4.3.4　リスクの分解

証券市場線の関係を用いて，任意の証券の持っているリスク全体(トータル・リスク）は，市場ポートフォリオ収益率に連動する部分（市場リスク）と市場

図表4－16　ポートフォリオ構築によるリスクの低減

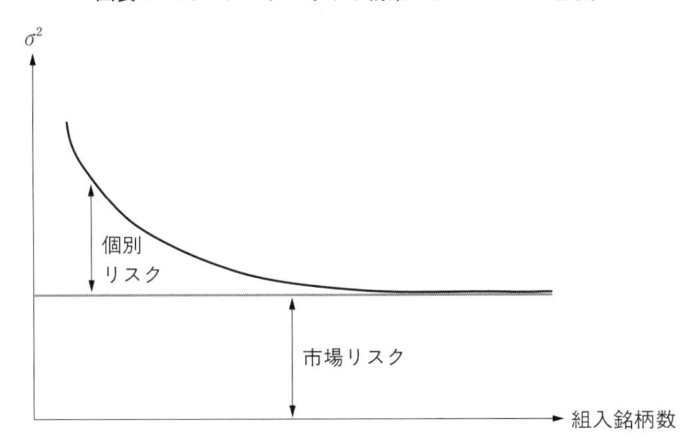

ポートフォリオとは連動しない残差部分（非市場リスク）に分けることができる。このとき，証券 i の収益率は以下のように表すことができる。

$$R_i = r_f + \beta_i[R_M - r_f] + u_i \qquad (4.10)$$

残差 u_i は市場ポートフォリオの収益率と無相関であるから，証券 i のトータル・リスク $\mathrm{Var}(R_i)$ は，以下のように2つに分解することができる。

$$\mathrm{Var}(R_i) = \beta^2 \mathrm{Var}(R_M) + \mathrm{Var}(u_i) \qquad (4.11)$$

(4.11)式の右辺第1項が市場リスクで，分散化で無視できないシステマティック・リスクと考えることができる。右辺第2項は，非市場リスクで，アンシステマティック・リスク（個別リスク）に相当する。市場ポートフォリオとは無相関の個別リスクは，分散化によってほぼゼロにすることができる。すなわち，ポートフォリオの構築において，組入銘柄数を増やすほど分散化の効果が高まって個別リスクが小さくなり，組入銘柄数が十分に大きければ個別リスクはほぼゼロとなり，ポートフォリオのトータル・リスクは，市場リスクのみとなる。それを示したのは図表4－16である。

4.3.5　ベータの推定と利用

次に，ベータの推定方法について述べる。ベータは市場で直接観察できる数値ではないため，データを用いて推定することが必要となる。ベータの統計的意味を考えてみると，ベータの定義から，ある証券のベータとは，回帰分析に

図表４－17　ベータの推定

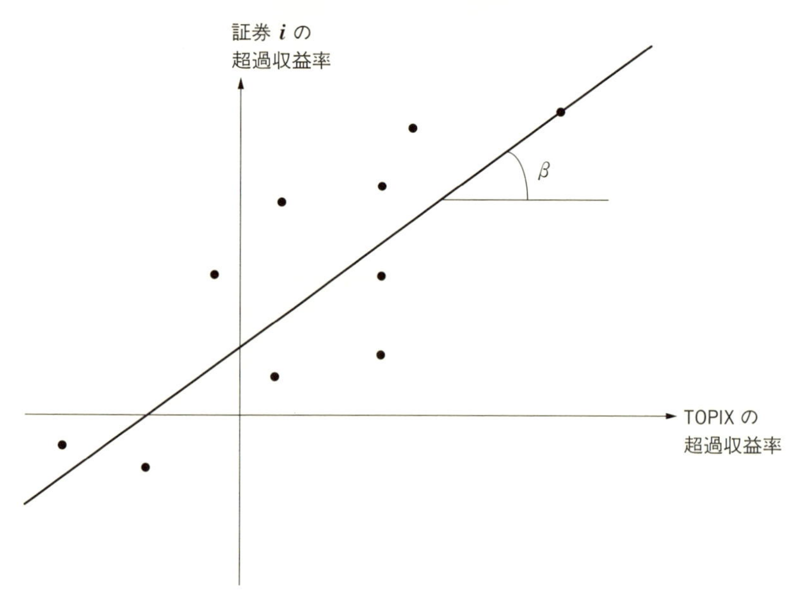

おける，その証券の超過リターンを市場ポートフォリオの超過リターンで回帰させたときの係数ということができる(3)。このことを図で説明すると**図表４－17**のようになる。横軸を市場ポートフォリオの近似としてしばしば用いられるTOPIXの超過収益率（収益率からリスクフリー・レートを引いたもの），縦軸を当該証券の超過収益率として，過去の収益率の実現値のペア（サンプル・データ）をプロットした。この図表において，サンプル・データの点の集合に対して最も当てはまりのよい直線を１本引いたとき，その直線の傾きがベータとなるのである。実際の推定の詳細については第６章を参照。

ベータには様々な利用方法がある。代表的な利用方法として，ポートフォリオのリスク管理と株式の資本コストの推定の２つが挙げられる。ポートフォリオのリスク管理においては，選択すべき最適ポートフォリオやすでに保有しているポートフォリオのベータ値を推定して正しく把握しておくことが不可欠である。それによって当該ポートフォリオのリスク特性を把握でき，リスク・プ

---

(3)　詳細は，統計学テキスト（森棟［2000］など）の回帰分析の項目を参照。

レミアムの大きさも推定できる。

もう1つの利用法である株式の資本コストの推定は，後の章でしばしば示すように，投資決定や資金調達の際に不可欠の情報である。株式の資本コストとは，詳細は第5章で説明するように，株式に対して市場が要求する期待収益率のことである。株式の資本コストは期待収益率であるから，当該株式のベータと市場リスク・プレミアムを推定できれば，証券市場線を用いて容易に求めることができる。例えば，B社株のベータが0.9，市場リスク・プレミアムが5％，リスクフリー・レートが3％であるとする。このとき，B社株の資本コスト＝3＋0.9×5＝7.5％，と算出することができる。

4.3.6 CAPMをめぐる問題

ここまで説明したCAPMは，前述の5つの仮定が前提とされていることに注意すべきである。これらの仮定の下で，CAPMは市場ポートフォリオとベータという概念を用いて市場均衡をきわめてシンプルに表現する。しかし，これらの仮定は本質を示すための簡単化のための仮定であるが，現実の市場を比べるとあまりにも大きくかけ離れた仮定であると考えられるかもしれない。そこで，5つの仮定を緩めていけば，現実の証券市場に近づけることができる。具体的には，安全資産が制限された状況，投資家が平均・分散以外の特性にも依存する選好を持つ，空売りが制限された状況，投資家の期待が不均一である状況，といった場合である。このように仮定を緩める場合のリスク・プレミアムの決定についてもここまで説明したCAPMを拡張したものとして多く存在する。次の節で説明するマルチファクター・モデルはその1つである。

CAPMが現実の市場で成立しているかどうかについて，これまで非常に多くの実証研究がなされてきた。これまでの結論からは，CAPMでは説明できない多くの現象が発見されている。例えば規模効果（あるいは小型株効果）と呼ばれる，小型株の過去のパフォーマンスが，CAPMのベータで調整した後でもプラスの超過収益率（アルファ）が存在することがある。他にも，バリュー株効果と呼ばれるバリュー株（低PBR銘柄）や，モメンタム効果と呼ばれる直前のパフォーマンスがよかった銘柄におけるプラスのアルファ，などがある。これらはCAPMアノマリーと呼ばれている。これらのCAPMアノマリーをどのように考えるかについては，検証手法の問題，市場の非効率性，より一般的な均衡モデルによる説明，行動ファイナンスによる説明などの様々な解釈を行うことが可能で，学術研究においていまも多くの論争が続いている。

4.4 マルチファクター・モデル

4.4.1 マルチファクター・モデルとは

マルチファクター・モデルとは，個別証券のリターンの変動が複数のファクターによって決定されると考えるモデルである。マルチファクター・モデルのエッセンスは，**図表4－18**に示されている。

すなわち，個別証券のリターンの変動は，複数の共通ファクターによって説明される部分と，個別銘柄に固有の部分に分けられる。共通のファクターとして何を考えるかは，様々なモデルがあり，あとで代表的な2つのモデルを説明する。個別証券間の相関は，共通ファクターの存在とそのファクターへの感応度により，決定される。

このことを統計モデルで一般的に表現すると，個別証券のリターンは，以下のように表される。

$$R_i=\alpha_i+\beta_{1i}F_1+\beta_{2i}F_2+\cdots+\beta_{Ki}F_K+e_i \quad i=1,2,\cdots,n \tag{4.12}$$

F_k：第 k ファクター

β_{ki}：証券 i に対する第 k ファクターに対する感応度

e_i：残差項（個別リスク）

すなわち，個別証券のリターンは，K 個の共通ファクターとそれらとは無関係な残差項（個別リスク）により生成されると考えるのである。各ファクターが証券に与える影響の大きさは，複数のベータ β_{ki} で表現され，感応度あるいはエクスポージャーと呼ばれる。

図表4－18　マルチファクター・モデル

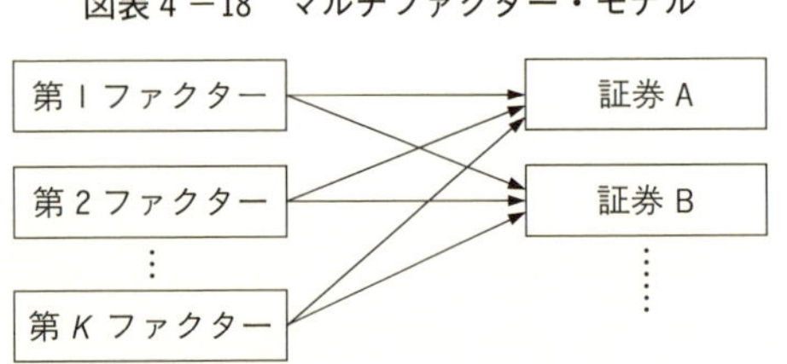

マルチファクター・モデルに基づく代表的な均衡モデルには裁定価格理論（Arbitrage Pricing Theory，APT）がある(4)。

4.4.2　ファーマ＝フレンチの3ファクター・モデル

マルチファクター・モデルの代表的なモデルとして，ファーマ（E. Fama）とフレンチ（K. French）が開発したファーマ＝フレンチの3ファクター・モデルがあり，実務や学術研究でも多く用いられている。

ファーマ＝フレンチの3ファクター・モデルにおいて，証券のリターンは以下の3つのファクターと個別リスクにより表されると考える。

$$R_i = \alpha_i + \beta_{1i}(R_M - r_f) + \beta_{2i}\mathrm{SMB} + \beta_{3i}\mathrm{HML} + e_i \quad i=1, 2, \cdots, n \tag{4.13}$$

$R_M - r_f$：市場インデックスの超過リターン

SMB：小型株ポートフォリオと大型株ポートフォリオのリターン格差

HML：高簿価時価比率ポートフォリオと低簿価時価比率ポートフォリオのリターン格差

すなわち，ファクターとして，マーケットに連動する部分（$R_M - r_f$）に，CAPMアノマリーで説明した2つの効果，すなわち規模効果を捉える部分（SMB）とバリュー株効果を捉える部分（HML）の2つのファクターを追加して3つのファクターとして考えるモデルである。

さらに，カーハート（M. Carhart）は，ファーマ＝フレンチの3ファクター・モデルに，第4のファクター（モメンタム・ファクター）を加えた，4ファクター・モデルを提唱している。モメンタム・ファクターとして，直近1年間にパフォーマンスが高かったポートフォリオと低かったポートフォリオのリターン格差を用いる。これもファーマ＝フレンチの3ファクター・モデルの拡張としてしばしば用いられるモデルである。なお，ファーマ＝フレンチの3ファクター・モデルおよびカーハートの4ファクター・モデルの利用については，第6章を参照。

---

(4)　裁定価格理論の詳細は，小林・芹田［2010］第4章を参照されたい。

コラム

行動ファイナンス

伝統的なファイナンス理論では，証券市場において，すべての情報が瞬時に価格に反映される市場の効率性が成立すると考えられてきた。この場合には，証券投資から超過リターンを得ることは困難となるはずである。しかし，現実の証券市場のデータを用いた多くの実証研究から，市場の効率性に反するように見えるアノマリーと呼ばれる現象が多く発見されてきた。前述の CAPM アノマリーもこれに含まれる。

そのようなアノマリーを説明するものとして近年脚光を浴びているのが，行動ファイナンスである。行動ファイナンスでは，投資家の行動には心理的バイアスなどの非合理性を存在することを前提とする。そのような非合理的な投資家が存在するとしても，賢い投資家が裁定取引を行えば裁定機会が消滅し，現実の価格は理論価格に収束すると考えられると伝統的な理論では考えられてきた。しかし，現実の価格が理論価格から乖離しても，割高な方を空売りして割安な方を買う裁定取引を行ってもそのポジションのリスクが残る場合（＝リスクのない厳密な裁定取引が不可能な場合）を仮定すれば，理論価格からの乖離が継続しうる。理論価格からの乖離が発生しても，裁定取引のリスクや投資家の資金制約のために，裁定が十分には働かないためである。

代表例として，双子株（ロイヤルダッチ株とシェル株），日経平均の銘柄入れ替え，などが有名である。また，均衡モデル（CAPM など）に基づくものとして，小型株効果（小型株のリスク調整後でも高い期待収益率），バリュー株効果（低 PBR 株で高い期待収益率），モメンタム効果（直近の収益率が高い株式のその後の高い期待収益率），がある。これらのアノマリーの背景には，投資家の心理的バイアスがあると考えられている。代表的なものには，自信過剰，損失回避，横並び行動，などがある。行動ファイナンスの権威であるシラー（R. Shiller）は2013年にノーベル経済学賞を受賞した。

（参考文献）

加藤英明『行動ファイナンス』朝倉書店，2003年
榊原茂樹・岡田克彦・加藤英明編著『行動ファイナンス（現代の財務経営 9）』中央経済社，2010年

◆ 本章のまとめ ◆

- 証券のリターンとリスクの代表的尺度は，期待収益率と収益率の分散（標準偏差）である。2つの証券の連動性は，共分散（相関係数）で測る。
- 正規分布は，平均を中心とした左右対称の釣鐘状の分布である。
- ポートフォリオの期待収益率は，個別証券の期待収益率の加重平均となる。
  一方，ポートフォリオの分散には，2つの証券間の共分散が影響を与え，その大きさによって分散効果の大きさも決まる。
- 効率的フロンティアとは，分散化によってこれ以上リスクを低減できない集合であり，投資機会集合のうち左上の境界部分となる。
- 最適ポートフォリオは，投資機会集合のうちで，投資家の効用が最大となるポートフォリオのことであり，効率的フロンティア上にある。
- 安全資産があるとき，すべての投資家の最適ポートフォリオは，接点ポートフォリオと安全資産の組み合わせから決定される。これをトービンの分離定理と呼ぶ。
- 代表的な資産価格決定モデルであるCAPMは，平均・分散アプローチに基づく投資家たちによる市場均衡を示すモデルで，市場ポートフォリオが大きな役割を果たす。
- 市場ポートフォリオとは，市場に供給されるすべての証券の全体である。
- CAPMの基本命題は，「市場ポートフォリオは効率的」である。
- 個々の証券のリスク・プレミアムは，証券市場線と呼ばれる以下の式により，証券のベータと市場リスク・プレミアムによって決定される。

$$E(R_i)-r_f=\beta_i[E(R_M)-r_f]$$

- マルチファクター・モデルでは，個別証券のリターンの変動は複数の共通ファクターによる部分と，個別銘柄に固有の部分に分けられると考える。
- マルチファクター・モデルの代表例として，ファーマ＝フレンチの3ファクター・モデルなどがある。

Problems

問 1（Excel 利用） ウェブサイト「Yahoo! ファイナンス」から TOPIX の月次データを5年分ダウンロードし，60ヶ月分の収益率の系列を求め，この期間の月次収益率の平均と標準偏差を求めなさい。また，算出した収益率データを用いて，ヒストグラムを作成しなさい。

問 2（Excel 利用） Excel を用いて，図表4－4，4－5，4－6，4－7で求めた様々な投資比率の2資産ポートフォリオの期待収益率と標準偏差を算出し，投資機会集合をグラフに描きなさい。

問 3（Excel 利用） 株式のリスク特性に関して，次の数値を計算しなさい。

⑴ X，Y社株式の特性は以下の通りである。

	トータル・リスク（標準偏差）	ベータ
X社株式	30%	1.3
Y社株式	24%	0.9

なお，市場リスク・プレミアムは年率5％，安全資産収益率は年率1％とする。また，市場リスクは20%とする。このとき，CAPM が成立していると仮定すると，X，Y社株式の期待リターンはいくらか。また，X，Y社株式のトータル・リスク（分散）に占める非市場リスク（分散）の割合はいくらか。

⑵ ウェブサイト「Yahoo! ファイナンス」から数社を選び，5年間の月次株価および同時期の TOPIX のデータをダウンロードして，回帰分析を行い，選んだ企業のベータを推定しなさい。

第5章

資本構成

Capital Structure

本章の概要

本章では，企業の資本構成について考察する。最初に，完全資本市場を想定したモディリアーニ＝ミラー（MM）の「資本構成は企業価値と無関係である」というMM定理について解説する。次いで，現実の資本市場に存在する様々な不完全性を考慮に入れると，MM定理はどのように修正されるかについて述べる。具体的には，税金の存在，財務的な困難に伴うコスト，エージェンシー問題，および経営者と投資家間の情報の非対称性の問題などを考慮に入れた場合の企業の資本構成について検討する。

Key words

資金調達手段，内部資金，外部資金，エクイティ・ファイナンス，デット・ファイナンス，資本構成，完全資本市場，財務レバレッジの効果，ホームメード・レバレッジ，裁定取引，無裁定価格，MM定理（法人税がない場合），有利子負債の資本コスト，株式の資本コスト，加重平均資本コスト，負債の節税効果，修正MM定理（法人税がある場合），財務的な困難に伴うコスト，トレードオフ理論，最適資本構成，エージェンシー・コスト，資産代替，デット・オーバーハング，情報の非対称性，ペッキング・オーダー仮説

5.1 完全資本市場下での資本構成理論

5.1.1 企業の資金調達手段と資本構成

企業が事業を展開するためには，設備投資資金や在庫資金や掛け売りのための運転資金などの資金が必要になる。こうした資金需要を賄うための資金源泉を大きく分けると，内部資金と外部資金に分けられる。内部資金とは，通常の事業活動を通じて生み出される資金のことで，企業の事業活動によって生み出される税引後キャッシュフローのうち配当支払いや自社株買いによって株主に払い戻されずに企業内部に留保されて事業に再投資される資金を指す。内部資金による調達を内部調達と呼ぶ。一方，企業の外部から調達される資金が外部資金で，外部資金の調達を外部調達と呼ぶ。外部調達の方法には，**図表５－１**に示したような株式や社債などの発行，銀行などの金融機関からの借入など様々な方法がある。

株式は，通常の普通株式の他に配当受取りに関して普通株式よりも優先する優先株式や普通株式と議決権などの権利の内容に関して異なる種類株式に細分できる。一方，社債の種類には普通社債，予め決められた価格で株式を買う，ないし社債を株式に転換するという新株予約権の付いた新株予約権付社債（ワラント債，転換社債）がある[(1)]。この他，企業が短期資金を調達するために公開市場で発行する約束手形としてコマーシャル・ペーパー（Commercial Paper,

図表５－１　企業の資金調達方法の分類

<table>
<tr><td rowspan="2">内部資金</td><td colspan="4">減価償却等</td><td></td></tr>
<tr><td colspan="4">内部留保</td><td rowspan="4">自己資本</td></tr>
<tr><td rowspan="8">外部資金</td><td rowspan="7">証券</td><td rowspan="3">株式</td><td>普通株</td><td rowspan="5">エクイティ・ファイナンス</td></tr>
<tr><td>優先株</td></tr>
<tr><td>種類株</td></tr>
<tr><td rowspan="3">社債</td><td>転換社債</td><td rowspan="5">有利子負債</td></tr>
<tr><td>ワラント債</td></tr>
<tr><td>普通社債</td><td rowspan="3">デット・ファイナンス</td></tr>
<tr><td colspan="2">コマーシャル・ペーパー</td></tr>
<tr><td colspan="3">借入金</td></tr>
</table>

CP）がある。株式発行，および株式的な側面を持つ社債である新株予約権付社債の発行によって資金を調達することをエクイティ・ファイナンスと呼ぶ。一方，普通社債やCP発行および金融機関などからの借入によって資金を調達することをデット・ファイナンスと呼ぶ。

資本構成とは，**図表5－1**では最も右側に示されているストックとしての自己資本と有利子負債の金額の比率のことである。資本構成は，負債比率（＝有利子負債/自己資本），有利子負債依存度（＝有利子負債/総資産），自己資本比率（＝自己資本/総資産）などの指標を使って表される。なお，これらの資本構成を表す指標は，財務会計上の簿価を基準にする場合と資本市場での時価評価額を基準にする2つの場合がある。特に自己資本の金額は会計上の簿価と資本市場での評価金額（株式時価総額）との間で非常に大きな差異があり，簿価基準と時価基準の資本構成が非常に異なる値になるときが多いので注意したい。

5.1.2　資本構成と企業価値

(1)　負債のない企業と負債のある企業の比較

資本構成は，企業価値（有利子負債の時価総額と株式の時価総額の合計）に影響を与えるのだろうか。最初に税金や取引費用などの摩擦要因が全く存在しない完全資本市場を想定して分析してみよう。ここで，完全資本市場とは，

- 税金や取引費用が存在せず，自由に資金の貸借ができ，証券の流動性が高く，いつでも数量を問わずその時点の市場価格で売買ができる。
- 情報はすべての市場参加者にコストなしに一様に行き渡り，資本市場では新しい情報に基づいて瞬時に公正な証券価格の形成がなされる。

という条件を満たす理想的な市場を指す。さらに，企業の投資政策は資金調達形態に左右されない，と仮定される。

次のような単純化した状況を考えてみる。有利子負債がゼロのU社と有利子負債を持つL社という2つの会社がある。この2社は，事業内容，企業規模等の資本構成以外の側面はすべて同じである。2社とも利益の全額を配当として支払う。現在の金利は年率5％であり，企業も投資家もその金利で貸借ができる。2社のバランスシート（簿価基準）は**図表5－2**の通りである。

---

(1)　新株予約権付社債について詳しくは第12章の12.3節および12.4節で説明する。

図表5－2　2社のバランスシート

（単位：百万円）

U社（発行済株式数：8百万株）

資産	8,000	有利子負債	0
		自己資本	8,000
総資産	8,000	負債資本合計	8,000

L社（発行済株式数：4百万株）

資産	8,000	有利子負債	4,000
		自己資本	4,000
総資産	8,000	負債資本合計	8,000

（注）簿価基準，ただし有利子負債時価＝有利子負債簿価

マクロ経済状況と2社の年間収益に関しては**図表5－3**のような関係があると想定する。なお，ここでは不況，普通，好況の3つの景気の状態はそれぞれ3分の1の確率で起こると仮定する。また，単純のために，金利は景気動向にかかわらず5％のままであるとする。**図表5－3**に明らかなように，財務レバレッジの効果でL社のROE（Return on Equity，自己資本利益率）やEPS（Earnings per Share，1株当たり利益）の期待値はU社よりも高くなる[2]。一方で，L社のROEやEPSの標準偏差もU社よりも高くなっており，リスクが上昇していることがわかる。このとき企業価値はどちらの会社が高くなるだろうか。

⑵　裁定取引

上記の問いに対する答えは，完全資本市場の仮定の下では，2社の企業価値は同額になるというものである。このことは次のようなAとBの2つの投資戦略を考えることによって示すことができる。投資戦略Aは，L社株式を1,000株だけ投資家が自己資金で購入するというものである。いま，L社の1株当たり株価が2,000円であるとすると，投資家の投資額は200万円である。利益の全額を配当として支払うと仮定したので，投資戦略Aを採用したときの受取配当額はEPSに購入株数を掛けて，不況のときに5万円，普通のときに25万円，好況

⑵　なお，ファイナンスの分野では，もともと梃子の効果を意味する「レバレッジ（Leverage）」という言葉が負債の意味で用いられる。

図表５－３　景気と２社の収益状況

Ｕ社

	不況	普通	好況	期待値	標準偏差
ROA（営業利益/総資産）	5％	15%	25%	15.00%	8.16%
営業利益（百万円）	400	1,200	2,000	1,200.00	653.20
支払利息（百万円）	0	0	0	0.00	0.00
金利控除後利益（百万円）	400	1,200	2,000	1,200.00	653.20
ROE（金利控除後利益/自己資本）	5％	15%	25%	15.00%	8.16%
EPS（円）	50	150	250	150.00	81.65

Ｌ社

	不況	普通	好況	期待値	標準偏差
ROA（営業利益/総資産）	5％	15%	25%	15.00%	8.16%
営業利益（百万円）	400	1,200	2,000	1,200.00	653.20
支払利息（百万円）	200	200	200	200.00	0.00
金利控除後利益（百万円）	200	1,000	1,800	1,000.00	653.20
ROE（金利控除後利益/自己資本）	5％	25%	45%	25.00%	16.33%
EPS（円）	50	250	450	250.00	163.30

のときに45万円と計算される。

投資戦略Ｂは，しばしば「ホームメード・レバレッジ（Homemade Leverage)」と呼ばれる戦略である。この戦略では，企業の代わりに投資家が借入を行うので「ホームメード（自家製の)」という形容詞が付けられている。投資戦略Ｂは，Ｕ社株を購入しながら景気の状態を問わず，投資戦略Ａと同額のネット金額を受け取れる戦略である。その中身は，投資家が100万円を借り入れ，自己資金と合わせてＵ社株2,000株を購入するというものである。なお，完全資本市場を仮定しているので，投資家の借入金利は企業と同じ５％である。戦略Ｂを採用した場合，投資家が自分の債務に対する支払利息を控除した後で受け取るネット受取配当金額は**図表５－４**の通りで，投資戦略Ａを採用したときの受取配当と景気の状態を問わず同額であることが確認できる。

図表５－４　投資戦略Ｂからの受取配当

	不況	普通	好況
Ｕ社株式2,000株当たり配当収入（円）	100,000	300,000	500,000
個人債務に対する支払利息（円）	50,000	50,000	50,000
金利控除後配当収入（円）	50,000	250,000	450,000

⑶　無裁定価格

投資戦略のＡとＢのネット受取配当は景気の状態を問わず一致しているので，「一物一価の法則」によって両戦略における投資家の自己資金投入金額は同額になるはずである。もしその関係が成立していなければ，「割安な方を買って同時に割高な方を売る」という裁定取引によって裁定利益が得られる。一般には，裁定取引の結果，割安なものが値上がりし割高なものが値下がりして無裁定価格関係が成立する。単純のために，ここでは投資戦略Ａの自己資金投入金額が200万円で変わらないと仮定すれば，次の関係式が成立する。

投資戦略Ｂの自己資金投入金額
＝Ｕ社株価×2,000株－借入額(100万円)＝200万円

この式を解いてＵ社の１株当たり無裁定価格は1,500円ということになる。

もし，この関係が成立しない場合にはどうなるだろうか。例えば，Ｕ社の株価が無裁定価格の1,500円より安い，例えば1,200円ならば，投資家は投資戦略Ｂについて買い，同時に投資戦略Ａについて売りのポジションを取ることによって60万円の裁定利益を上げることができる。確認すると，Ｕ社の株価が1,200円ならば，投資戦略Ｂの自己資金投入金額は

投資戦略Ｂの自己資金投入金額
＝1,200円×2,000株－借入額(100万円)＝140万円

となる。一方，投資戦略Ａの売りポジションから入る金額は

投資戦略Ａの売りから入る金額＝2,000円×1,000株＝200万円

なので，差引の利益は60万円になる。

逆に，もしＵ社の株価が無裁定価格1,500円より高く，例えば1,800円ならば，投資家は投資戦略Ｂを売り，投資戦略Ａを買いにするポジションを取ることによって60万円の裁定利益を上げることができる。確認すると，投資戦略Ｂの売りポジションから入る金額は

投資戦略Ｂの売りから入る金額
＝1,800円×2,000株－貸付額(100万円)＝260万円

で，投資戦略Ａの自己資金投入金額は

投資戦略Ａの自己資金投入金額＝2,000円×1,000株＝200万円

なので，差引の利益は60万円になる。なおここで，投資戦略Ｂの売りポジションでは，買いのとき100万円の借入額だったものが，符号が反対になるので貸付

額100万円になることに注意したい。

このようにU社とL社の株価の関係が，無裁定価格関係から乖離したときには，上記のような裁定取引によって割安な株式が買われ，割高な株式が売られるので，割安株が値上がりし割高株が値下がりする。そして，均衡においては裁定利益を上げられないような2社の相対価格関係が成立する。

無裁定価格関係が成立するとき，上の2社の企業価値はそれぞれいくらになるだろうか。まず，U社は

U社の企業価値＝株式時価総額＝1株当たり株価×発行済株数
＝1,500円×8百万株＝120億円

となる。一方，負債のあるL社の企業価値は

L社の企業価値＝株式時価総額＋負債時価総額
＝2,000円×4百万株＋40億円＝80億円＋40億円＝120億円

で，U社と同じ120億円になる。このように完全資本市場の仮定の下では，その他の条件が同じならば，資本構成が異なっても2社の企業価値は同じになる。

5.1.3　MM定理（法人税のない場合）

MM理論とは，モディリアーニ（F. Modigliani）とミラー（M. Miller）の2人によって導かれた企業の資本構成に関する理論である。彼らは，完全資本市場の仮定の下で本章の1.2項の数値例で用いたのと同様の無裁定関係のロジックを用いて次のような命題を導いた。

●MM定理の第1命題

完全資本市場においては，資本構成と企業価値（有利子負債の時価総額と株式の時価総額の合計）は無関係である。

なお，上の例では貸倒れがない状況を想定したが，倒産コストが存在しなければ貸倒れがある場合にも同じ結論が得られる。資本構成だけが異なる二社の場合，負債のある企業の負債と株式を全部保有したときと負債のない企業の株式を全部保有したときの価値は等しいはずである。その結果，次の(5.1)式のように負債のある企業の負債と株式を資本構成比率で保有するポートフォリオの期待リターン r_P は，負債のない企業の株式の期待リターン r_U と等しくなる。

$$r_P = \frac{D}{D+E} r_D + \frac{E}{D+E} r_E = r_U \tag{5.1}$$

ここで D と E は負債のある企業の有利子負債と株式の時価総額，r_D と r_E は有利子負債と株式の資本コスト，r_U は負債のない企業の資本コストを表し，$r_E \geq r_U > r_D$ である。(5.1)式を書き直すと次の(5.2)式が得られる。これがMM定理の第2命題である。

● MM 定理の第 2 命題

負債のある企業の株式の資本のコストは時価基準の負債比率 D/E の上昇に比例して上昇する。その上昇は r_U と r_D との差に依存して

$$r_E = r_U + \frac{D}{E}(r_U - r_D) \tag{5.2}$$

と表せる。

(5.2)式で表されるMM定理の第2命題は，負債比率が上昇し資本構成において株式よりも資本コストの低い有利子負債の構成比が増加すると，その効果をちょうど相殺するように株式の資本コストが上昇することを示している。その結果，有利子負債と株式の時価総額の構成比で加重した加重平均資本コストは資本構成が変化しても変わらない。時価基準の負債比率(D/E)と有利子負債の資本コスト（r_D）と株式の資本コスト（r_E），および負債のない企業の資本コスト（r_U）の関係を図示すると**図表5－5**のようになる。**図表5－5**を見ると D/E の上昇に伴い r_E が上昇しているのが見て取れる。ただ，D/E の上昇に伴う r_E の上昇と資本コストの低い有利子負債の構成比上昇が相殺されるので加重平均資本コスト r_P ($= r_U$)は同水準にとどまる。なお，r_D は企業の負債比率が低く貸倒れリスクのない領域ではリスクフリー・レートと等しいが，負債比率が上昇して貸倒れが発生する可能性が高くなるにつれて r_D は徐々に上昇する。その結果，負債のない r_U との差($r_U - r_D$)が縮小して貸倒れリスクのある領域では D/E の上昇に伴う r_E の上昇が貸倒れリスクのない領域に比べて緩やかになる。

(5.2)式を用いて前出の**図表5－3**に示された数値例のU社とL社の株式の資本コストの数値を計算してみよう。U社の金利控除後利益の期待値は未来永

図表5－5　負債比率と資本コスト

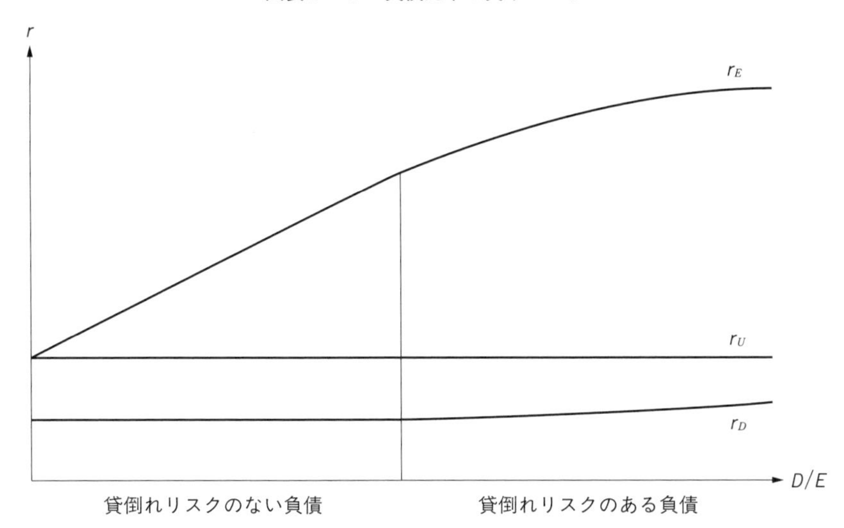

劫に変わらず1年当たり12億円であると仮定した。この金額をU社の株式の資本コスト $r_{E,U}$ で割り引いた現在価値の合計，すなわち $12/r_{E,U}$ が，U社の企業価値で120億円である。逆に言うと，$r_{E,U}$ は金利控除後利益の期待値12億円を企業価値の120億円で割って，

$$\text{U社：} r_{E,U}=r_U=\frac{12}{120}=10\%$$

と求められる。一方，L社の株式の資本コスト $r_{E,L}$ は(5.2)式を使って

$$\text{L社：} r_{E,L}=r_U+\frac{D}{E}(r_U-r_D)=10\%+\frac{40}{80}(10\%-5\%)=12.5\%$$

と求められる。この例では負債利用に伴ってL社の株式の資本コストはU社の株式の資本コスト10%よりも2.5%ポイント高くなっている。ここで注意したいのは，株式の資本コスト上昇は貸倒れリスクの上昇に起因するものではないことである。L社の負債比率は，**図表5－3**で見た通り不況期にもL社に貸倒れは発生しない水準である。にもかかわらず株式の資本コストがU社よりも2.5%ポイント高い理由は，L社の株式リターンのリスクがU社よりも高いことである。**図表5－3**の標準偏差の欄に示されているように財務レバレッジの効果でL社の株式のリスクはU社より高くなる。

5.1.4 MM 理論の意義と限界

MM 理論が前提にしている完全資本市場は，現実の市場とはかなり異なる理想的な市場概念である。その結果，様々な不完全性が存在する現実の市場に即して資本構成について考える際には，MM 理論に対して様々な修正を行うことが必要になる。しかし，そのことは MM 理論が無価値であることを意味しない。それは，物理学で摩擦のない理想状態で理論分析を行い，それを出発点としてその後で空気抵抗など様々な摩擦要因が加わった場合について分析をするのと同様である。

MM 理論は，何が問題にすべき事項であり，何がそうでないかを明らかにしている。問題にすべきでない事項は，財務レバレッジの変更に伴う ROE や EPS の変化である。**図表5－3**の U 社と L 社の数値例で見た通り，負債を利用すると財務レバレッジの効果で，企業の ROE や EPS の期待値を高くできる。その一方で，同じく財務レバレッジの効果によって収益の変動性も上昇する。それに伴い，株主の要求収益率たる株式の資本コストは上昇する。したがって，企業価値の評価を行うためには，負債のない場合の資産収益率に注目した方が良い。近年日本では，企業の財務的パフォーマンス指標として ROE が注目されている。ROE に注目するのは間違いというわけではないが，単純に ROE が上昇したといって手放しで喜んではいけない。ROE の上昇要因を分析して，財務レバレッジの効果で ROE が上昇したのか，事業収益の改善によって上昇したのかを峻別して評価しなければならない。その点では，ROE よりもむしろ投下された資本に対して事業が生む利益をみる ROIC（Return on Invested Capital, 投下資本利益率＝(EBIT×(１－法人税率))/(有利子負債＋自己資本)）を評価指標として用いた方が良い。ここで EBIT は（Earnings before Interest and Taxes, 金利税前利益）を示す。

一方で，現実の市場における資本構成を分析する際に問題にすべき事項は，完全資本市場を前提にする MM 理論では考慮されなかった諸要因である。それらの代表的事項には，税金や財務的な困難に伴うコスト，エージェンシー問題，および経営者と投資家間の情報の非対称性の問題など様々な資本市場の不完全性の問題がある。本章の5.2節から5.4節ではそれらの要因と資本構成の関係について順番に考察していく。

5.2　税金の影響

5.2.1　法人税と負債の節税効果

完全資本市場では税金が一切存在しないと仮定される。その仮定を緩めて法人税のみ存在する場合をまず考えよう。法人税と資本構成との関係を考える際に最も重要な事項は，有利子負債の支払利息が税法上，費用控除できることである。それに対して，支払配当は法人税の計算において費用控除できない。

単純のために，前と同様に業種，規模など資本構成以外の属性が同じ負債のない企業U社と負債のある企業L社があるとする。2社のEBITは未来永劫に毎年同じように変動し，その期待値である $E(\mathrm{EBIT})$ は一定額であるとする。また，L社の負債金額（時価）は未来永劫に一定金額 D で，金利は年率 r_D であるとする。いま法人税率を τ と表すと，負債のないU社の税引後利益の期待値は

$$E(\mathrm{EBIT})-\tau E(\mathrm{EBIT})=(1-\tau)E(\mathrm{EBIT}) \tag{5.3}$$

となる。一方，負債のあるL社の資本提供者（株主と債権者）に帰属する法人税控除後の収益の合計額の期待値は

$$E(\mathrm{EBIT})-\tau[E(\mathrm{EBIT})-r_D D]=(1-\tau)E(\mathrm{EBIT})+\tau r_D D \tag{5.4}$$

と表される。(5.3)式と(5.4)式を比較すると，L社の資本提供者に対する税引後収益の合計額の期待値の方がU社の税引後利益の期待値よりも $\tau r_D D$ だけ，すなわち，法人税率×支払利息だけ増えていることに気付く。この金額は負債の節税効果（Tax Shield）と呼ばれる。これは，実質上，政府が有利子負債を持つ企業に節税効果分だけ補助金を支払っていることを意味する。さて政府は債権者，株主のどちらに対して補助金を支払っていることになるのだろうか。答えは株主である。このことは支払利息を控除した後の利益に対して法人税が課される場合と支払利息を控除する前の利益に法人税が課される場合を比較すれば明らかである。債権者の受け取る利息の金額は前者と後者で変わらないのに，株主が請求権を持つ金利税引後利益の金額は前者の方が後者よりも節税効果分だけ増加する。節税効果分だけ法人税の支払額が少なくなるためである。

次に2社の企業価値を比較してみよう。U社とL社の企業価値をそれぞれ V_U と V_L, U社の資本コストを r_U と表そう。2社のEBITの期待値は未来永劫

に一定であると仮定したので，U 社の企業価値は次のように表される。

$$V_U=\frac{(1-\tau)E(\mathrm{EBIT})}{r_U} \tag{5.5}$$

一方，L 社の資本提供者に対する税引後の収益合計額の期待値を示す(5.4)式の右辺の第 1 項は，(5.3)式の U 社の税引後利益の期待値と等しいので，r_U で割り引き，節税効果を示す(5.4)式の右辺第 2 項は毎年一定額であるので金利 r_D で割り引くと，L 社の企業価値は

$$V_L=\frac{(1-\tau)E(\mathrm{EBIT})}{r_U}+\frac{\tau r_D D}{r_D}=V_U+\tau D=E+D \tag{5.6}$$

となる。この(5.6)式が法人税の存在を考慮した修正 MM 定理である。

●法人税を考慮した修正 MM 定理の第 1 命題

有利子負債を持つ場合の企業価値
　＝負債を持たない場合の企業価値＋節税効果の現在価値

(5.6)式を前提にすると，法人税を考慮したときの負債を持つ企業の株式の資本コストに関する修正 MM 定理の第 2 命題が導かれる[3]。

●法人税を考慮した修正 MM 定理の第 2 命題

$$r_E=r_U+(1-\tau)\frac{D}{E}(r_U-r_D) \tag{5.7}$$

---

(3) L 社の時価基準のバランスシートの資産側からの毎年のキャッシュフローの合計額は $r_U V_U+\tau r_D D$ である。このキャッシュフロー合計のうち $r_D D$ が債権者に，$r_E E$ が株主に帰属する。したがって，

$$r_U V_U+\tau r_D D=r_D D+r_E E$$

この式を r_E について解くと，

$$r_E=\frac{r_U V_U}{E}-\frac{D}{E}r_D(1-\tau)$$

この式に，(5.6)式を変形した $V_U=V_L-\tau D=E+(1-\tau)D$ という関係式を代入すると，次のように(5.7)式を得る。

$$r_E=r_U\frac{E+(1-\tau)D}{E}-\frac{D}{E}r_D(1-\tau)=r_U+(1-\tau)\frac{D}{E}(r_U-r_D)$$

なお，本章では単純化のためにL社の負債は未来永劫に一定金額 D であると仮定したが，企業が保有する有利子負債金額が企業価値に対して一定比率であるという仮定を置いたときの株式の資本コストの計算方法については第6章6.4.2項で取り扱う。

5.2.2　投資家に対する課税の影響

現実には税金は企業ばかりでなく，投資家に対しても課せられる。法人税に加えて投資家に対する課税も考慮に入れるときには，上の分析はどのように修正されるのだろうか。

前と同様に資本構成を除いて業種，規模など同一の属性を持つ負債のない企業U社と負債のある企業L社を想定して考えよう。2社のEBITは未来永劫，毎年同じように変動し，その期待値 E(EBIT) は一定額であるとする。L社の負債金額(時価)は未来永劫に一定金額 D で，金利は年率 r_D である。投資家に対する課税については，単純化のために，株式投資と債券投資からのキャピタル・ゲイン，インカム・ゲインに対する税率が同じであるとし，τ_I と表す。そして，法人税率を τ_C と表す。

投資家に対する課税を考慮する前のU社とL社の株主と債権者への法人税控除後のキャッシュフローの合計額の期待値は，(5.3)式と(5.4)式から

$$\text{U社}: (1-\tau_C)E(\text{EBIT})$$

$$\text{L社}: (1-\tau_C)E(\text{EBIT})+\tau_C r_D D$$

と表される。一方，投資家に対する課税も考慮に入れた場合には，株主と債権者へのキャッシュフロー合計の期待値は，

$$\text{U社}: (1-\tau_I)(1-\tau_C)E(\text{EBIT}) \tag{5.8}$$

$$\text{L社}: (1-\tau_I)[(1-\tau_C)E(\text{EBIT})+\tau_C r_D D] \tag{5.9}$$

となる。(5.8)式と(5.9)式を比較すると，投資家に対する課税も考慮に入れると毎年の節税効果は

$$\text{投資家に対する課税も考慮に入れた節税効果}=(1-\tau_I)\tau_C r_D D$$

になることがわかる。この投資家に対する課税も考慮に入れた節税効果の現在価値を計算するための割引率には，投資家に課せられる税金を控除した後の割引率を用いる必要がある。したがって，節税効果の現在価値は

$$節税効果の現在価値=\frac{(1-\tau_I)\tau_C r_D D}{(1-\tau_I)r_D}=\tau_C D \tag{5.10}$$

となる。(5.10)式は，ここでの単純化の仮定の下では投資家に対する課税も考慮に入れた節税効果の現在価値金額は，法人税だけを考慮に入れた場合と同じになることを示している。結論として，株式投資，債券投資からのキャピタル・ゲイン，インカム・ゲインに対する税率が同じである場合には，法人税だけ考えればよく，投資家に対する課税は無視できるということになる。

実際には，投資家に対する課税額の計算は，問題にする投資家が個人か，機関投資家か，事業法人か等の区別および投資ゲインの実現タイミングを繰延可能かなど様々な要因に依存するので極めて複雑である。さらに，企業が発行した株式，社債が個人，機関投資家など各種の投資家によってどのような比率で保有されているかが企業ごとに異なるので，特定企業の株式や社債の投資家に対する課税額の分析はさらに複雑になる。しかし本書では，以降，投資家に対する課税については上記の単純化の仮定の下での分析結果に基づいて無視して法人税だけを考えることにする。

さて，**図表5－6**は，$D/(D+E)$と企業価値の関係を示したものである。企業の資本構成において有利子負債が占める割合が高くなるにつれて，企業価値が

図表5－6　$D/(D+E)$と企業価値の関係

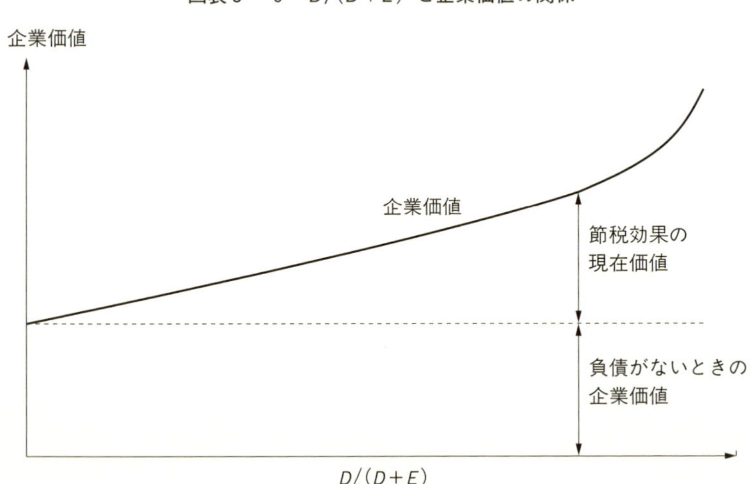

上昇している。それは，有利子負債を増やすと負債の節税効果の現在価値が高くなるためである。このように法人税の節税効果だけを考慮に入れた場合には，企業価値を最大にする最適資本構成は100％負債ということになる。これは極めて非現実的な結論である。実際に最適資本構成を決定する際には，明らかにその他の要素も考慮に入れる必要がある。

5.3　財務的な困難に伴うコスト

5.3.1　直接コスト，間接コスト，エージェンシー・コスト

追加的に考慮すべき最も重要な要素は倒産や，実際には倒産しないまでも企業が財務的困窮状態にも陥った場合に掛かる財務的困難に伴うコスト（Costs of Financial Distress）である。最初に倒産について考えてみよう。MM 理論が前提にしている取引コストのない完全資本市場では企業倒産は企業価値に影響しない。完全資本市場では取引費用がないと想定しているので，企業が倒産したときには，弁護士，会計士などが無償で倒産処理の仕事にあたってくれることになるからである。

当然，現実は，こうしたMM 理論の前提とは異なるものである。企業が倒産したときには，弁護士料など多額の費用が発生する。結果として，これらの倒産コスト分だけ倒産時に債権者に支払われる金額が減少する。そのため，倒産コストも考慮に入れると企業価値を最大にする最適資本構成は100％負債ということではなくなる。負債比率が高すぎると企業が倒産する確率が大きくなり，企業価値から差し引かれる倒産コストが発生し債権者の受取金額の現在価値が低下する可能性が高くなるからである。

このことを簡単な数値例で確認してみよう。**図表5－7**は，倒産コストに関してMM 理論の完全資本市場の仮定と現実の市場の違いの影響を例示したものである。ここで，金利はゼロであるとする。当初の企業価値100億円のうち70億円が有利子負債という企業を考える。この企業は将来の景気の状態が好況ならば企業価値が120億円になり倒産しないが，不況になると企業価値が60億円に低下し，返済が必要な有利子負債の元本70億円を下回って倒産すると仮定されている。そのとき企業価値の60億円は全額債権者のものになるが，会社更生の過程で債権者の保有する債権の一部は株式と交換される。その際，完全資本市場

図表５－７　企業価値に対する倒産コストの影響

（単位：億円）

	当初の状態	好況	不況	
			完全資本市場	現実の市場
倒産コストを控除する前の企業価値	100	120	60	60
倒産コスト	－	－	0	10
倒産コスト控除後の企業価値	100		60	50
有利子負債時価総額	70	70	60	50
株式時価総額	30	50	0	0

の仮定の下では，倒産処理にあたる弁護士，会計士などは無償で働くと想定されているので，倒産企業はコストを掛けずに資本構成を変更できて，例えば元々の負債の70億円のうち10億円は債権放棄，30億円は負債を株式と交換，残り30億円が負債の会社として即時に更正される。そのため倒産は企業価値に影響を与えず企業価値は60億円のままである。ただ，企業価値の保有者の内訳は変化する。倒産時には元々の株主の保有する価値はゼロになる。一方，現実の市場では，倒産に伴い弁護士料など10億円の倒産コストが発生するので，倒産時に債権者が受け取れる金額は倒産コスト控除前の企業価値60億円から10億円の倒産コストを差し引いた50億円に減少する。このときにも当然，元々の株主が受け取れる金額はゼロである。

さて，財務的な困難に伴うコストの中身とは何であろうか。実際の倒産を含む広義の財務的な困難に伴うコストは，大きく直接コストと間接コストとエージェンシー・コストの３つに分けることができる。

●直接コスト

直接コストとは，企業が実際に倒産したときに発生する弁護士費用など会社更生や清算手続きに要する費用および経営陣が裁判などに拘束される時間などである。こうした直接コストは決して無視できない金額であるが，負債の節税効果と比較すると少額である。直接コストよりも大きい金額になるのは，次に説明する財務的な困難に伴う間接コストやエージェンシー・コストである。

●間接コスト

間接コストとは，企業が実際には倒産しなくても倒産する可能性が高い財務的に困難な状態に陥ったときや倒産後の会社更生のプロセスにおいて発生する様々なコストのことである。

間接コストのひとつに売上の減少がある。ある企業が倒産するかもしれないような財務的に困難な状況に陥ると，その企業の製品売上が大幅に減少する場合が多い。特に，自動車，大型コンピュータ，建設機械など保守サービスが必要な耐久財メーカーの場合には，倒産の噂が立つような財務状況になると売上が大きく減少する。

また，企業が財務的に困難な状況に陥ると，運転資金の必要額が増大する。取引先から企業間信用が供与されなくなり，原材料や部品などの仕入れに際して現金決済を要求されるようになるからである。加えて，新規の原材料・部品の納入契約や技術提携契約締結も困難になる。さらに，財務的な困難は従業員の士気低下をもたらし，優秀な従業員が会社に見切りを付けて退職してしまうという状況を招く。こうした事態は高度の技術を持つエンジニアや多くの優良顧客を抱えるセールスマンなど人的資源が極めて重要な産業や企業においては，致命的な打撃になる。

●エージェンシー・コスト

企業には顧客，取引先，経営者，従業員，株主，債権者など様々な利害関係者が存在する。こうした利害関係者の利害は一致するとは限らない。関係者の利害が衝突することに起因するエージェンシー問題は企業が財務的困難に直面しているときにより深刻になる。企業が財務的な困難に直面すると，健全な財務状況の下では採用されないようなリスクの極めて高いプロジェクトに過大な投資が行われたり，逆に通常ならば採用して当然のNPVがプラスのプロジェクトが採用されなかったり，という問題が発生する。これらが，財務的な困難に伴うエージェンシー・コストの代表的なものである。ただ，エージェンシー問題は，財務的な困難に伴うエージェンシー・コストだけでなく多岐にわたる重要なポイントなので本章の5.4節でより詳しく解説したい。

以上述べてきたような財務的な困難に伴うコストを正確に測定するのは容易ではない。特に，間接コストやエージェンシー・コストの測定は極めて困難である。しかし，正確に測定できなくても，間接コストやエージェンシー・コストが，企業倒産に伴う直接コストを大幅に上回るものになることは容易に想像できる。

5.3.2 トレードオフ理論

以上述べてきたように，企業が資本構成において有利子負債の比率を上昇させると，一方で負債の節税効果の現在価値分だけ企業価値を上昇させるプラスの効果があるが，他方で負債比率が高すぎると財務的な困難に伴うコストの現在価値が増加してしまい企業価値を減少させるというマイナスの効果が発生する。このような負債利用に伴うトレードオフ関係を考慮した資本構成理論を資本構成のトレードオフ理論と呼ぶ。

●資本構成のトレードオフ理論

企業価値＝負債のない場合の企業価値＋節税効果の現在価値
－財務的困難に伴うコストの現在価値

図表5－8 はこのトレードオフ理論を図示したものである。図に見られるように企業が適度に有利子負債を利用した場合には，負債の節税効果分だけ企業価値を高めることができる。しかし，負債利用が過度になると負債の節税効果のプラス効果よりも財務的な困難に伴うコストのマイナス効果の方が大きくなって企業価値は低下してしまう。このようなトレードオフ関係を踏まえた上

図表5－8　資本構成のトレードオフ理論

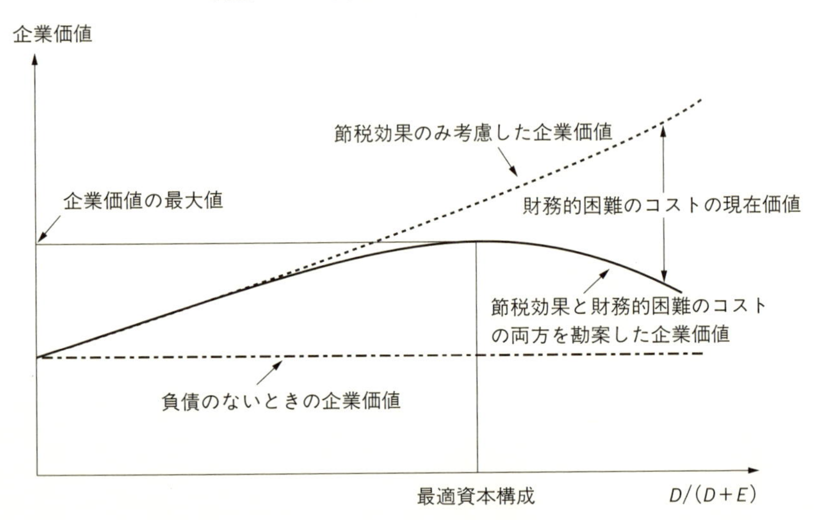

で企業価値を最大にする資本構成が最適資本構成ということになる。

5.4　エージェンシー問題と情報の非対称性

5.4.1　資本構成にかかわるエージェンシー問題

資産構成における代表的なエージェンシー問題には，資産代替（Asset Substitution）とデット・オーバーハング（Debt Overhang）がある。資産代替は過大投資とかリスク・シフティング（Risk Shifting）とも呼ばれるときもある。一方，デット・オーバーハングは過小投資問題と呼ばれるときもある。

資産代替とは，企業が抱える有利子負債が多すぎて倒産の可能性が高い場合には，企業が極めて投機的な投資を行う傾向があるという問題である。このような投機的な投資が実行されると，企業価値が破壊される。

一方，デット・オーバーハング問題とは，企業が抱える既存の有利子負債が多すぎて倒産の可能性が高い場合には，プラスのNPVを持つ魅力的な投資プロジェクトが実行されないという問題である。この場合にも，企業価値の最大化が阻害されるので問題である。

資産代替とデット・オーバーハングという2つの問題の原因となっているのは，株式会社制度における債権者と株主の間でのキャッシュフローの分配ルールである。株式会社制度においては，事業から得られたキャッシュフローに対して債権者が優先請求権を持ち，株主の請求権は債権者に劣後し，株主は債権者への支払いを済ませた後の残余財産に対する請求権を持つ。一方，株主の弁済義務については，株主は保有する株式の価値がゼロになるまでの弁済責任を負うが，それ以上の弁済義務は負わないという有限責任制がある。こうしたキャッシュフローの分配ルールと資産代替とデット・オーバーハングがどのように結びついているのかについて，以下でより詳しく見てみよう。

(1)　資産代替

最初に簡単な数値例を用いて資産代替について検討してみよう。オーナー経営者が経営するA社は，1週間後にB銀行からの借入金50億円を返済しなければならない。ところが，会社には現預金10億円以外にめぼしい資産がない。何もせず返済期日が来るのを待っていてもA社は倒産し会社の資産はB銀行のものになるだけである。有限責任制が貫徹している場合，A社のオーナー経営者はどのような行動を取るのが合理的だろうか。

答えのひとつは，10億円の資金を全部持ってラスベガスに飛び全額をギャンブルにつぎ込むことである。ギャンブルからの収益は確率98％でゼロ，確率２％で200億円の収益が得られるとしよう。１週間という短期間なので割引を無視してこの「ラスベガス・プロジェクト」のNPVを計算すると

NPV＝－10＋(0.98×0＋0.02×200)＝－６億円

となる。NPVルールに従えば，これは全く実行する価値のないプロジェクトである。

しかし，オーナー経営者の立場からは，このラスベガス・プロジェクトは実行する価値がある。確かに98％の確率でこのプロジェクトからの収益はゼロである。しかし，２％という低い確率だが，このプロジェクトにはＢ銀行へ50億円を返済し残りの150億円をオーナー経営者が手にするという可能性が残っている。一方，経営者が１週間何もしない場合，確率100％で会社は倒産，会社の資産はＢ銀行のものになってしまう。追加的に失うものは何もないオーナー経営者にとって，ラスベガス・プロジェクトは実行する価値のあるプロジェクトである。具体的な数値で確認すると，オーナー経営者にとってのこのプロジェクトを実行することに伴う期待価値の変化は

オーナー経営者にとってのプロジェクトの価値＝0.02×150＋0.98×0＝３億円

オーナー経営者が何もしない場合との差異＝3－0＝３億円

と３億円になる。一方，Ｂ銀行にとって，経営者がこのプロジェクトを実行することに伴う期待価値の変化は

Ｂ銀行にとってのプロジェクトの価値＝0.02×50＋0.98×0＝１億円

オーナー経営者が何もしない場合との差異＝1－10＝－９億円

と－９億円になる。すなわち，オーナー経営者（株主）とＢ銀行（債権者）にとっての価値変化の合計（企業価値の変化）がラスベガス・プロジェクトのNPVの－６億円になっているわけである[4]。

---

(4) 現実には，このような投機的な行動をオーナー経営者に取らせないようにするため，金融機関は中小企業の経営者に会社の借入金について連帯保証を行うように要求することが多い。その結果，オーナー経営者は，株主としては有限責任制によって保有株式の価値がゼロになる以上の債務の弁済責任を負わないが，連帯保証人として会社の債務に対して弁済責任を負うことになり，上記のような投機的な行動が抑制される。

(2)　デット・オーバーハング

前記の資産代替は投資プロジェクトのリスクと有限責任制にかかわる問題である。一方，デット・オーバーハングは投資プロジェクトが生むキャッシュフローの期待値の水準および債権者と株主が持つ請求権の優先劣後構造にかかわる問題である。

単純な数値例を見てみよう。倒産間際の企業Ｃ社を考える。１週間後に返済期日を迎えるＣ社の負債総額は100億円である。ところがＣ社の資産額はゼロである。このとき非常に有利なプロジェクトが見つかったとする。プロジェクトは20億円の投資を行えば，１週間後にほぼ確実に110億円が手に入るという非常に魅力的なものである。しかし，既存の負債が多額なので金融機関などは投資資金を貸してくれない。そのため投資を実施するには，株主が20億円の必要投資金額を追加出資しなければならない。NPV が90億円のこのプロジェクトは実行されるだろうか。答えは否である。Ｃ社は１週間後に100億円を返済しなければならないので，債権者に劣後する請求権しか持たない株主には，この投資案件を実行するために20億円を追加出資しても10億円しか資金が戻らないからだ。この例の場合，20億円の投資から得られるキャッシュ・インフローが120億円以上でなければ，投資が実行されない。

このように多額の既存有利子負債を抱えていると，有望な投資機会を見出したときにもそのプロジェクトが実行されず，企業価値を高める機会を逃してしまう。こうしたデット・オーバーハング問題を回避するために，企業は財務的な困難に直面する可能性が高くなるような多額の負債を抱えるべきではない。

5.4.2　情報の非対称性と資本構成

多くの企業にとって，内部資金は最も重要な資金源泉である。内部資金とは利益のうち配当や自社株買いによって株主に還元しないで社内に留保され事業に再投資される資金を指す。設備投資資金や運転資金の需要が発生したとき，企業はまず内部資金を資金源泉として用い，それで不足する場合には金融機関から借入を行い，まだ資金が足らない場合には社債を発行し，最後の資金調達手段として増資を行うという傾向がある，という主張がしばしばなされる。このような企業の資金調達行動に見られる資金源泉の順位付けは，「ペッキング・オーダー（Pecking Order）」と呼ばれる。ペッキング・オーダーが発生する理由を経営者と投資家間の情報の非対称性と結びつけた仮説がペッキング・オーダー仮説である。

ここで経営者と投資家間の情報の非対称性とは，企業の実態に関して経営者と投資家の間に大きな情報の隔たりがあることを指す。例えば，自社の研究開発のテーマや進捗状況について経営者はよく知っているが，競争相手の企業に知られたくないので企業はそれらについて必要最小限の情報しか公表しない。また，経営者は株価への影響を考えて意識的に悪い情報を隠し，良い情報だけを公表しようとするかもしれない。そのため投資家は，企業の発表する情報の裏を読もうとしたり，公表される情報よりも企業が実際に取る行動の方を重視して企業実態をつかもうとしたりする。

(1) ペッキング・オーダー仮説の概要

ペッキング・オーダー仮説の概要は次のようにまとめられる。企業は投資プロジェクト実行のために必要な投資資金を株式の公募発行で調達するとする。増資を行うと，当該プロジェクト資産だけではなく既存資産に対する持分の希薄化を招く。このとき外部の投資家は，既存株主にとって希薄化という損失を伴うにもかかわらず増資を実施するということは，企業は損失を埋め合わせるのに十分な増資に伴う利益を得ようとしているのではないか，という疑いを持つことになる。考えられる増資に伴う利益のうち最も重要なものは，過大評価されている株価での公募増資である。その結果，外部投資家は，現在の株価より低い株価でないと増資に応じようとしなくなる。逆に言うと，このことは企業が本当は良い企業である場合には，過小評価された株価で増資することを意味する。こうした過小評価された株価での増資は既存株主にとって持分の大きな希薄化を招き高コストの資金調達になる。そのため良い企業は公募増資を行わず新規プロジェクトの投資資金を内部資金で賄おうとする。もし，内部資金で資金需要を賄えない場合には，公募増資ではなく情報の非対称に伴う問題の小さい金融機関借入などの負債資金調達を行う。これがペッキング・オーダー仮説の概要であるが，以下で簡単な数値例とモデルを用いてもう少し詳しく説明してみよう。

(2) 数値例による説明

簡単な数値例を使って考えてみる。オーナー経営者が株式の100％を保有しているＤ社という企業がある。同社は簿価150億円の既存資産を抱えている。ただ，その既存資産の真の価値は簿価と異なる。既存資産の真の価値はD社のタイプに依存しており，D社がタイプB（Bad）企業である場合には100億円，タイプG（Good）企業である場合には200億円である。いまD社は必要投資金額が96億円で，100億円のキャッシュ・インフローの現在価値を生む，NPVが4億円のプロジェクトを見つけたとする。この投資プロジェクトの投資資金を公募増資で調達すると仮定する。なお，新規投資については，オーナー経営者だけでなく投資家も真の価値を知っていると仮定する。

●完全情報の場合

比較するために最初に，情報の非対称性が全く存在せず，投資家はD社のタイプを知っていると仮定する。D社の株式は当初オーナー経営者が100%を所有していたが，上場して公募増資を行うと，外部投資家が増資後の発行株式数のうちα%を保有するようになる。そのとき，投資家の富は$\alpha \times$(既存資産の価値＋新規投資の生む現在価値)になる。競争的資本市場では，$\alpha \times$(既存資産の価値＋新規投資の生む現在価値)は投資家の出資する金額Iと等しくなるはずである。したがって，競争的市場における外部投資家の均衡持分比率α^*は

D社がタイプB企業の場合：$\alpha_B^* = \dfrac{96}{100+100} = 48\%$

D社がタイプG企業の場合：$\alpha_G^* = \dfrac{96}{200+100} = 32\%$

となる。一方，オーナー経営者は企業に対する残りの持分$(1-\alpha^*)$を保有することになるので，増資をしたときのオーナー経営者の所有する資産金額WはD社のタイプごとに次のようになる。

タイプB企業の場合：$W_B = (1-0.48) \times (100+100) = 200-96 = 104$億円

タイプG企業の場合：$W_G = (1-0.32) \times (200+100) = 300-96 = 204$億円

すなわち，増資をして投資したときのオーナー経営者の保有資産金額は，投資をしなかった場合に比べて新規投資のNPVの全額4億円だけ大きくなる。なお，このように新規投資のNPVの全額がオーナー経営者に帰属するのは，競争的資本市場を仮定しているためである。いずれにしろ，D社はタイプを問わず株式を発行してプロジェクトを実施する。

●情報の非対称性のある場合

次に，既存資産の質に関して情報の非対称性が存在し，オーナー経営者は自

社のタイプを知っているが，投資家は知らない状況について考えよう。いま投資家は，D社は確率60％でタイプB，確率40％でタイプGであると判断すると仮定する。すなわち，投資家はD社の既存資産の価値を

$$0.4\times200+0.6\times100=140億円$$

と評価すると仮定する。なお，前述のように投資プロジェクトについては，真の価値を投資家も知っているとする。その結果，D社が株式を上場して投資額の96億円を公募増資によって調達する場合，競争的市場における外部投資家の均衡持分比率 α^* は

$$\alpha^*=\frac{96}{140+100}=40\%$$

になる。この情報の非対称性があるときの均衡持分比率 α^* は，D社がタイプBであるときには，完全情報の場合に比べて8％だけ低く，D社がタイプGであるときには，完全情報の場合に比べて8％だけ高い。

さて，D社がタイプBの企業であるとき，増資をして投資をする場合と増資せず新規投資を実行しない場合のD社のオーナー経営者の富を W_B^I と W_B^{NI} と表そう。一方，D社がタイプGの企業であるとき，増資をして投資をする場合と増資せず新規投資を実行しない場合のD社のオーナー経営者の富は W_G^I と W_G^{NI} と表そう。増資をするとオーナー経営者の持分比率は60％に低下するので，増資をして新規投資をした場合と新規投資を行わない場合のD社のオーナー経営者の富の差額は

D社がタイプBの企業の場合：$W_B^I-W_B^{NI}=0.6\times(100+100)-100=20$億円

D社がタイプGの企業の場合：$W_G^I-W_G^{NI}=0.6\times(200+100)-200=-20$億円

となる。なお，経営者は自社のタイプを知っているので，上の式において既存資産の価値は投資家の評価額140億円ではなく，それぞれの場合の真の価値を使って計算している。D社がタイプBの場合には，株価が過大評価されており，完全情報下と比べてオーナー経営者の持分比率の低下が小さくて済む。その結果，オーナー経営者は，積極的に増資をして新規投資を行う方が有利になる。それに対してD社がタイプGの場合には，株価が過小評価されており，完全情報下と比べてオーナー経営者の持分比率の低下が大きくなってしまう。その結果，オーナー経営者には，積極的に増資をして新規投資を行うインセンティブがなくなる。そしてNPVがプラスであるにもかかわらず新規投資を行わな

いので，企業価値上昇の機会が失われる。

オーナー経営者が増資に対して積極的か否かは，既存資産の質に関する情報を持たない投資家に新たな情報を与えることになる。すなわち，投資家はＤ社が増資に積極的なのはＤ社が実はタイプＢ企業で,現在の株価が過大評価されている証拠だと考えるようになる。その結果，増資計画の発表後株価は下落する。こうした事態を避けるため，企業は増資を行おうとしなくなる。そして，企業は情報の非対称性の存在しない内部留保を投資資金の源泉として選好するようになる。

●ペッキング・オーダー

資金源泉の選好順位としての内部資金，金融機関借入，社債発行，増資という負債も含めたより完全なペッキング・オーダーを説明するためには，企業の生むキャッシュフローに不確実性を導入したり，企業と外部の資金提供者間の情報の非対称性の程度の差という追加的な要素も考慮に入れたりする必要がある。企業の生み出すキャッシュフローが不確実な場合には，負債が不履行を起こす可能性が発生する。確かに負債比率が高いほど倒産の確率が高くなるが，負債発行に伴う市場評価額を押し下げるネガティブ・シグナル効果は株式に比べて軽度である。増資はすべてネガティブ・シグナルになるが，株式に比べて優先的にキャッシュフローを受け取る権利を持つ負債の場合，少額の負債発行ならば倒産のリスクは小さいからである。そのため負債発行に伴う倒産確率の上昇効果よりも増資による株価下落効果の方が大きいときには，負債発行は増資よりもオーナー経営者にとって良い資金調達手段になる。また金融機関借入と社債発行との比較では，日常的なコンタクトのある取引先の金融機関の方が社債投資家と比較して情報の非対称性の程度が低く，負債調達に伴う追加的な情報提供等に伴う事務手数も少なく機動的な負債調達ができる。その結果，資金源泉に関する内部資金，金融機関借入，社債発行，増資というペッキング・オーダーが出現する。

補論　オプション理論を用いた資産代替問題の解釈

本論で説明した資産代替問題をオプション理論に関連づけて解釈してみよう。なお，本書ではオプションに関しては第11章で解説してあるので，オプションについての知識のない読者は第11章を学習した後で，この補論に戻って読んでほしい。

ここでは市場参加者はリスク中立で，リスクを無視して期待キャッシュフローの大小のみを基準に意思決定を行うと仮定する。１期間モデルを想定し，期間中に企業が行う事業から生まれる将来キャッシュフローを y とする。y は確率変数である。企業の抱える当初負債の元本を D，金利を r とすると，１期末に企業が支払わなければならない元利金は $(1+r)D$ と表される。前述の株式会社制度におけるキャッシュフロー分配ルールの下では，株主と債権者が期末に受け取るキャッシュフロー π_E と π_D は次のように表すことができる。

$$株主：\pi_E = \mathrm{Max}[y-(1+r)D, 0] \tag{5.11}$$

$$債権者：\pi_D = \mathrm{Min}[y, (1+r)D] \tag{5.12}$$

(5.11)式は期末において y が十分に大きくて債権者に支払うべき元利金を上回るときには株主は残余財産の $y-(1+r)D$ に対する請求権を持ち，一方 y が $(1+r)D$ より小さくて債務を完済できないときには，有限責任制に従って株式の価値がゼロになることを示している。一方，(5.12)式は，期末において y が $(1+r)D$ より大きくて企業が元利金を完済できるときには債権者は $(1+r)D$ だけを受け取り，一方 y が小さくて元利金を下回り，企業が債務不履行に陥ったときには，そのときのキャッシュフローの全額 y を債権者が受け取ることを示している。

(5.11)式は，原資産を企業の生み出すキャッシュフロー，行使価格を $(1+r)D$ とするコール・オプションの満期日におけるペイオフと同じ形をしている。すなわち，株式はコール・オプションの一種とみなすことができる。

さて，(5.12)式は次のように変形できる。

$$\begin{aligned}\pi_D &= \mathrm{Min}[y, (1+r)D] \\ &= y-\mathrm{Max}[y-(1+r)D, 0] \\ &= (1+r)D-\mathrm{Max}[(1+r)D-y, 0]\end{aligned} \tag{5.13}$$

(5.13)式の2番目の等号の右の式の第2項 $\text{Max}[y-(1+r)D, 0]$ は，(5-11)式で示した期末における株式のペイオフである。したがって，この式全体は，期末における負債の価値は企業価値 y から株式価値を引いたものであることを示している。すなわち，この式は企業負債からのペイオフが，(1)企業全体を買い，(2)株式というコール・オプションの一種を売り，にするポジションを取ったときの期末におけるペイオフと同じであることを示している。

一方，3番目の等号の左右の同値関係はオプションのプット・コール・パリティから導かれる。3番目の等号の右の式は，企業負債からのペイオフが，(1)第1項の $(1+r)D$ の項については貸倒れの起こらないリスクフリー債券の買いと同じで，(2)第2項の $-\text{Max}[(1+r)D-y, 0]$ の項については原資産を企業の生み出すキャッシュフロー y，行使価格を $(1+r)D$ とするプット・オプションを売ったときのペイオフと同じ，であることを示している。

注目すべきことは，株式はオプションの買いポジションと同様な性質を持つのに対して，企業の負債はオプションの売り持ちポジションの要素を含んでいることである。さて，オプションの価値は原資産のボラティリティが高ければ高いほど高くなる。その結果，オプションの買いポジションを持つ株主は企業資産のボラティリティを高くすることによって利益を得られる。反対に，オプションの売りポジションを持っている債権者は企業資産のボラティリティが高くなると損失を被ることになる。

そのため，もし企業の経営者が株主の利益を最大化する行動を取るとすると，企業は他の条件が同じであればリスクの低い投資よりもリスクの高い投資の方をあえて選択して実行するようになる。企業資産のボラティリティが高くなれば，株式という一種のコール・オプションの価値が上昇するからである。これが「資産代替」である。こうした資産代替行動は企業価値を破壊することになる。なお，(5.13)式の2番目の等号の右の式に示されているように，資産ボラティリティを上昇させることによって株式の価値を上昇させると，株式価値の増加分と同額だけ負債の価値が低下する。すなわち，資産代替は債権者を犠牲にして株主が利益を上げようとする行為である。

こうした資産代替は企業がどのような財務状態にあるときに発生するのだろうか。この補論でのオプション理論を用いた分析によれば，資産代替はオプション価格のボラティリティに対する感応度であるベガが高い場合に顕著になるこ

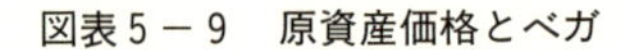

図表５－９　原資産価格とベガ

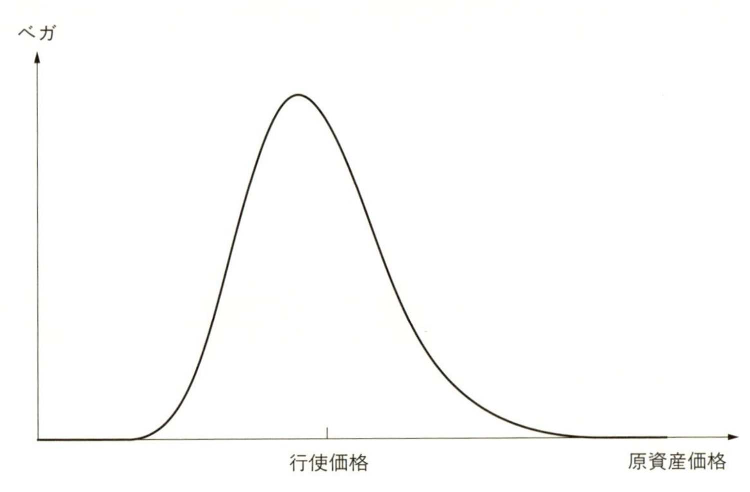

とがわかる。図表５－９は原資産価格とベガとの関係を示したものである。図に見られるようにベガは原資産価格が行使価格に等しい「アットザマネー（At-the-money）」の周辺で最も高くなる。

このことは資産代替の問題は，企業資産の時価と負債の元利金がほぼ等しく倒産間際の財務的に困難な状態にある企業において顕著になることを意味する。逆に言えば，こうした資産代替による企業価値の破壊を回避するために，企業は財務的な困難に直面する可能性が高くなるような多額の負債を抱えるべきではない。

本章のまとめ

- 企業の資金調達の源泉は，内部資金，外部資金に分けられる。内部資金とは利益のうち事業に再投資される資金を指す。一方，外部資金とは株式や社債の発行，金融機関からの借入など企業外部から調達する資金を指す。
- 資本構成とは自己資本と有利子負債の構成比のことである。資本構成は企業の重要な財務上の意思決定事項であると考えられてきた。
- モディリアーニとミラーは完全資本市場を前提に，無裁定条件を用いて資本構成は企業価値と無関係であるという命題を導いた。しかし，この定理は現実の市場の不完全性を前提にすると修正の必要がある。
- 法人税が存在する場合，負債を利用すると節税効果で企業価値を上昇させることができる。しかし，負債過多になると，企業が財務的に困難な状況に陥り様々なコストが生じて企業価値は低下する。財務的な困難に伴うコストには，直接コスト，間接コスト，エージェンシー・コストがある。
- トレードオフ理論によれば，企業価値は

  企業価値＝負債を利用しないときの企業価値
  ＋PV(負債の節税効果)－PV(財務的な困難に伴うコスト)

  と表すことができる。トレードオフ理論では，適度な負債を用いる最適資本構成を見つけることによって企業価値を最大化できる。
- 資産代替やデット・オーバーハングといったエージェンシー問題は，債権者と株主との請求権の優先劣後構造や有限責任制などの株式会社制度における利益分配ルールに起因する。この種のエージェンシー問題は，企業が財務的に困難な状況に陥った場合に深刻な問題になる。
- 倒産間際の企業では資産代替と呼ばれる投機的な投資に走る傾向が生まれる。資産代替は，有限責任制を利用して債権者の犠牲のもとに株主が自らの利益を増やそうとする行動である。資産代替行動を回避するために企業はあまり多額の負債は持つべきではない。
- 一方，多額の既存負債がある企業においては，NPV がプラスの投資が実行されず企業価値の増大が阻害される。こうした現象をデット・オーバーハングと呼ぶ。これ以上負債調達ができないような企業では株主が投資資金を出さざるを得ない。そのため，債権者と株主の請求権の優先劣後構造のために，債権者を利するだけで株主の利益にならない投資は実行されない。
- 経営者と投資家の間には情報の非対称性がある。その結果，資本市場での資金調達は高コストになる。金融機関からの借入や社債発行よりも公募増資でその傾向が強い。その結果，企業は資金源泉について内部資金，負債，株式発行というペッキング・オーダーを持つことになる。

Problems

問1　ある企業の株式時価総額は1,000億円，有利子負債の時価総額は500億円である。この企業が有利子負債を持たない場合の資本コストは５％，負債の税引前資本コストは３％，法人税率は40％である。この企業の有利子負債金額が未来永劫に変わらないと仮定すると，この企業の株式の資本コストは何％か。もし，この企業が有利子負債を持たない企業である場合には企業価値はいくらになるか。ただし，この企業の信用リスクは負債のないときと500億円の負債を持つときで変わらないと仮定する。法人税がある場合のMM理論を前提に答えなさい。

問2　広義の財務的な困難に伴うコストとはどのようなものか。3種類のカテゴリーに分けて答えなさい。

問3　自社の株式を大量に保有しているオーナー経営者が経営する企業が倒産しそうな財務状況になると，しばしば非常にリスキーな投資が行われる傾向がある。こうした現象は何と呼ばれるか。そのような現象が起こる理由を株式会社の利益分配ルールと結びつけて説明しなさい。

第6章

資本コスト

Cost of Capital

本章の概要

本章では，資本コストの推定方法について学ぶ。WACC（加重平均資本コスト）はNPVの計算や企業価値算出の際に幅広く利用されている。WACCを推定するには，構成要素になる株式の資本コスト，有利子負債の資本コスト，および目標資本構成を推定する必要がある。株式の資本コスト推定には，CAPMが最も頻繁に利用される。本章では実際にCAPMを用いた株式の資本コストの推定を行う際に直面する問題についても検討する。また，負債の資本コストの推定に際しての注意事項や投資プロジェクトの資本コストの推定方法についても述べる。

Key words

資本コスト，WACC，順イールド，逆イールド，時価総額加重指数，価格加重指数，算術平均，幾何平均，残差，最小二乗法，アノマリー，小型株効果（規模効果），バリュー株効果（割安株効果），成長株，ファーマ＝フレンチの3ファクター・モデル，カーハートの4ファクター・モデル，モーメンタム効果，最終利回りと負債の資本コストの相違，社債格付け，デフォルト確率，回収率，資産ベータ，負債がないときのベータ

6.1 資本コストの基礎概念

6.1.1 資本コストとは

資本コストは3面からとらえることができる。第1は，企業に資金を提供する金融機関等を含む広義の投資家からみた場合である。投資家の観点からすると資本コストとは資本の機会費用を意味する。投資家は投資先に関して多様な選択肢を持っている。しかし一度特定の投資先に保有する資金を投資してしまうと，代替的な投資ができなくなる。したがって，投資家は投資先の選択において，その投資先と同等なリスクを持つ他の投資先から平均的に得られる収益率以上の収益率を得られると期待される投資先を選んで投資する。そのため資本コストは，しばしば投資家の要求収益率と言い換えられる。

投資家は通常リスク回避的であり，リスクの低い投資先に投資するときには低い収益率で満足するが，リスクの高い投資先に投資するときには，より高いリスクをとる代わりにより高い収益率を要求する。その際に重要なことは，投資家の観点から「リスク」とは何かを正確に定義し測定することである。そのため企業金融の世界に元々は証券投資のための理論であるCAPM等の資産価格理論が登場するわけである。

資本コストについて第2，第3の見方は，企業の観点からのものである。これは時価基準でみた企業のバランスシートの左側と右側に分けて考えるとわかりやすい。まず，バランスシートの左側である資産サイドについてみてみよう。企業が投資家から提供された資金は事業展開のために必要な設備資金や運転資金として利用される。そもそも経営者は投資家の代理人として設備資産や運転資本への投資の意思決定を行っていると考えることができる。したがって設備資産や運転資本への投資が生む収益率は，投資家が要求する収益率たる資本コストを上回るものでなければならない。投資決定にあたりNPVが正であることをプロジェクト採用の基準にするのも同じ理屈である。NPVは，投資から生まれる将来の期待キャッシュフローを資本コストで割り引いた現在価値の合計額と投資額との差額であり，企業が投資家のために行う価値創造金額を表す指標になる。

一方，企業のバランスシートの右側の負債と自己資本の側から考えると，資本コストは，企業が有利子負債や株式を使って債権者や株主から資金を調達する際の調達コストであると考えることができる。その際の資金調達コストには，調達手段となる債券や株式の時価の変動分も含まれる。すなわち，単に支払利率や配当利回りだけを考えるのではなく，債権者や株主が得ることのできる期待投資収益率という観点から資金調達のコストを考えることが必要である。特に株式の場合，資本コストは配当利回りだけでなく株式の期待値上がり率を加えたものであることをしっかり認識する必要がある。例えば，企業が規模の拡大を図ることだけを重視して，資本コストを下回る収益率しか上げられないような投資を続ければ株価の下落を招くだろう。この場合，経営者は株主に経営を任された代理人としての責任をきちんと果たしていないことになる。

6.1.2 WACC（加重平均資本コスト）

設備投資の意思決定や企業価値の評価にあたって最も多く利用される方法は将来発生するフリー・キャッシュフローを加重平均資本コスト（Weighted Average Cost of Capital, WACC）で割り引いた割引キャッシュフロー（Discounted Cash Flow, DCF）アプローチであろう。

このような用途に用いられるWACCには株主，社債投資家，金融機関など企業に資金を提供しているすべての主体が要求する資本コストを，それぞれの資金の構成比率で加重平均して反映しなければならない。加重平均をとるためには時価を基準にしたウェートを用いる。割引の対象になるキャッシュフローには，法人税差引き後のキャッシュフローを用いる。そのとき負債の節税効果の二重計算を避けるため，割り引かれるキャッシュフローには負債の節税効果を含まないキャッシュフローを用い，割引率の資本コストの方で節税効果を反映させる[1]。また，キャッシュフローに名目キャッシュフローを使う場合には，割引率にも名目資本コストを用いる。一方，インフレの激しいときインフレを調整した実質キャッシュフローを用いる場合には，割引率にも実質資本コストを用いる。

企業の資本構成が単純なものである場合，税引後加重平均資本コスト r_{WACC} は(6.1)式のように表すことができる。

$$r_{\mathrm{WACC}}=\frac{E}{D+E}r_E+\frac{D}{D+E}r_D(1-\tau_C) \tag{6.1}$$

ここで，D は有利子負債の時価総額，E は株式時価総額を示す。そして $E/(D+E)$ は企業価値全体に占める株式時価総額の目標値，$D/(D+E)$ は企業価値全体に占める有利子負債時価総額の目標値，r_E は株式の資本コスト，r_D は有利子負債の税引前資本コスト，τ_C は限界法人税率を示す。なお，現在の資本構成と長期的な目標値との乖離が小さい場合には，現在の資本構成を目標資本構成の代わりに用いることが多い。

企業の資本構成がもう少し複雑で有利子負債の中身が，例えば，金融機関からの短期借入金 B，長期の普通社債 SB と転換社債型新株予約権付社債 CB のように資本コストがかなり異なる3種類のものである場合，WACC は

$$r_{\mathrm{WACC}}=\frac{E}{B+SB+CB+E}r_E+\frac{B}{B+SB+CB+E}r_B(1-\tau_B)$$
$$+\frac{SB}{B+SB+CB+E}r_{SB}(1-\tau_{SB})+\frac{CB}{B+SB+CB+E}r_{CB}(1-\tau_{CB}) \tag{6.2}$$

と計算される。すなわち，WACC は株式の資本コストおよび短期借入金，普通社債および転換社債の税引後資本コストの時価総額基準の加重平均になってい

---

(1) 単純な数値例を見てみよう。ある企業の債権者と株主に帰属する税引前のキャッシュフローの合計金額の期待値は将来ずっと一定で，1年当たり350億円であると仮定する。この企業の株式の資本コストは9％，有利子負債の税引前資本コストは5％，有利子負債残高（時価＝簿価）は将来一定で1,000億円，法人税率は40％とする。このとき株主に対する1年当たりの税引後キャッシュフローの期待値は

$$(350-0.05\times1{,}000)\times(1-0.4)=180\text{億円}$$

である。その結果，株式時価総額は

$$\frac{180}{0.09}=2{,}000\text{億円}$$

となり，有利子負債の1,000億円と合わせた企業価値は3,000億円になる。このとき，WACC は

$$\mathrm{WACC}=\frac{2{,}000}{3{,}000}\times0.09+\frac{1{,}000}{3{,}000}\times0.05\times(1-0.4)=7\%$$

である。この7％の WACC と負債の節税効果を含まない株主と債権者に対する税引後キャッシュフローの合計額の期待値 $350\times(1-0.4)$ を用いると，この企業の企業価値 V_L は

$$V_L=E+D=\frac{350\times(1-0.4)}{0.07}=3{,}000\text{億円}$$

と正しい数値が求められる。一方，株主と債権者に対する税引後の合計キャッシュフローの期待値として，負債の節税効果を反映した金額を用いると，企業価値として

$$\frac{(350-50)\times(1-0.4)+50}{0.07}=3{,}285.71\text{億円}$$

と過大な数値が計算されてしまう。

る。なお，記号は r_B，r_{SB} および r_{CB} はそれぞれの税引前資本コスト，τ_B，τ_{SB} および τ_{CB} はそれぞれの税引前資本コストに適用される限界法人税率を示している。なお，このように負債間で限界法人税率を区別している理由は，インスツルメントごとに節税効果が異なるからである。特に *CB* の場合，クーポンレートが *SB* 等よりも低いので節税メリットが小さくなり，$\tau_{CB} < \tau_{SB}$ となる。

(6.1)式や(6.2)式で明らかなようにWACCを推定するためには，企業の資本構成のなかに含まれている各種の株式や有利子負債の資本コスト，および目標資本構成を推定しなければならない。

6.2　株式の資本コストの推定

6.2.1　CAPMによる株式の資本コスト推定のステップ

株式の資本コストの推定方法として最も多く用いられるのは，第4章の4.3節で学習したCAPMである。一般にCAPMは次のように表される。

$$E(r_i) = r_f + \beta_i[E(r_m) - r_f]$$

$$\text{ただし，} \beta_i = \frac{\mathrm{Cov}(r_i, r_m)}{\sigma^2(r_m)} \tag{6.3}$$

ここで $E(r_i)$ は i 証券の期待リターン，$E(r_m)$ は市場ポートフォリオの期待リターン，r_f はリスクフリー・レート，β_i は i 証券のベータ，$\mathrm{Cov}(r_i, r_m)$ は i 証券のリターンと市場ポートフォリオのリターンとの共分散，$\sigma^2(r_m)$ は市場ポートフォリオのリターンの分散を表す。

(6.3)式からわかるようにCAPMを用いてある企業の株式の資本コストを推定するには，(1)リスクフリー・レート r_f，(2)ベータ β_i，(3)市場リスク・プレミアム $[E(r_m) - r_f]$ の3つの要素を推定しなければならない。

6.2.2　リスクフリー・レート

リスクフリー・レートの代理指標としては，一般に貸倒れリスクが無視できる国債の利回りが用いられる。しかし一口に国債と言っても，国債には様々な償還期限を持つものが存在し，利回り（イールド）が異なる。償還年限を横軸に利回りを縦軸にとった利回り曲線（イールド・カーブ）は様々な形状を取り得るが，通常の経済状態の場合，償還年限が長いものの利回りの方が短いものの利回りより高くなる順イールドと呼ばれる右上がりの曲線になる。しかし，高インフレが懸念される経済局面で中央銀行が金融引き締め政策をとった場合などには，右下がりの逆イールドになることもある。

CAPMを用いて企業の株式の資本コストを推定する際にどの年限の国債の利回りをリスクフリー・レートとして用いるべきかに関しては意見が分かれている。証券投資に関連した分析においてCAPMが用いられる場合には，ほとんどの場合，満期が1ヶ月から3ヶ月の短期国債の利回りが用いられる。

それに対して企業金融分野で用いるリスクフリー・レートには長期金利を用いるべきであるという考え方がある。資本コストは，設備投資プロジェクトのNPV計算やDCF法（Discounted Cash Flow法，割引キャッシュフロー法）による企業価値評価の割引率として用いられる。そうした長期キャッシュフローの割引計算に用いる資本コストの推定の基礎になるリスクフリー・レートとして短期国債の利回りを利用するのは適切ではないというわけである。こうした意見を持つ論者は，長期国債の最終利回りや長期の満期を持つ割引国債の最終利回りであるスポット・レートを資本コスト推定に用いるリスクフリー・レートとして利用することを推奨している。

両者の考えにはそれぞれ一理ある。それでは，実際には企業はどうしているのだろうか。アメリカ企業における実際の財務慣行を調査した研究結果によれば，大多数のアメリカ企業は，CAPMのリスクフリー・レートとして10年物から30年物の長期債の利回りを用いている。日本では，リスクフリー・レートとして長期国債を利用する場合，流動性の高い10年物国債の最終利回りがしばしば利用されている。

6.2.3 市場リスク・プレミアム

市場リスク・プレミアムを推定するためには，まず市場ポートフォリオの代理変数として何を採用するかを決定しなければならない。理論的には市場ポートフォリオとは投資可能な投資対象をすべて含むポートフォリオを意味する。ただ，実際的にはほとんどの場合，時価総額加重方式に基づいて計算された株価指数が市場ポートフォリオの代理指標として使われている。株価指数には時価総額加重方式以外にダウ平均株価指数のように価格加重で計算された株価指数なども存在する。日本の株式市場の場合，時価総額加重株価指数の最も代表的なものは東証1部株価指数（TOPIX）である。一方，株式投資家の間で最も有名な日経平均株価指数はダウ平均方式で計算された価格加重指数である。これらのなかで，市場ポートフォリオの代理変数としては，理論的概念にそった計算方式である時価総額加重方式を採用する配当込み東証1部株価指数（TOPIX）が用いられることが多い。なお配当込み株価指数とは，投資家が受け取った配当を株式に再投資するという前提で計算された株価指数のことである。

市場リスク・プレミアムは，市場ポートフォリオの期待リターンとリスクフリー・レートの差と定義されている。市場ポートフォリオの期待リターンは投資家が抱く将来の市場リターンの期待値であるから直接には観察不可能である。したがって，何らかの方法で推定する必要がある。

推定のためには，いくつかの方法がある。最も代表的な方法は，過去の長期間のデータを使って市場ポートフォリオの代理変数のリターンとリスクフリー・レートの差の平均を求めて，市場リスク・プレミアムの推定値とする方法である。

T 期間の平均をとるには算術平均と幾何平均の2つの方式がある。簡単な例を見てみよう。いま当初のTOPIXを1,500とする。その後3ヶ月間の各月の月末時点のTOPIXの値は1,800，1,350，1,500であったとする。この場合，3ヶ月間の株式月次リターンは20.00%，−25.00%，11.11%となる。3ヶ月間リスクフリー・レートが年率1.2%（月率0.1%）で変化しないときリスクフリー・レートに対する株式の超過リターンの算術平均と幾何平均は

$$\text{算術平均}=\frac{1}{T}\sum_{t=1}^{T}\left(\frac{1+r_{m,t}}{1+r_{f,t}}-1\right)$$

$$=\frac{1}{3}\left[\left(\frac{1.2}{1.001}-1\right)+\left(\frac{0.75}{1.001}-1\right)+\left(\frac{1.1111}{1.001}-1\right)\right]=1.94\% \qquad (6.4)$$

あるいは

$$\text{算術平均}=\frac{1}{T}\sum_{t=1}^{T}(r_{m,t}-r_{f,t})$$

$$=\frac{1}{3}[(20-0.1)+(-25-0.1)+(11.11-0.1)]=1.94\%$$

$$\text{幾何平均}=\left(\frac{1+r_{m,1}}{1+r_{f,1}}\times\frac{1+r_{m,2}}{1+r_{f,2}}\times\cdots\times\frac{1+r_{m,T}}{1+r_{f,T}}\right)^{1/T}-1$$

$$=\left(\frac{1.2}{1.001}\times\frac{0.75}{1.001}\times\frac{1.1111}{1.001}\right)^{1/3}-1=-0.1\% \qquad (6.5)$$

あるいは

$$\text{幾何平均}=[(1+r_{m,1}-r_{f,1})\times(1+r_{m,2}-r_{f,2})\times\cdots\times(1+r_{m,T}-r_{f,T})]^{1/T}-1$$
$$=(1.199\times0.749\times1.109)^{1/3}-1=-0.1\%$$

となる。リターンが変動する場合，算術平均の値は幾何平均の値よりも常に大きくなり，その差は変数の変動性が大きいほど大きくなる。１期間の値の推定には，算術平均の方が偏りのない推定値をもたらすという統計学的に好ましい特性を持つ。ただ，複利で割引計算を行う際の割引率としては，算術平均値は上方バイアスがあることが知られている。そのため２種類の平均値を加味した推定法も工夫されているが，実際には算術平均が多く使われている。

さて，市場リスク・プレミアムが時間とともに変化しないとすれば，サンプル期間が長ければ長いほど信頼性の高い推定値が得られる。ボラティリティの推定に比べて，信頼性の高い期待リターンの推定には非常に長期間のデータが必要である。アメリカ市場の場合，100年以上の長期間にわたり株式リターンの時系列データが利用可能である。一方，日本の場合には第二次世界大戦前の期間については，信頼性の高い株式リターンのデータが存在せず，1949年に東京証券取引所で株式の取引が再開されて以降のデータを利用せざるを得ない。

その一方で市場リスク・プレミアムの値が経済全体の成長率などに影響を受けるとすれば，何十年以上も昔のデータも使って単に超過収益率の平均を取ることが将来の予測に本当に役立つのか疑問であるという考え方もある。そのように考える人は，現在の株価に織り込まれている情報や投資家の期待を今後の株式の期待リターンを推定するために利用しようとする。この種の方法の例には，現在の配当利回り等を使って将来の株価リターンを予測するものがある。それ以外の方法には，定率成長を仮定した配当割引モデルを用いて現在の株価水準に織り込まれている期待リターンを逆算するものなどがある。第２章の2.4.3項でも説明した定率成長配当割引モデルを用いる場合についてみてみよう。現在の１株当たり株価を P_0，年１回配当を仮定して１年後に支払われる１株当たり配当金の期待値を D_1，将来配当の割引率である株式の期待リターンを r_E，今後の配当成長率の予想値を g とした定率成長配当割引モデルの式

$$P_0=\frac{D_1}{r_E-g} \tag{6.6}$$

を変形すると

$$r_E=\frac{D_1}{P_0}+g \qquad (6.7)$$

という式を得る。すなわち，株式の期待リターン r_E は今期予想の配当を基準にする配当利回り D_1/P_0 と配当の期待成長率 g の和で表すことができる。この式を株式市場全体に当てはめ，その時点で観察される配当利回りの市場平均値に将来の市場平均の配当成長率の予測値を加えて市場ポートフォリオの期待リターンを予測するわけである。市場平均の配当成長率の予測値には，GDP の名目成長率などを基準にした予測数値が利用される。

このように市場リスク・プレミアムを推定する方法にはいくつかの方法があるが，一長一短があり決定版は存在しない。複数の方法を用いて推定された市場リスク・プレミアムを比較検討するのが実際的であろう。日本市場についてみると，多くの場合，近年の日本の市場リスク・プレミアムはリスクフリー・レートを10年物国債の最終利回りにした場合，３％から５％の間であると推定されている。

6.2.4　ベータの推定

CAPM のベータは(6.3)式でみたように

$$\beta_i=\frac{\mathrm{Cov}(r_i, r_m)}{\sigma^2(r_m)}$$

と定義される。このベータの式は，次の(6.8)式の回帰式において回帰式で説明できない残差項 e_i の分散を最小化する傾きの係数 β_i を求める最小二乗推定量と数学的に同じ形をしている。

$$r_i-r_f=\alpha_i+\beta_i(r_m-r_f)+e_i \qquad (6.8)$$

したがって，企業 i の株式のベータを推定するためには最小二乗法を用いて(6.8)の回帰式を推定すればよいことになる。

ただ，実際に回帰式を推定する場合には，決めなければならない事項がある。第１はサンプル期間の長さである。もし企業の真のベータの値がずっと変化しないのならば，統計学的にはサンプル期間が長ければ長いほど信頼性の高いベータの推定値が得られる。しかし，実際には企業の株式ベータは，時間の経過とともに変化すると考えられる。企業の事業内容は時代とともに変化することが多い。例えば，経営多角化を図ったり，逆に業務分野の選択と集中ということで多角化企業が収益性の低い事業分野から撤退して，競争力のある事業分野に業務を集中したりするかもしれない。事業内容の変化があった場合，その企業のベータは変化するだろう。また，事業内容は変わらなくても，企業の主力の製品・サービス分野の高成長期が終わり成熟期を迎えると，その企業の売上高は高成長期よりも経済全体の景気動向により大きく左右されるようになる。その結果，業績の変動が大きくなり株式のベータも上昇するだろう。したがって，より多くのサンプル数を確保して信頼度の高い推定を行おうとする統計学的な配慮と企業の収益特性の時間的な変化に対する配慮とのバランスをとることが必要になる。

関連する問題がリターンを計測する日次，週次，月次などの頻度の問題である。サンプル数を増やすことだけを考えると，日次収益率を用いてベータの推定を行うのが良いという結論になる。1年間の取引日の日数は250日弱であるので何年間にもわたるサンプル期間を設定しなくても統計学的に十分なサンプル数を確保できる。

しかし，このとき問題になるのは，売買が活発に行われない低流動性銘柄である。上場銘柄の中には1日のうちに数回程度しか売買が行われない銘柄もある。そのような銘柄の場合，終値といっても実際にはその日の取引が終わる午後3時ではなく，例えば，4時間前の午前11時に行われた取引がその日の最後の取引である場合もある。このような場合，午前11時から午後3時の間に市場全体の株価に大きな変化がなければよいが，その4時間の間に大きい株価変動が起こった場合には，被説明変数と説明変数が同じ時刻に観測されたものではないことに伴う問題が生じる。また，短い時間間隔でリターンを測るとビッド・アスク・スプレッドの影響が大きくなるという問題もある[2]。この種の問題を避けるためのひとつの方法は，日次収益率ではなく週次収益率や月次収益率を用いることである。こうした理由に加えて，以前はデータ処理コストが高かったこともあり，伝統的に過去5年（60ヶ月）の月次収益率をベータ推定のために利用するのが一般的であった。しかし，近年は過去2～3年の週次収益率を利用する場合も増えている。

6.2.5 CAPMを用いた株式の資本コストの推定例

株式の資本コスト推定の具体例としてX社の株式の資本コストをCAPMを

用いて推定した例を見てみよう。X社の株式のベータを推定するためのサンプル期間としては過去5年の月次収益率を利用することにする。過去5年間の株価や配当金のデータを集めて，次の(6.9)式を用いてX社の過去60ヶ月の月次投資収益率を計算する。

$$r_{X,t}=\frac{P_{X,t}-P_{X,t-1}+\mathrm{Div}_{X,t}}{P_{X,t-1}} \tag{6.9}$$

ここで$r_{X,t}$はX社株式のt月の月次収益率，$P_{X,t}$はt月の最終取引日におけるX社株式の修正株価，$\mathrm{Div}_{X,t}$は$(t-1)$月の最終取引日からt月の最終取引日までの期間中にX社の配当権利落ち日がある場合の1株当たり修正配当金を表す。ここで「修正株価」とか「修正配当金」とは，サンプル期間中に1株を複数株に分割する株式分割などが行われた場合，実際の1株当たり株価や配当金などの時系列データに連続性がなくなるので，それを修正して時系列データに連続性を持たせるように修正した株価や配当金のことを指す。一方，同じサンプル期間中の配当込みTOPIXのデータを用いて，次の(6.10)式に従ってTOPIXのリターンを計算する。

$$r_{\mathrm{TOPIX},t}=\frac{P_{\mathrm{TOPIX},t}-P_{\mathrm{TOPIX},t-1}}{P_{\mathrm{TOPIX},t-1}} \tag{6.10}$$

ここで$r_{\mathrm{TOPIX},t}$はt月の配当込みTOPIXの月次収益率，$P_{\mathrm{TOPIX},t}$はt月の最終取引日における配当込みTOPIXの値を指す。

次に各月のX社株式と配当込みTOPIXの投資収益率から前月末の10年物国債の最終利回りを差し引いた超過収益率を計算する。このとき通常は，1年

---

(2)　株式取引においては，指値注文と成行注文という2種類の注文形態がある。指値注文とは買う値段もしくは売る値段を指定して注文する方法で，成行注文とは，値段を指定しない注文方法である。買い手はできるだけ安い値段で株式を買いたいし，売り手はその逆なので，売り指値の方が買い指値よりも高い。両者の価格差のことをビッド・アスク・スプレッドと言う。例えば，ある銘柄の最も安い売り指値は現在805円で注文量は10万株，最も高い買い指値は800円で15万株の注文が入っていたとしよう。この場合，ビッド・アスク・スプレッドは5円である。さて，このときたまたま1万株の買い成行注文が入ってくると，売り指値側の805円で1万株の取引が成立する。そして次の瞬間にたまたま2万株の売り成行注文が入ってくると，買い指値側の800円で2万株の取引が成立し取引価格は5円だけ低下する。このように指値の水準でみた実勢価格が変化しない場合にも，取引価格は，たまたま入ってきた成行注文が買い注文なのか売り注文なのかによってビッド・アスク・スプレッド幅だけ変動する。このビッド・アスク・スプレッドによる変動要因の重要性は，取引価格を観測する間隔がリアルタイム，日次，週次，月次と長くなるにつれて低下する。

図表6－1　TOPIXとX社株式の超過リターンの関係

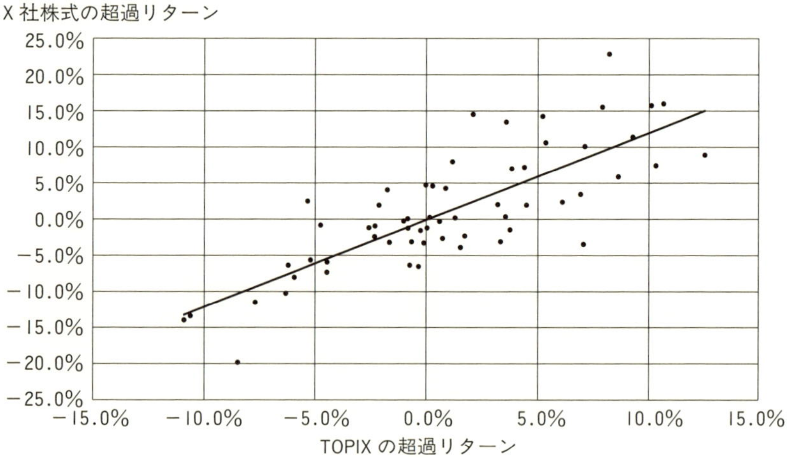

以内は単利と想定して年率の国債の最終利回りの値を12で割って月率に直す。求めた超過収益率同士の関係をプロットすると**図表6－1**のようになる。

Excelやその他の統計ソフトを利用して回帰式を推定すると

$$r_{X,t} - r_{10YJGB,t-1} = \underset{(0.006)}{0.001} + \underset{(9.903)}{1.210}(r_{\mathrm{TOPIX},t} - r_{10YJGB,t-1}) + e_t$$

（　）内は t 値

$\bar{R}^2$＝0.630（サンプル期間：2010年4月～2015年3月）

という結果を得る。このサンプル期間のX社の場合，回帰式の当てはまりは，株式ベータの推定式としてはかなり良い。自由度調整済みの決定係数 $\bar{R}^2$ は0.63とX社株式の超過収益率の分散のうち60%以上がこの回帰式で説明できている。推定された回帰係数と標準誤差の比率であるベータの t 値も9.90と非常に高い値である。説明変数が1個で60個のデータを用いたので，この場合の自由度は58である。t 分布表を見ると1%水準の t 値は2.66でベータがゼロであるという帰無仮説は容易に棄却される。

現在の10年物国債の最終利回りが0.5%で，別途推定された市場リスク・プレミアムが4.0%であるとすれば，現在のX社の株式の資本コストは

$$r_X = 0.5 + 1.21 \times 4.0 = 5.34\%$$

であると推定される。

6.2.6　3ファクター・モデル等を用いる推定

第4章の4.3.6項で述べたようにCAPMを実証的に検証した過去の研究結果によると，世界中の株式市場でCAPMでは説明できないような「アノマリー（Anomaly，異常現象）」と呼ばれる各種の現象が発見されている。アノマリーの最も代表的な現象が小型株効果，バリュー株効果，モーメンタム効果である。

近年ではこうしたCAPMアノマリーを株式のリターンを説明するファクターとして取り込んだファクター・モデルが証券投資に関する実証分析において幅広く用いられるようになった。その代表的なものが，第4章の4.4.2項で説明されているファーマ（E. Fama）とフレンチ（K. French）が開発した市場ファクター，小型株ファクター，バリュー株ファクターを含む3ファクター・モデルである。また，ファーマ＝フレンチの3ファクターにモーメンタム・ファクターを加えたカーハート（M. Carhart）の4ファクター・モデルも有名である。

ただ，証券投資分野に比べて企業金融分野で用いられる株式の資本コストの推定については3ファクター・モデルや4ファクター・モデルの利用はあまり進んでいない。その背景のひとつは，実証的に小型株効果やバリュー株効果などのアノマリーが見出されるといっても，なぜこうした現象が発生するのかについて多くの人が納得するような説明がなされていないことである。また，長期間のサンプル期間についてみると3ファクター・モデルや4ファクター・モデルの安定性は必ずしも高くない。そのこともこれらのモデルが株式の資本コスト推定のために利用されない理由のひとつになっている。

6.3　負債の資本コストの推定

6.3.1　負債の資本コスト推定に関する留意点

次に負債の資本コストの推定について検討しよう。ここで第1に強調しなければならない点は，負債の資本コストは現在時点で企業が有利子負債の新規調達を行うと仮定したときの調達コストであることである。時折，数年前の低金利期（あるいは高金利期）に発行した未償還社債の現在よりも低い（あるいは高い）クーポン・レートをそのまま現在の負債の資本コストであると考えている人がいる。これは誤りである。確かに会計上計上される支払利息は，既発債のクーポン・レートを使って計算される金額である。しかし，会計上の概念と資本コストは峻別しなければならない。資本コストは，その時点における資本の機会費用を指す。現在実行しようかどうかを検討している設備投資のNPVを計算する際に過去の金利は無関係である。あくまで現在時点での金利水準を反映する資本コストを使って割引計算を行わなければならない。

第2の留意点は，有利子負債の種別ごとに資本コストが異なることである。有利子負債には非常に多種多様なものがある。金融機関からの短期借入やCPのような短期負債もあれば，10年物社債のような長期負債もある。さらに社債には満期一括償還の普通社債もあれば，発行企業が期限前償還できるコーラブル債や投資家が発行企業に早期償還を請求できるプッタブル債等，金利オプション的な要素を含んだ債券も存在する。また，債券と株式に対するオプションを組み合わせた転換社債やワラント債のような新株予約権付社債もある。こうした新株予約権付社債は，負債と株式との中間的な性格を有しており，資本コストも負債と株式の中間にある。新株予約権付社債のクーポン・レートが普通社債よりも低いので，新株予約権付社債の資本コストは普通社債よりも低いと考えている人がいるが，そのような考え方は正しくない[(3)]。

留意点の第3は，原則として社債の最終利回りと負債の資本コストを区別することである。ただし，高い社債格付けを持ち信用力の高い企業の場合には，実際には両者を区別する必要性が低く，現在時点における自社の短期借入レートや社債の最終利回りを資本コストとして用いてほぼ問題ない。だが，信用力の低い企業の場合にはその企業の短期借入レートや社債の最終利回りを予想されるデフォルト（債務不履行）確率とデフォルト発生時の回収率を用いて修正した資本コストを推定する必要がある。この点に関しては次の6.3.2項でより詳しく説明する。

6.3.2 最終利回りと負債の資本コスト

単純化のため現在時点は利払い日直後で，債券のクーポンは年1回だけ支払われると仮定すると，債券の複利最終利回りは，次の式を満たすyである。

$$P_0=\frac{C}{1+y}+\frac{C}{(1+y)^2}+\cdots+\frac{C}{(1+y)^{T-1}}+\frac{C+100}{(1+y)^T} \tag{6.11}$$

---

(3) 新株予約権付社債の資本コストに関しては第12章12.4節でより詳しく検討する。

なお，P_0は現在の額面100円当たりの債券価格，Cは額面100円当たりのクーポン，Tは債券の残存年限を表す。ここで注意したいのは最終利回りの定義においてクーポンのCや額面の100円は約定通り支払われると仮定されていることである。ところが，信用力の低い企業の場合には，約定通りのクーポン支払いや元本の償還がなされるとは限らない(4)。

一方，負債の資本コストは次の式を満たすr_Dのことである。

$$P_0=\frac{E(CF_1)}{1+r_D}+\frac{E(CF_2)}{(1+r_D)^2}+\cdots+\frac{E(CF_{T-1})}{(1+r_D)^{T-1}}+\frac{E(CF_T)}{(1+r_D)^T} \tag{6.12}$$

ここで，$E(CF_t)$はt年目に実際に支払われる額面100円当たりのキャッシュフローの期待値を表す。いまpを1年当たりのデフォルト確率，Rをデフォルトが起こったときの額面100円当たりの回収金額（＝100×回収率）と表そう。pが一定で各年のデフォルトが独立事象であると仮定すると，t年目末までデフォルトが起こらずt年目のクーポンCが無事支払われる確率は$(1-p)^t$と表される。一方，$t-1$年目までデフォルトが起こらずにt年目にデフォルトが起こって額面100円当たりR円だけが支払われる確率は$(1-p)^{t-1}p$である。したがって$E(CF_t)(t=1,2,\cdots,T-1)$および$E(CF_T)$は次のように表せる。

$$\begin{aligned}&E(CF_t)=(1-p)^tC+(1-p)^{t-1}pR\quad(t=1,2,\cdots,T-1)\\&E(CF_T)=(1-p)^T(C+100)+(1-p)^{T-1}pR\end{aligned} \tag{6.13}$$

その結果，(6.12)式は次のように書き直せる。

$$\begin{aligned}P_0=&\frac{(1-p)C+pR}{1+r_D}+\frac{(1-p)^2C+(1-p)pR}{(1+r_D)^2}\\&+\cdots+\frac{(1-p)^{T-1}C+(1-p)^{T-2}pR}{(1+r_D)^{T-1}}+\frac{(1-p)^T(C+100)+(1-p)^{T-1}pR}{(1+r_D)^T}\end{aligned} \tag{6.14}$$

簡単な数値例を使って最終利回りと負債の資本コストの相違についてみてみよう。現在残存年限が10年，クーポン・レートが4.00%の年1回利払いのある

(4)　特定の債券や借入金の金利ないし元本を約定通り支払えない，または同一の借り手が発行した別の債券や借入金について同様の返済不能状態に陥ることを「デフォルト（Default：債務不履行）」と呼ぶ。大部分の場合，クロスデフォルト条項によって当該企業の債券や借入金のいずれかについて一度でも返済不能になれば，この企業のすべての負債がデフォルトしたとみなされる。

社債の市場価格が額面100円当たり80円であるとする。この場合，次の方程式を満足する最終利回り y を計算すると6.82%になる。

$$80=\frac{4}{1+y}+\frac{4}{(1+y)^2}+\cdots+\frac{4}{(1+y)^9}+\frac{104}{(1+y)^{10}}$$

さて，この債券の１年当たりのデフォルト確率は２%，デフォルト時には額面100円当たり40円が回収できると仮定する。このとき負債の資本コスト r_D は次の方程式を満足する5.61%である。

$$80=\frac{4\times(1-0.02)+40\times0.02}{1+r_D}+\frac{4\times(1-0.02)^2+40\times(1-0.02)\times0.02}{(1+r_D)^2}$$
$$+\cdots+\frac{4\times(1-0.02)^9+40\times(1-0.02)^8\times0.02}{(1+r_D)^9}$$
$$+\frac{104\times(1-0.02)^{10}+40\times(1-0.02)^9\times0.02}{(1+r_D)^{10}}$$

この例の場合，最終利回りと負債の資本コストの間には1.21%の差がある。一般に信用力の低い債券の場合，負債の資本コストは最終利回りよりもかなり低い値になる。なお，負債の資本コスト r_D の近似値は次の式を使って計算できる。

$$r_D \cong y-p\left(1-\frac{R}{100}\right) \qquad (6.15)$$
$$=\text{最終利回り}-１\text{年当たりのデフォルト確率}\times(１-\text{回収率})$$

上の数値例に(6.15)式の近似式を適用すると，次のように負債の資本コストの近似値は5.62%と，真の値5.61%とかなり近い値が計算できる。

$$r_D=6.82\%-2\%\times(1-0.4)=5.62\%$$

6.3.3　社債格付けと負債の資本コスト推定の実際

実際に6.3.2項のような負債の資本コストの推定を行うためには，当該企業の社債の最終利回りとデフォルト確率の情報が必要である。社債の最終利回りと言っても，金融機関からの借入だけで社債を発行していない企業も少なくない。また，社債を発行しているとしても社債市場で活発に取引されていないため現在時点での最終利回りがわからないこともある。このような場合には，残存年限が同様で当該企業の社債格付けと同じ格付けを持つ他社の社債の現在の最終利回りを用いることになる。また，社債格付けを取得していない企業の場合に

図表6－2　平均累積デフォルト率（1年～10年）

（単位：%）

格付け	1年後	2年後	3年後	4年後	5年後	6年後	7年後	8年後	9年後	10年後
AAA	0.00	0.00	0.00	0.00	0.00	0.14	0.27	0.27	0.27	0.27
AA	0.00	0.00	0.00	0.00	0.04	0.08	0.12	0.25	0.40	0.55
A	0.05	0.16	0.27	0.42	0.56	0.70	0.91	1.15	1.36	1.57
BBB	0.11	0.32	0.54	0.77	1.09	1.42	1.72	1.95	2.23	2.48
BB	2.07	3.64	5.35	6.64	7.51	8.41	9.65	10.91	11.85	12.69
B以下	8.49	13.71	18.02	20.45	22.89	24.35	26.33	27.32	28.34	29.40
BBB以上	0.07	0.19	0.32	0.48	0.67	0.87	1.09	1.30	1.52	1.73
BB以下	3.22	5.46	7.64	9.13	10.30	11.30	12.68	13.89	14.84	15.73
全体	0.25	0.49	0.75	0.98	1.23	1.49	1.79	2.06	2.33	2.59

（出所）格付投資情報センター「日本企業のデフォルト率・格付推移行列（1978年度～2013年度）」2014年6月

は，インタレスト・カバレッジ・レシオ，負債比率，ROAや企業規模などの財務指標を参考にして，仮に社債格付けを取得した場合，格付けは何になるかを推定して現在時点の最終利回りを推定するというステップが必要である(5)。

一方，デフォルト確率の推定についても社債格付けの情報が役立つ。格付け機関は，**図表6－2**に示したような格付け別のデフォルト率のデータを公表している。このようなデータを利用してデフォルト確率の推定が行える。

例えば，ある企業の10年債の社債格付けがBBであるとする。**図表6－2**をみると，格付けがBBの10年債の平均累積デフォルト率は12.69%である。この数字を使うと，各年のデフォルトが独立事象であるという仮定の下で1年当たりのデフォルト確率pについて，次の方程式を解いて$p=1.35\%$という推定値を得ることができる。

$$(1-p)^{10}=1-0.1269$$

現在の10年物BB社債の社債市場での最終利回りは平均4.00%で，BB社債のデフォルト時の回収率が40%であるとすれば，(6.15)の近似式を使ってこの企業の長期負債の資本コストは，

$$4.00\%-1.35\%\times(1-0.4)=3.19\%$$

と現在およそ3.19%であると推定できる。

(5)　金融機関からの借入金のみで社債発行を計画していない企業の場合，現在新たに当該企業が金融機関から借入を行うと仮定したときの借入金利を利用するという方法もある。

6.4　投資プロジェクトの資本コスト推定

6.4.1　プロジェクトのリスク特性に合わせた資本コストの採用

電力事業の自由化時代を迎え，鉄鋼メーカーのA社は発電事業への進出を検討している。発電事業のリスク特性は鉄鋼業とは相当に異なっている。この例のように企業が検討している投資プロジェクトのリスク特性は，当該企業の主力事業とは相当異なるかもしれない。このような場合，自社の資本コストではなく，投資先の業界における投資プロジェクトのリスク特性に即した資本コストの推定を行う必要がある。

一方，自社が投資するのだから自社の資本コストをハードル・レートにした投資判断を行うべきであると考える人もいるかもしれない。このような考え方は正しくない。資本の機会費用としての資本コストは，投資対象のリスク水準が異なれば異なるものになって当然であるからだ。もし投資プロジェクトの持つリスクが低く，投資プロジェクトの真の資本コストは自社の資本コストより低いのにもかかわらず，自社の高い資本コストを割引率として使って投資プロジェクトのNPV計算を行った場合には，価値創造に結びつくプロジェクトが採択されないことになってしまうかもしれない。また逆の場合には，価値破壊型の投資プロジェクトを実行することになるかもしれない。

そうした事態を回避するためには，投資プロジェクトで検討している進出先の業界の類似企業を選んで財務や株価データを集め資本コストの推定を行う必要がある。同じことは，海外の現地企業を買収する場合にも言える。自社で海外市場開拓を行う時間を節約するための代替手段としての投資だからといって自社の資本コストを使って投資判断を行うのは誤りである。

6.4.2　負債政策が株式資本コストや株式ベータに与える影響

投資プロジェクトの資本コストの推定のためには，まず当該事業がどのようなリスク特性を持っているかを把握する必要がある。最初のステップは，当該事業の資産ベータの推定である。資産ベータとは負債利用に伴うレバレッジ効果や節税効果を勘案しない事業資産自体の持つベータのことを指す。企業が負債を全く持たない場合のベータであると言い換えることもできる。

しかし，多くの企業の場合，実際には負債を持っているので資産ベータを直接的に測定することは不可能である。負債を持つ企業の株式期待リターン（すなわち，株式の資本コスト）や株式ベータはレバレッジ効果によって負債がない場合よりも高くなる。そのため同業の類似企業の実際の株価データを用いて推定した株式ベータの値をレバレッジに関して調整して，負債がない場合のベータに修正するというステップが必要になる。このような作業を行うために，ここで企業の負債政策が株式の資本コストや株式ベータに与える影響を整理しておこう。

第5章の5.2.1項では企業の負債は未来永劫に一定金額であると仮定して負債のある場合の株式の資本コストに関する修正MM定理の第2命題を導いた。それは次のような関係式である。

$$r_E = r_U + (1-\tau)\frac{D}{E}(r_U - r_D) \tag{6.16}$$

この関係式を導出するには，負債金額が未来永劫に一定金額であれば，節税効果の現在価値を求める際の割引率として負債の資本コストを利用するのが妥当であることを用いた。しかし，有利子負債が未来永劫に一定金額であるという仮定は，企業の成長を考えると不自然な仮定である。もう少し自然な負債政策の仮定は，企業価値に対する有利子負債の比率を一定に保つというものである。この場合には，株式の資本コスト r_E に関して(6.17)のような関係式を導くことができる[6]。

---

(6) 負債のない企業の企業価値を V_U，負債の節税効果の価値を V_T，有利子負債の時価総額を D，株式の時価総額を E，負債のない企業の事業資産のリターンを r_U，節税効果によって生じた資産からのリターンを r_T，有利子負債の資本コストを r_D，株式の資本コストを r_E と表そう。時価基準のバランスシートを考える。このとき資産側の生み出す加重平均リターンは，負債/自己資本側の加重平均資本コストと等しいはずである。したがって，次の式が成立する。

$$\frac{V_U}{V_U+V_T}r_U + \frac{V_T}{V_U+V_T}r_T = \frac{D}{D+E}r_D + \frac{E}{D+E}r_E$$

負債が企業価値の一定比率を保つと仮定することは，負債の時価は負債のない企業の時価基準の資産と同じリスク特性を持つと仮定することを意味する。金利や法人税率が変わらないとすれば，負債の節税効果は負債の時価とパラレルに動くので，$r_T = r_U$ という関係が成立する。これを上の式に代入して r_E について解くと本文中の(6.17)式と同じ次の式を得る。

$$r_E = r_U + \frac{D}{E}(r_U - r_D)$$

$$r_E = r_U + \frac{D}{E}(r_U - r_D) \tag{6.17}$$

全く同様にして株式ベータに関して以下の関係式が得られる。すなわち，有利子負債金額が未来永劫に一定金額の場合には

$$\beta_E = \beta_U + (1-\tau)\frac{D}{E}(\beta_U - \beta_D) \tag{6.18}$$

また，有利子負債が企業価値に対して一定比率の場合には

$$\beta_E = \beta_U + \frac{D}{E}(\beta_U - \beta_D) \tag{6.19}$$

が得られる。

(6.18)式と(6.19)式を β_U について解くと，それぞれ次のような関係式を得る。

負債が一定金額の場合：

$$\beta_U = \frac{\beta_E + (1-\tau)\frac{D}{E}\beta_D}{1 + (1-\tau)\frac{D}{E}} \tag{6.20}$$

企業価値に対して負債が一定比率の場合：

$$\beta_U = \frac{\beta_E + \frac{D}{E}\beta_D}{1 + \frac{D}{E}} \tag{6.21}$$

さらに有利子負債がリスクフリーで $\beta_D = 0$ と仮定できる場合には，(6.20)式と(6.21)式はさらに単純化できて，次のように書き直せる。

負債が一定金額で $\beta_D = 0$ の場合：

$$\beta_U = \frac{\beta_E}{1 + (1-\tau)\frac{D}{E}} \tag{6.22}$$

企業価値に対して負債が一定比率で $\beta_D = 0$ の場合：

$$\beta_U = \frac{\beta_E}{1 + \frac{D}{E}} \tag{6.23}$$

上の(6.20)式と(6.21)式ないし(6.22)式と (6.23) 式は，資本構成がまちまちな同業他社の株式のベータ推定値を使って特定産業の資産ベータを推定した

り，APV 法を適用する際に必要な負債のない企業の株式の資本コストを推定したりする際に有用である。

6.4.3　企業買収のための資本コスト推定の例

X 国の自動車会社である Y 社は現在，日本の乗用車メーカーの Z 社の買収について検討している。Z 社に関しては，何度か国内企業や海外企業による買収の噂があり過去数年の Z 社の株価は乱高下していた。そのため Y 社はノイズの多い Z 社の株価データだけを用いて資本コストの推定を行うのは危険だと判断した。現在 Y 社は日本の乗用車メーカーのデータを使って Z 社の妥当な WACC を推定している最中である。まず，類似企業を選ぶことにした。買収候補の Z 社は乗用車会社なので，Y 社はトラックやバスの専業メーカーを除いて類似企業として A 社から G 社の 7 社の日本の乗用車メーカーを選んだ。そして各社の過去 5 年間の財務，株価データを使って**図表 6－3** に示したように株式ベータと時価基準の負債比率（*D/E* レシオ）を推定した。社債格付けは現在時点の格付けを示している。負債のベータについては，日本の場合，低格付け債の市場が発達していないので信頼できる価格データが取れなかった。そこでアメリカでの社債格付け別の負債ベータに関する実証研究を参考に図表のような値を推定した。そして株式ベータと負債ベータ，および負債比率のデータを使って 7 社の資産ベータを計算した。推定には，企業価値に対して負債が一定比率と仮定した(6.21)式を用いた。具体的な算式を A 社の例で示すと，以下の通りである。

$$\frac{0.79+0.915\times0.10}{1+0.915}=0.46$$

計算結果は**図表 6－3** の資産ベータの欄に示した通りで，7 社の平均は0.60，メディアン（中央値）は0.61になった。

ただ，図表の負債のベータはアメリカでの社債格付け別の負債ベータの研究を参考にしたもので，日本市場についても妥当な推定値かどうか確証がない。そこで，参考のために，負債比率は一定，負債ベータはゼロであるという仮定に基づく(6.23)式を使った計算もしてみた。具体的な算式を A 社の例で示すと，以下の通りである。

図表6－3　資産ベータの推定

	過去5年の月次データを利用した回帰式から推定した株式ベータ	有利子負債/株式時価総額の過去5年の平均	社債格付け	負債のベータ	資産ベータ	負債ベータ＝0の場合の資産ベータ
A社	0.79	91.5%	BBB	0.10	0.46	0.41
B社	0.97	60.4%	AAA	0.00	0.61	0.61
C社	1.16	95.9%	B	0.26	0.72	0.59
D社	1.16	93.3%	BB	0.17	0.68	0.60
E社	0.85	60.4%	AA	0.02	0.54	0.53
F社	0.79	23.1%	A	0.05	0.65	0.64
G社	0.95	88.5%	BBB	0.10	0.55	0.50
				平均	0.60	0.56
				メディアン	0.61	0.59

$$\frac{0.79}{1+0.915}=0.41$$

計算結果は**図表6－3**の右端の欄に示してある通りで，7社の平均は0.56，メディアンは0.59になった。計算結果をみて，Y社は日本の乗用車メーカーの資産ベータは0.60であると判断した。

資本コスト推定に必要なパラメーターの値は，現在のリスクフリー・レートは1.6%，負債の税引前資本コストは2.0%，市場リスク・プレミアムは4.0%，法人税率は40%と推定した。また，Z社の目標負債比率は60%，格付けはBBBで負債ベータは0.10と設定した。想定した資本構成を前提にすると，株式のベータは，(6.19)式を用いて次のように0.9と推定された。

$$0.6+0.6\times(0.6-0.1)=0.9$$

CAPMにこの株式のベータを適用して株式の資本コストは

$$1.6\%+0.9\times4\%=5.20\%$$

と推定された。その結果，WACCは

$$\frac{1}{1+0.6}\times5.2\%+\frac{0.6}{1+0.6}\times2\%\times(1-0.4)=3.70\%$$

と，3.7%と推定された。Y社はこのWACCを使ってZ社の企業価値を算出する予定である。

◆ 本章のまとめ ◆

- 資本コストは，(1)投資家からみた資本の機会費用，(2)企業が投資プロジェクトの採否の基準に使う要求収益率，(3)企業の資金調達コスト，を指す。
- WACCを推定するには，資本構成のなかに含まれている各種の株式および有利子負債の資本コストと目標資本構成を推定しなければならない。
- CAPMのリスクフリー・レートとして，企業金融分野では長期金利が用いられることが多い。
- 市場リスク・プレミアムの推定方法としては，過去の超過収益率の平均を用いる方法が最も代表的である。その他に，配当割引モデルなどを用いて現在の株価に織り込まれている期待リターンを逆算する方法などの方法がある。
- CAPMベータは当該企業の株式の超過収益率を被説明変数，市場ポートフォリオの代理指標の超過収益率を説明変数にする回帰式の傾きの係数を推定することによって推定される。
- 債券の最終利回りと負債の資本コストは概念的に異なり区別する必要がある。その違いは信用力の低い企業の場合に重要である。低格付け企業の負債の資本コストの推定を行うには，

  負債の資本コスト

  ＝最終利回り－1年当たりデフォルト確率×(1－回収率)

  という近似式が利用できる。
- 主力事業とリスク特性の異なる投資プロジェクトの評価を行うには，自社の資本コストではなく，プロジェクトのリスク特性に合わせた資本コストを利用する必要がある。
- 投資プロジェクトの株式資本コスト推定には，まずレバレッジ効果を除いた資産ベータを推定し，その値を再び目標負債水準に合わせて修正した資本コストを求めるというステップをとる。

Problems

問１ Ｘ社の株式のリスクフリー・レートに対する超過収益率を配当込みTOPIXのリスクフリー・レートに対する超過収益率で説明する回帰式を推定したところ傾きの回帰係数として1.20という値を得た。Ｘ社の時価基準の目標負債比率（D/E レシオ）は80％，負債の税引き前資本コストは3.0％である。現在のリスクフリー・レートは2.0％，市場リスク・プレミアムは4.0％，法人税率は40％である。Ｘ社のWACC（税引後加重平均資本コスト）は何％と推定されるかCAPMを用いて答えなさい。

問２ 残存期間１年の割引社債がある。この割引社債の現在の市場価格は額面100円当たり95.00円である。この割引社債の発行会社は今後１年間に確率２％でデフォルトを起こし，デフォルトした際の回収可能額は額面100円当たり40円であると見込まれている。この割引社債の最終利回りと負債の税引き前資本コストは何％か。

問３ 現在のリスクフリー・レートは2.00％，市場リスク・プレミアムは4.00％，法人税率は40％である。Ｙ社は子会社を設立して新規事業分野へ進出しようと計画している。進出先の業界の既存企業Ｚ社の１株当たり株価は800円，発行済株式数は１億株，株式のベータは0.82である。Ｚ社は企業価値に対する負債の比率を一定にする負債政策をとっており，現在時価480億円の有利子負債を抱えている。同社の負債のベータは0.1であると推定された。Ｚ社の株式と負債のベータから推定されるＹ社の新規事業分野における負債がない場合の株式のベータと資本コストはいくらか答えなさい。また，Ｙ社の子会社の負債のベータが0.1，子会社が今後ずっと40％の負債比率（D/E レシオ）維持する方針であるとき，子会社のWACCは何％と推定されるか。株式市場と債券市場の両方でCAPMが成立しているとして答えなさい。

第7章

配当政策と自社株買い

Dividend Policy and Share Repurchase

本章の概要

配当政策は，企業が生んだ純利益を株主への配当支払いと内部留保（事業への再投資）にどう配分するかを決める政策である。また，自社株買いは，株主に対して現金を配分するという点では配当支払いに似た面を持っている。本章では，配当政策や自社株買いは株価や企業価値にどのような影響を与えるかという観点から，配当政策や自社株買いのあり方について考える。

Key words

配当政策，自家製配当，残余配当政策，顧客効果，情報の非対称性，シグナリング，エージェンシー問題，フリー・キャッシュフロー仮説，配当制限条項，ペッキング・オーダー仮説，株式配当，株式分割，金庫株

7.1　配当政策

7.1.1　完全資本市場のもとでの配当政策の効果

企業が配当政策を変更すると株価にどのような影響を与えるだろうか。まず，企業が増配する場合について考えてみよう。ただし，議論の前提として完全資本市場と効率的市場の仮定を置く。

A社は負債を持っておらず，発行済株式数は10億株で，毎期の純利益の期待

値は100億円（１株当たり10円）で，その全額を配当として支払うと予想されている。同社の株式の資本コストは10％である。Ａ社が今期の１株当たり配当を10円から20円に増加し，来期以降はこれまでと同じ配当総額を支払い続けることにすると，Ａ社の株価はどのように変化するであろうか。ただし，Ａ社は資産内容や資本構成を変えないようにするために増配額100億円を増資で賄うことにする。

Ａ社が増配を行わず，10円の配当を毎期支払い続ける場合，最初の配当が今直ちに支払われるとすると，配当支払い直前の株価は，次のように計算される。

$$配当支払い直前の株価 = 10 + \frac{10}{0.1} = 110円$$

したがって，今期の配当10円が支払われた直後の株価は100円になる。このように配当が支払われると配当支払額だけ株価が低下する。これは配当の権利落ちと呼ばれる。

Ａ社が今期の配当を20円に増加すると，今期の配当総額は100億円から200億円に増大するが，毎期の純利益は100億円なので100億円を何らかの方法で調達せねばならない。もし資産のうち100億円を現金化して配当として支払うとすると，資産総額が100億円減少する。あるいは，もしＡ社が増配分100億円を負債によって賄うと，Ａ社の資本構成（負債と株式の比率）が変化する。これらの場合，もしＡ社が増配することによって株価が変化したとすると，株価の変化は配当政策の変更によって起こったのか，投資政策（資産内容）や資本構成（負債と株式の比率）の変化によって起こったのかが曖昧になってしまう。したがって，Ａ社が投資政策（資産内容）と資本構成（負債と株式の比率）を変えないようにするために100億円増資で賄うと想定したのである。

この場合，Ａ社の既存株主と増資に応じた新規株主のキャッシュフローは**図表７－１**に示したようになる。新規株主はＡ社の株式に100億円投資するが，株式の資本コストが10％なので，来期以降毎期10億円の配当を受け取る。このため，既存株主は今期200億円（１株当たり20円）の配当を受け取るが，来期以降に受け取る配当総額は90億円（１株当たり９円）に低下する。したがって，配当政策を変更した場合のＡ社の株価（配当支払い前）は次式から110円と計算される。

$$増配する場合の株価（配当支払い前）=20+\frac{9}{0.1}=110円$$

このように，A社が増配する場合，既存株主の配当支払い前の株価は配当政策を変更しない場合と同じ110円になる。この場合，新規株主は今期の配当を受け取らないので，増資の際の発行価格は配当の権利落ち後の株価90円で，増資の際の発行株式数は100億円÷90円＝10/9億株になる。新規株主は，1株当たりでは90円投資して，9円の配当を受け取ることになる。

以上のように，完全資本市場の下では投資政策や資本構成を一定とした場合，配当政策の変更は株価に影響を与えない。今期の増配額100億円（1株当たり10円）は増資（株価90円で10/9＝1.11億株発行）によって賄われ，A社の株式数は11.11億株に増えるので，既存株主の持株比率は90％（10億株/11.11億株）に

図表7－1　増配する場合のキャッシュフローの変化

配当政策を変更しない場合の株主のキャッシュフロー

100億円（1株当たり10円）

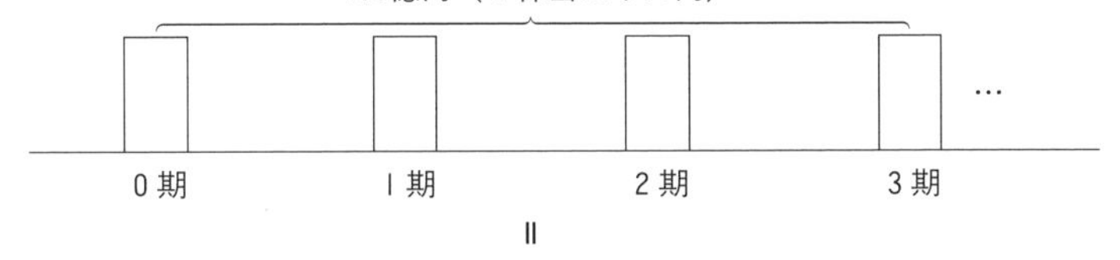

＝

増配する場合，既存株主のキャッシュフロー

200億円
（1株当たり20円）

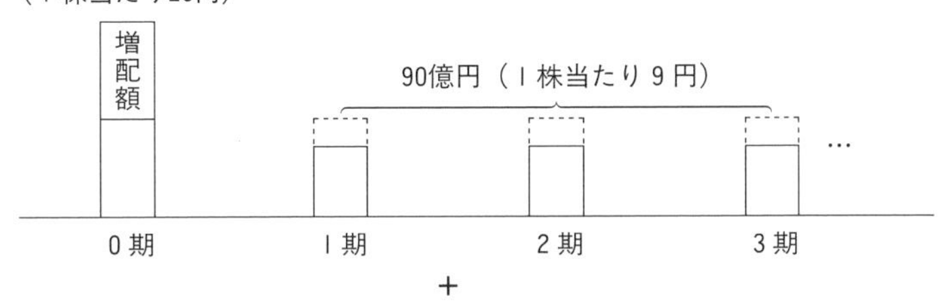

＋

増配する場合，増資に応じた新規株主のキャッシュフロー

10億円（1株当たり9円）

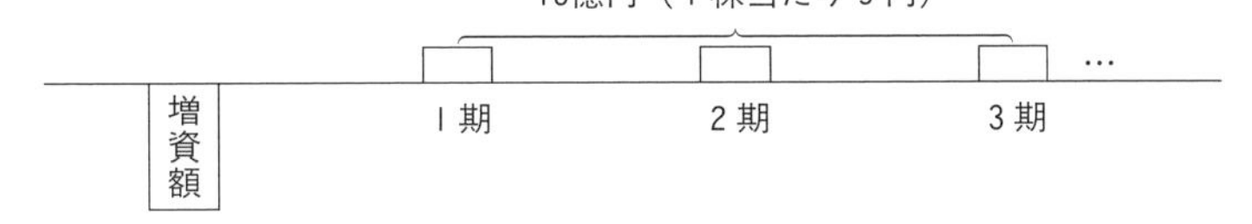

100億円
（1株当たり90円）

低下し，来期以降に既存株主が受け取る配当額は100億円（1株当たり10円）から90億円（1株当たり9円）に減少する。その結果，それを反映して配当支払い後の株価がちょうど増配額の10円だけ低くなるので，配当支払い前の株価は変化しない。

このように，A社が増配を行っても，配当支払い前の株価には影響を与えず，配当（インカム・ゲイン）が増えた分だけ配当の権利落ち後の株価の下落（キャピタル・ロス）が起こるだけである。完全資本市場のもとでは増配はその分だけ株価の低下をもたらすので，配当政策の変更は配当支払い前の株価に影響を与えない。

このことは，現在価値の考え方を用いると次のように表現することもできる。増配が行われた場合，増資に応じた新規株主はA社の株式に投資することによって，株式の資本コスト10%に応じたキャッシュフロー（配当）を受け取ることになり，正味現在価値(NPV)＝0の投資を行ったことになる。この取引を既存株主の立場から見ると，今期，新規株主から100億円を増資により受け取り，来期以降，新規株主が要求する配当額10億円(新規株主の投資額100億円×株式の資本コスト10%）を配当総額から支払うことになる。このように，この取引は既存株主から見てもNPV＝0なので，株価に影響を与えないのである。

では逆にA社が減配する場合には株価はどのように変化するであろうか。A社が減配すれば，その分内部留保が増えることになるので，減配する場合の株価（配当支払い前）は当初の株価（配当の現在価値）110円と内部留保の再投資分のNPV（1株当たり）との合計になる。したがって，内部留保の再投資のNPV（1株当たり）だけ株価は変化することになる。ただし，この場合には株価を左右するのは配当政策の変化ではなく，資産内容（投資政策）の変化ということになる。

また，A社が減配して，資産内容（投資政策）や資本構成を変えないようにするためには，減配額だけ自社株買いを行う必要がある。この場合には，自社株買いによって株式数が減るので，将来の配当総額は減配しない場合と変わらなくても，1株当たり配当額は減配しない場合よりも多くなる。したがって，減配する場合，今期の1株当たり配当額は減っても，来期以降の1株当たり配当額が増大するので，自社株買いに応じない株主の保有する株式の価格（配当支払い前）は減配しない場合と同じになる。このように，A社が減配しても，配当支払い前の株価には影響を与えず，配当（インカム・ゲイン）が減った分だけ，配当支払い後の株価が高くなる（キャピタル・ゲイン）ことになる。

以上説明したように，投資政策や資本構成を一定とした場合，企業の配当政策の変更は株価に影響を与えない。この議論はモディリアーニとミラー(MM)によって最初に示されたので，配当政策に関するMM理論と呼ばれることがある。第5章で，「完全資本市場のもとでは資本構成の変化は株価や企業価値に影響を与えない」という資本構成に関するMM理論について紹介したが，同様のことは配当政策についても成り立つのである。

7.1.2 自家製配当

完全資本市場のもとで企業の配当政策は株価に影響を及ぼさないということを別の形で示すこともできる。仮に前述のA社が増配を行わず，今後も1株当たり配当10円を払い続けるという方針をとった場合，株主は持株の売買によってA社が増配する場合と同じキャッシュフローのパターンを実現することができるのである。

A社のある株主がA社の株式を1,000株保有しているとする。この株主が，総額で10,000円ではなく20,000円のキャッシュフローを欲する場合には，自分の持株の一部を売却して，今期受け取るキャッシュフローを増加させることができる。もし，この株主が配当の権利落ち前に100株売却すれば，今期には配当9,000円（1株当たり配当10円×900株）と売却金額11,000円（配当支払い前の株価110円×100株），あわせて20,000円受け取ることができる。あるいは，この株主が1,000株分の配当を受け取った後，100株売却しても，今期には配当10,000円（1株当たり配当10円×1,000株）と売却金額10,000円（配当の権利落ち後の株価100円×100株），あわせて20,000円受け取ることができる。来期以降は，この株主は9,000円（1株当たり配当10円×900株）を受け取ることになる。この場合，この株主が受け取るキャッシュフローは前述のようにA社が今期に1株当たり配当を20円に増加する場合と同じになる。

また，A社が今期20円に増配する場合，株主が今期は総額でこれまで通りの10,000円を受け取りたいという場合には，株主は今期受け取る配当の一部でA社の株式を購入すれば，今期受け取るキャッシュフローを減らすことができる。この株主が，今期の配当受取額20,000円（1株当たり配当20円×1,000株）のうち，10,000円を使ってＡ社の株式を1,000/９株（10,000円÷配当の権利落ち後の株価90円）購入すれば，今期のキャッシュフロー受取額は10,000円となり，来期以降は従来から保有していた1,000株から配当9,000円（１株当たり配当９円×1,000株），新たに購入したＡ社の株式1,000/９株から配当1,000円（１株当たり配当９円×1,000/９株），あわせて10,000円の配当を得ることができる。この場合，この株主が受け取るキャッシュフローはＡ社が増配しない場合と同じになる。

以上述べたように，投資家は株式を売買することによって，あたかも企業が配当政策を変えたかのようにキャッシュフローを調整することができる。このように企業が配当政策を変えたかのように投資家が実質的に配当政策を変更することは「自家製配当」（Homemade Dividend）と呼ばれる。第５章5.1.2項で投資家は企業の代わりに借入れを行う（ホームメード・レバレッジ）ことによって，企業が借入れを行う場合と実質的に同じ効果を得ることができると述べたが，配当政策についても同じようなことが行えるのである。

7.1.3　配当政策と投資政策

以上の議論では，企業の投資政策（資産内容）と資本構成が変わらないという前提のもとで，配当政策の変更が株価にどのような影響を及ぼすかを見てきた。配当の決定は，いいかえれば内部留保の決定ということになるが，内部留保は投資や資金調達などの企業全体の資金フローと次のように関係している。

総投資額＝減価償却費＋内部留保額＋負債純増額＋増資額
（内部資金調達）（外部資金調達）

ただし総投資額は企業が行う設備投資額と正味運転資本増加額の合計である。ここで総投資額と減価償却費との差を純投資額と表すと，総投資額－減価償却費＝純投資額となるので，

純投資額＝負債純増額＋内部留保額＋増資額
（負債調達）（株式調達）

ここで企業の投資政策を一定（すなわち純投資額は一定），資本構成も一定（負債調達と株式調達の割合は一定）と想定すると，配当を増加させると内部留保がその分減少するので，その金額を増資によって賄う必要が出てくる。このように考えると，投資政策と資本構成を所与とした場合の配当と内部留保の割合

を決めることは，結局，株式調達のうち，内部留保と増資の割合を決めることと同じになる。

以上のことを理解すれば，第2章で説明した配当割引モデルとこれまで述べてきた「配当政策は企業価値に影響を与えない」という結論は矛盾するものでないことがわかる。企業が今期の配当を増やす場合，投資政策と資本構成を一定とすると増配額だけ増資を行わねばならない。この結果，株式数が増加し，新規株主が参入するので，既存株主が将来受け取る配当が少なくなる。結局，現在の配当の増加は将来の配当の減少とちょうど相殺されて，配当割引モデルで計算される理論株価は変わらないのである。

7.1.4　配当政策の現実的考慮点

以上の議論では，完全資本市場においては，投資政策を所与とする限り，配当政策の変更は現在の株価に影響を与えず，株主は持株の一部を売買することによって実質的に配当政策の変更と同じ効果を得ることができることを示した。

しかし，理論の想定する世界と異なり，現実の世界では，①証券の発行コストや売買コスト，②配当とキャピタル・ゲインに対する税率の違い，③情報の非対称性などの市場の不完全性が存在するため，配当政策が株価に与える効果は，これらの要因の影響を受ける可能性がある。

(1)　取引コストと取引制限

まず，株式の発行コストや売買コストの影響を考えてみよう。これまでの議論では，投資政策や資本構成を所与として，企業が配当を増加させた場合には増配分を増資によって賄うと考えてきたが，完全資本市場の下で増資に伴うコストはかからないことを前提としてきた。しかし，実際の市場では増資は様々な発行コストを伴うので，投資額のうち株式資本で賄う分はなるべく増資ではなく内部留保で賄い，その残りを配当すべきであるといえる。この考え方は，しばしば残余配当政策と呼ばれる。

取引コストの影響としては，このほかに投資家が自家製配当を作り出す際の株式の売買コストや取引制限について考える必要がある。投資家が株式を売買して自家製配当を作るためには取引コストがかかるし，現実の資本市場では株式の最低取引単位が存在するので，そもそも自家製配当を作り出すのが困難である。したがって，「投資家が自家製配当を作り出すことができるので，配当政策の変更は株価に影響を与えない」という命題は現実には成立しない。

(2) 税　　金

本章で配当政策の変更が株価に与える影響を議論した際には，完全資本市場のもとで法人税や所得税などの税金が存在しないことを前提に考えた。しかし，これらの税金の存在を考えると，投資家は税引き後のトータル・リターンを問題にするので，配当収入の方がキャピタル・ゲインよりも税率が高ければ内部留保が望ましく，逆の場合は配当の方が望ましいといえる。

図表７－２に，日本の個人投資家と法人投資家の配当課税とキャピタル･ゲイン課税の概略を示した。個人投資家の場合，かつては配当よりもキャピタル・ゲインの方が税率は低かったが，現在は配当とキャピタル・ゲインの税率は同じになっている。ただし，キャピタル・ゲイン課税は株式を売却する時に支払うので，株式を保有している間に支払われる配当課税よりも実効税率が低くなる。このため，個人投資家は税制面からは配当よりも内部留保を好むといえる。

これに対して，法人投資家については，受取配当の一部は益金不参入（課税対象利益に算入されない）となるので，個人投資家とは逆に配当を好むと考えられる。また，年金基金など非課税の機関投資家については，税制面からは配当とキャピタル・ゲインのどちらか一方を好むことはないと考えられる。

このように，個人投資家と法人投資家をあわせて市場全体でみれば，税制面から配当とキャピタル・ゲインのどちらかが一方的に好まれるという結論を出すことは難しいといえる。

(3) 顧客効果

完全資本市場のもとで配当政策の変更が株価に与える影響を議論した際には，投資家は配当収入とキャピタル・ゲインを合計したトータル・リターンに注目

図表７－２　日本の配当課税とキャピタル・ゲイン課税の概略

	配当	キャピタル・ゲイン
個人投資家	20.315%（所得税＋復興特別所得税15.315%，住民税５%）	20.315%（所得税＋復興特別所得税15.315%，住民税５%）
法人投資家	発行済株式数の５%以下を保有している場合，受取配当の20%が益金不算入。持株比率が高まるほど益金不参入の割合が高まる。	他の利益と合算されて，法人税率で課税。

（注）2016年３月現在。

し，どちらか一方をより好むことはないという前提で考えてきた。しかし，現実の世界では，税制やその他様々な理由で，配当とキャピタル・ゲインのどちらかを一方を好む投資家が存在する。

例えば，一般に年配の個人投資家は，投資期間が短く，より近い将来の生活資金を投資目標にすることが多いので，現在のインカム（配当）を望み，年齢の低い個人投資家は，投資期間が長く，より遠い将来の（例えば退職後の）生活資金を投資目標にすることが多いので，現在のインカムよりも将来のキャピタル・ゲインを望むと考えられる。

このように，税制，投資家のタイプ，年齢などの違いを考慮すると，配当とキャピタル・ゲインに対する投資家の態度は個々の投資家によって異なる。したがって，市場全体でみると，配当とキャピタル・ゲインのどちらかが一方的に好まれるということはなく，それぞれの投資家が自己の特性に合った配当政策を行う企業の株式を選択していると考えることができる。これは逆に企業側からみれば，自社の配当政策を好む特定の投資家層を株主（顧客）として選択していることになる。このような現象を配当政策の顧客効果という。

配当政策にこうした顧客効果があることは，企業はいったん何らかの理由で採用した配当政策をむやみに変更すべきではないことを意味している。例えば，配当利回りが高い企業はインカム・ゲインを目的とした株主が多いので，このような企業が急に減配すれば，株主がこの決定を嫌って株式を売却することによって株価が下落するといったことが起こりうるからである。

(4)　シグナリング

完全資本市場の仮定のもとでは，すべての市場の参加者はコストなしに同じ情報を得られると想定するが，現実の市場では，当然，企業の経営者の方が外部投資家に比べて自社に関する情報を多く持っている。これは情報の非対称性と呼ばれる。

このような情報の非対称性が存在するもとで企業が業績に対する自信を投資家に納得してもらうためには，単なる情報伝達では不十分であり，コストがかかり，他企業が簡単に模倣できないような行動をシグナルとして行う必要がでてくる。

増配はこのようなシグナリング効果を持つと考えられる。企業が増配して翌期にすぐに減配すると，株価に悪影響を与えたり，経営責任を問われたりするなど，増配のプラス効果よりも減配のデメリットの方が大きいので，企業は将来の業績に自信がないと増配しないと考えられる。したがって，企業が増配すると，将来の業績に関する経営者の自信のシグナルとして投資家に受け取られ，株価が上昇する可能性がある。しかし，逆に成長企業の場合には，増配が有利な投資機会の減少のシグナルとして受け取られ，株価にマイナスになる可能性もある。

(5) エージェンシー問題

配当支払いはエージェンシー問題に影響を与える可能性がある。

まず，株主と経営者の間のエージェンシー問題について考えてみよう。企業が余りに多くの現金を保有すると，無駄な投資を行って効率的な経営が妨げられるというエージェンシー問題が発生する可能性がある。このように，経営者が自らの裁量で自由に使えるフリー・キャッシュフローが多いと株主の利益を無視した企業経営が行われるという考え方は，フリー・キャッシュフロー仮説と呼ばれる。フリー・キャッシュフロー仮説に従えば，企業が高額の配当を支払うと経営者が裁量的に使えるキャッシュフローが制限されるので浪費を防げることができる。このように，高額の配当支払いは株主と経営者の間のエージェンシー問題の緩和の低下につながり，株価にプラスに働くと考えられる。

逆に，債権者と株主の間のエージェンシー問題は企業が配当を行うと発生すると考えられる。と言うのは，企業が生んだキャッシュフローを内部留保すれば，債権者は株主と共に請求権を持てるが，配当してしまえばすべて株主のものになってしまうからである。

このような配当支払いを巡る債権者と株主の利害対立は，業績が悪く財務的な困難が高まっている企業で起こることが多い。このため，このような事態に備えて，企業が社債を発行する際には，しばしば社債につけられる財務上の特約の中に配当制限条項が入れられることがある。

(6) ペッキング・オーダー

ペッキング・オーダー仮説によれば，情報の非対称性が存在するもとでは，妥当な株価での株式発行を行うことは難しくなる。したがって，企業は高コストの外部資金調達を避けながら投資を実行するためには，むやみに配当せず，内部留保を行い，財務上の余裕（スラック）を持つようにした方がよい。このようにペッキング・オーダー仮説に従うと，フリー・キャッシュフロー仮説とは反対に「企業はむやみに配当しない方がよい」という結論になる。

7.1.5　株式配当と株式分割

企業は株主に現金を配当するだけでなく，株式を配当することがあり，株式配当と呼ばれる。例えば，10%の株式配当が行われると，それまで1,000株を保有していた株主は100株を受け取ることができる。また，企業は株式分割を行うこともある。例えば１株を1.1株に分割する場合には，それまで1,000株を保有していた株主は今後1,100株の株式を保有するようになる。このように株式配当と株式分割は，ともにこれまでの１株を細分化する点で同じ効果を持っている。日本では1991年の商法改正で，株式配当と株式分割は株式分割に一本化されたので，現在では株式配当という制度は存在しないが，アメリカでは株式配当は行われている。

では，株式配当や株式分割は株価に対してどのような効果を持つだろうか。前述のように，これらはいずれも実質的にはこれまでの１株を細分化する効果を持つが，これによって企業の経済的実態（資産内容やキャッシュフロー）が変化するわけではないので，企業の価値に対しては中立である。株式配当や株式分割によって株式数が増加した場合，株式時価総額は影響を受けないので，１株当たり株価は株式数の増加に見合った分だけ低下する。したがって，株主の保有する株式の価値は，保有株数の増加と１株当たり株価の低下が相殺されて以前と変わらない。

ただし，日本では小幅の株式分割が行われる場合，１株当たり配当を変えないことが多いので，株式分割が実質的な増配をもたらすことがある。このため，実質増配という形で株式分割が株価に対してプラスに働くこともありうる。これは実質増配が楽観的な収益見通しのシグナルになるという配当のシグナリング効果に基づくものであると考えられる。

株式分割は，１株当たり株価の水準を切り下げて株主の数を増やしたり，株式数を増やすことによって株式の流通性を高める手段として用いられることがある。

7.2　自社株買い

7.2.1　自社株買いとは

日本では1990年代の半ばから自社株（自己株式）の取得制限が徐々に緩和され，2001年10月には自己株式の取得，保有，処分(譲渡)，消却がほぼ全面的に解禁された。企業が任意に自己株式を買い入れる場合には，定時株主総会の決議が必要であるが，定款に定めれば取締役会の決議で実施可能である。また，買入れの方法としては，株式市場での購入以外に公開買付の形をとることもできる。

企業に買い戻された株式は消却されることもあるし，企業によって保有されることもある。企業が保有している自己株式は金庫株（Treasury Stock）と呼ばれる。金庫株は，企業の資金需要が生まれると再び市場に売却されたり，ストック・オプションを発行している企業の場合，オプションが行使される場合に使われたりする。金庫株に議決権はなく，配当は行われない。金庫株は資産に計上するのではなく，株主資本の控除項目として計上される。企業が金庫株を売却する場合は新株発行（増資）に準じた取扱いとなり，通常の場合，取締役会の決議で金庫株を売却できる。また，金庫株を消却する場合は取締役会の決議が必要である。金庫株は，株式時価総額や１株当たり利益の計算の際には株式数に含めない。

自社株買いは，株主に対して現金を配分するという点では配当政策に似た面を持っている。このため，コーポレート・ファイナンスでは，自社株買いは広義の配当政策として議論されるのが普通である。ただし，配当支払いの場合は，株主全員に対して現金が支払われるのに対して，自社株買いの場合は，自社株買いに応じた株主に対してだけ現金が支払われるという違いがある，また，自社株買いに応じた株主は株式を売るので，株主の一部が退出するという点も配当支払いとは異なる。

自社株買いが行われると，自社株の購入価格によっては，自社株買いに応じた株主と応じなかった株主との間で利益の再配分が起こる可能性がある。例えば，企業が株式の理論価格を上回る株価で自社株買いを行えば，自社株買いに応じた株主は利益を得て，自社株買いに応じなかった株主がそのコストを負担することになる。

企業にとって，自社株買いが解禁されたことの意義としては，これによって株主資本の規模や発行済株式数を減少させる手段が生まれ，負債と同様に株主資本の機動的な増減が可能になり，企業の財務政策の幅が広がったことが挙げられる。

7.2.2　自社株買いと株価

数値例を用いて，完全資本市場のもとで自社株買いが株価に与える効果について考えてみよう。本章7.1.1項で取り上げたＡ社が１年間に得た純利益100億円で配当支払いを行わず，自社株買いを行うと株価にどういう影響を与えるであろうか。ただし，来期以降は純利益100億円を全額配当するものとする。

この場合，配当の変更が株価に与える影響について議論した場合と同様に，今期の配当支払いあるいは自社株買いを行う直前の株価を比較する必要がある。自社株買いを行わない場合のＡ社の１株当たり配当は10円なので，配当支払い直前の株価は，次の式から110円と計算される。

$$\text{配当支払い直前の株価} = 10 + \frac{10}{0.1} = 110\text{円}$$

また，発行済株式数は10億株なので，配当支払い前のＡ社の株式時価総額は1,100億円である。

Ａ社は負債を持っていないので，**図表７－３**に示すように，株式時価総額1,100億円がそのまま企業価値になり，その内訳は事業資産の価値（来期以降の配当の現在価値）1,000億円と今期の配当支払い用の現金100億円である。

自社株買いを発表した時点でのＡ社の株価を P 円とすると，Ａ社は100億円を用いて，$100/P$ 億株だけ自社株を買い戻すことができる。したがって，**図表**

図表７－３　自社株買いを行う場合のＡ社のバランスシートの変化

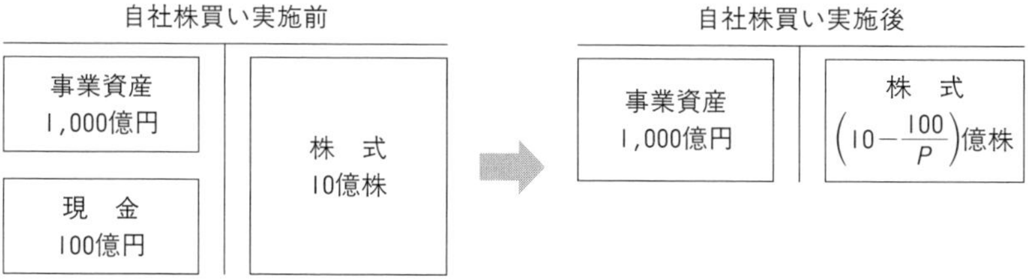

自社株買い実施前

事業資産 1,000億円	株　式 10億株
現　金 100億円	

→

自社株買い実施後

事業資産 1,000億円	株　式 $\left(10-\frac{100}{P}\right)$億株

7－3に示すように，自社株買いを行った後では，A 社の資産は事業資産1,000億円のみになり，流通株式数は $(10-100/P)$ 億株になる。したがって，次のバランスシートの均衡を表す式を解くと，自社株買い実施後の株価は110円となり，自社株買いを行う前の株価と同じになる。

$$\underset{\text{（資産の価値）}}{\frac{100\text{億円}}{0.1}} = \underset{\text{（株式の価値）}}{P\text{円}\times\left(10-\frac{100}{P}\right)\text{億株}}$$

このように，完全資本市場のもとでは，企業が余裕資金を用いて自社株買いを行っても，株価には影響を与えない。余裕資金を用いて自社株買いを行えば，企業の流通株式数が減るが，自社株購入に用いた現金分だけ資産の価値も減るので，企業が理論価格で自社株を買う限り，株式数の減少と資産（現金）の減少が見合って株価は変化しないのである。

以上の数値例は，企業が保有現金を用いて自社株買いを行う場合であったが，保有現金を用いる以外に，企業は負債を調達して自社株を買うこともできる。この場合には，自社株買いによって資産総額と資産内容は変化せず，資本構成(負債と株式の割合)が変化することになる。したがって，自社株買いが株価にどのような影響を与えるかは，第５章で述べたように資本構成の変化が株価にどのような影響を与えるかという観点から判断される必要がある。完全資本市場のもとでは自社株買いによる資本構成の変更は株価に影響を与えないが，市場の不完全性を考慮すると株価に影響を与えることがありうることになる。

7.2.3　自社株買いの現実的考慮点

現実の資本市場は完全資本市場の要件を満たさないので，配当政策と同様に自社株買いが株価に影響を与える可能性が存在する。その要因としては次のようなものが考えられる。

(1)　税　　制

企業の利益還元策として，自社株買いと配当支払いを比べてみると，配当支払いの場合，配当の権利落ちによって株価が下落するが，自社株買いの場合は株価不変という違いがある。したがって，キャピタル・ゲインより配当の方が税率が高い場合には，自社株買いの方が配当支払いよりも税金面で株主に有利になる。

(2) シグナリング

経営者と投資家の間の情報の非対称性が存在する場合，企業が自社株買いを行うと，現在の株価が割安であるというシグナルと受け取られて株価に有利に働く可能性がある。ただし，自社株買いによって，企業が自社株以外に有望な投資機会がなくなったと解釈されると株価にマイナスに働く可能性もある。

(3) エージェンシー問題

自社株買いは，配当支払いと同様に現金流出を伴うので，企業が大規模な自社株買いを行うと，高額配当を支払う場合と同様に経営者が裁量的に使えるキャッシュフローが減少するので浪費を防ぐことができる。また，自社株買いを行うと株式数が減るので，経営者が自社株買いに応じない限り，経営者の持株比率が高まり，株主の利益と経営者の利益がより一致するようになる。このように自社株買いは株主と経営者の間のエージェンシー問題の緩和につながるので，株価にプラスに働くと考えられる。

しかし，自社株買いを行うと配当支払いと同様にキャッシュフローが株主にわたってしまうので，債権者と株主の間のエージェンシー問題が発生することになる。

(4) 株式の需給

自社株買いを行うと株式の流通量が減るので株価にプラスに働くという議論が行われることがある。確かに現実の株式市場は完全資本市場ではなく，株価は市場の需給関係に影響されることもあるので，大規模な自社株買いを行えば株価が高まる可能性がある。しかし，自社株買いがむやみに行われると，株価操作につながりかねないので，多くの国の株式市場では自社株買いの規模や買付方法に制限を設けている。流動性がかなり高い株式市場であれば，自社株買いによって一時的に需給が逼迫して株価が上昇しても，企業の実質的な収益性や成長性が伴わない限り，短期間で適正価格に戻ると考えるべきであろう。

7.2.4 自社株買いと財務指標の関係

自社株買いは自己資本利益率（ROE）や1株当たり利益（EPS）を高めるので株価にプラスになるという議論がある。この議論は正しいであろうか。

この議論は2つの部分に分けて検討することができる。第1は自社株買いがROEやEPSを高めるかという問題である。第2は自社株買いによりROEや

EPSが高まれば株価にプラスになるかという問題である。これは両方とも正しいように思われるが，両方とも正しくない。以下，この点について説明しよう。

(1) 自社株買いとROEの関係

まず，ROEについて考えてみよう。自社株買いによってROEが高まるという議論は，自社株買いによって，ROEの分母である自己資本が減るので，ROEが上がるということから来ている。しかし，厳密に考えると保有現金を取り崩して自社株買いを行う場合は受取利息の減少に伴って分子の純利益が減ることになる。また，負債を調達して自社株買いを行う場合は負債利子の増加によって分子の純利益が減ることになる。

では，どのような場合に自社株買いを行うとROEが高まるのか，次の数値例で考えてみよう。

B社は負債を持っておらず，総資産は1,100億円（事業資産1,000億円と現金100億円）である。B社が現金100億円を用いて自社株買いを行うことにした。保有現金の税引前運用利子率が5％であり，法人税率が40％であるとすると，B社の事業資産利益率（営業利益/事業資産）が8％の場合と3％の場合についてB社のROEがどのように変化するか，計算してみよう。

まずB社の事業資産利益率が8％の場合，自社株買いを行う前の純利益は次のように計算される。

$$\text{純利益}=(\text{営業利益}+\text{受取利息})\times(1-\text{法人税率})$$
$$=(1{,}000\times0.08+100\times0.05)\times(1-0.4)=51\text{億円}$$

B社は負債を持っておらず，総資産がそのまま自己資本となるので，ROEは次のように計算される。

$$\text{ROE}=\frac{\text{純利益}}{\text{自己資本}}=\frac{51}{1{,}100}=4.6\%$$

B社が現金100億円を用いて自社株買いを行うと，受取利息がなくなるので，純利益は次のように計算される。

$$\text{純利益}=\text{営業利益}\times(1-\text{法人税率})$$
$$=1{,}000\times0.08\times(1-0.4)=48\text{億円}$$

自社株買いを行うと，事業資産1,000億円が自己資本となるので，ROEは次のように変化する。

$$\text{ROE}=\frac{\text{純利益}}{\text{自己資本}}=\frac{48}{1,000}=4.8\%$$

次にＢ社の事業資産利益率が３％の場合，自社株買いを行う前の純利益とROEは次のように計算される。

$$\text{純利益}=(\text{営業利益}+\text{受取利息})\times(1-\text{法人税率})$$
$$=(1,000\times0.03+100\times0.05)\times(1-0.4)=21\text{億円}$$

$$\text{ROE}=\frac{\text{純利益}}{\text{自己資本}}=\frac{21}{1,100}=1.9\%$$

自社株買いを行った後の純利益とROEは次のように計算される。

$$\text{純利益}=\text{営業利益}\times(1-\text{法人税率})$$
$$=1,000\times0.03\times(1-0.4)=18\text{億円}$$

$$\text{ROE}=\frac{\text{純利益}}{\text{自己資本}}=\frac{18}{1,000}=1.8\%$$

以上の計算が示すように，事業資産利益率が８％の場合には自社株買いを行うとROEが上昇したが，事業資産利益率が３％の場合には自社株買いを行うとROEが低下することがわかる。

このように，一般的にいえば，企業が自社株買いを行う場合，自社株買いの原資が保有現金の取り崩しであれ，負債の調達であれ，企業の事業資産利益率（営業利益/事業資産）が利子率より高ければ，ROEの水準が高まる。この場合，企業が保有現金を用いて自社株を購入する場合は保有現金の運用利子率，負債を調達する場合は負債の借入利子率が比較の対象になる。逆に，事業資産利益率が利子率より低い場合には，ROEの水準は低下する。

前述の数値例では，Ｂ社の事業資産利益率が８％と運用利子率５％より高い場合，ROEが高まり，Ｂ社の事業資産利益率が３％と運用利子率５％より低い場合，ROEが低下した。つまり，自社株買いによってROEが高まるためには金利以上のリターンを事業から上げているという条件が必要となるのである。

(2)　自社株買いとEPSの関係

次にEPSについてみてみよう。自社株買いによってEPSが高まるという議論は，自社株買いによって，EPSの分母である株式数が減るので，EPSが上がるということから来ている。しかし，前述のように自社株買いを行うと受取利息の減少または支払利息の増加によって分子の純利益も減るので，必ずしも

EPSが高まるとは限らない。

では，どのような場合に自社株買いを行うとEPSが高まるのか，次の数値例で考えてみよう。

C社の発行済株式数は10億株で，純利益は100億円（EPS10円）である。C社は保有現金100億円を用いて自社株買いを行うことにした。保有現金の税引前運用利子率が5％であり，法人税率が40％であるとすると，自社株購入価格が125円（PER12.5倍）の場合と500円（PER50倍）の場合，C社のEPSはどのように変化するか計算してみよう。

保有現金100億円を用いて自社株買いを行うと，受取利息がなくなるため，純利益は以下の金額だけ減少する。

$$\text{純利益の減少額} = \text{受取利息} \times (1 - \text{法人税率})$$
$$= 100\text{億円} \times 0.05 \times (1 - 0.4) = 3\text{億円}$$

自社株購入価格が125円の場合，購入株式数は次のようになる。

$$\text{購入株式数} = \frac{\text{自社株買い実施額}}{\text{購入株価}} = \frac{100\text{億円}}{125\text{円}} = 0.8\text{億株}$$

したがって，自社株買い実施後のEPSは次のように計算される。

$$\text{EPS} = \frac{\text{純利益}}{\text{発行済株式数}} = \frac{100\text{億円} - 3\text{億円}}{10\text{億株} - 0.8\text{億株}} = 10.54\text{円}$$

自社株購入価格が500円の場合，購入株式数と自社株買い実施後のEPSは次のように計算される。

$$\text{購入株式数} = \frac{\text{自社株買い実施額}}{\text{購入株価}} = \frac{100\text{億円}}{500\text{円}} = 0.2\text{億株}$$

$$\text{EPS} = \frac{\text{純利益}}{\text{発行済株式数}} = \frac{100\text{億円} - 3\text{億円}}{10\text{億株} - 0.2\text{億株}} = 9.9\text{円}$$

このように，自社株の購入価格が125円（PER12.5倍）の時には自社株買いを行うとEPSが増加したが，自社株の購入価格が500円（PER50倍）の時には自社株買いを行うとEPSが減少した。これを一般化すると，自社株買いを行ってEPSが高まるには，PERが税引後利子率の逆数$\left(\frac{1}{\text{利子率} \times (1 - \text{法人税率})}\right)$よりも低いことが必要である。この例では，運用利子率が5％で法人税率が40％だったので，税引後利子率の逆数は$\frac{1}{0.05 \times (1 - 0.4)} = 33.33$になる。したがって，PERが12.5倍の場合には自社株買いを行うとEPSが上昇し，PERが50倍の場合には自社株買いを行うとEPSが低下したのである。

(3)　株価と財務指標の関係

自社株買いによってROEやEPSが高まる場合には，株価にプラスになるといえるであろうか。本章のこれまでの議論が示すように，完全資本市場を前提にすると，自社株買いを行っても株価には影響を与えないので，この答えはノーである。

まず，負債を調達して自社株買いを行う場合について考えてみると，負債の増加と自己資本の減少によって，負債比率（有利子負債/自己資本）が高まり，財務レバレッジ効果が働く。財務レバレッジが上昇すると，事業資産利益率が利子率より高ければ，ROEの水準が高まるが，ROEの変動性も大きくなる。ROEが高いことは株価にプラスに働くが，ROEの変動性が大きくなれば，株式の資本コストが上がり，株価を下げる効果がある。

また，保有現金を取り崩して自社株買いを行う場合であれば，上記の財務レバレッジ上昇の効果に加えて，総資産に占める現金の割合が低下し，事業資産の割合が上昇する効果がある。事業資産の割合が上昇すると，事業資産の方が現金よりもベータが高いので，資産全体のベータが高まり，これは株式の資本コストの上昇をもたらし，株価を下げる効果がある。

このように自社株買いはROEの上昇をもたらす可能性があるが，①負債比率の上昇（財務レバレッジ効果）と②現金を取り崩す場合に起こる資産内容の変化（総資産に占める現金の割合の低下）によって，株式の資本コストを高める効果があるので，完全資本市場のもとでは，これらの効果が相殺されて，株価は変わらないのである。

もちろん現実の資本市場は完全資本市場の要件を満たさないので，自社株買いを行えば株価に影響を与える可能性はある。しかし，自社株買いが株価に与える影響はROEやEPSなどの財務指標の変化という観点からではなく，本章で述べてきた様々な理論的な観点から考察する必要がある。

◆ 本章のまとめ ◆

- 完全資本市場のもとでは，投資政策（資産内容）と資本構成を一定とする限り，配当政策の変更は配当支払い前の株価に影響を与えない。
- 完全資本市場のもとでは，投資家は株式を売買することによって，あたかも企業が配当政策を変えたかのようにキャッシュフローを調整することができる。これは自家製配当と呼ばれる。
- 現実の世界では，株式の取引コストや取引制限，配当やキャピタル・ゲインに対する課税，投資家のインカム・ゲインとキャピタル・ゲインに対する選好の違い，経営者と投資家との間の情報の非対称性，エージェンシー問題など，資本市場の不完全性が存在するので，配当政策の変更が株価に影響を与える可能性がある。
- 企業が株式配当や株式分割を行っても，企業の経済的実態が変化するわけではないので，株式時価総額は影響を受けず，1株当たり株価が株式数の増加に見合った分だけ低下する。
- 完全資本市場のもとでは，企業が余裕資金を取り崩したり，負債を調達して自社株買いを行っても，株価には影響を与えない。
- 現実の世界では，市場の不完全性の存在によって，自社株買いも配当政策と同様に株価に影響を与える可能性がある。
- 企業が自社株買いを行うと，ROE や EPS に影響を与える可能性があるが，ROE や EPS が高まっても必ずしも株価が高まるとは限らない。

Problems

問1　M社の発行済株式数は1億株で，現在の株価は1,000円である。M社は，現在保有している現金100億円を使って，現在直ちに1株当たり100円の特別配当を支払うか，現金をリスクフリー・レート5％で運用して，1年間に得られる利息収入5億円を使って，1年後の普通配当を1株当たり5円増額するか検討している。

⑴　M社が直ちに特別配当100円を支払う場合，1年後に普通配当の5円の増額を望む株主は，完全資本市場のもとで，どのようにすれば普通配当を作ることができるか。

⑵　M社が1年後に普通配当を5円増額する場合，直ちに特別配当100円がほしい株主は，完全資本市場のもとで，どのようにすれば特別配当を作ることができるか。

問2　企業が下記のような行動を取るとなぜ株価が変化するのか，考えられる理由を述べなさい。

⑴　近年，X社は業績がずっと横ばいであったが，今期から数年間は増益が見込まれるので，今期の配当を10円から15円に増加することを発表した。すると株価が上昇した。

⑵　会社創立以来，設備投資の資金需要が旺盛で，配当を全く行ってこなかったY社が初めて配当することを発表したところ，株価は下落した。

⑶　Z社はこれまで積極的に事業への投資を行ってきたが，自社株買いが株価の上昇につながることが多いということを聞き，今後は積極的に自社株買いを行う計画を発表した。すると株価はかえって下がってしまった。

問3　S社は負債を持っておらず，発行済株式数は5億株，毎期の純利益の期待値は100億円，株式の資本コストは8％である。S社はこれまで純利益を全額，配当として支払う方針をとってきた。S社は，今年度は純利益100億円のうち，まず半分の50億円を使って自社株買いを行い，残りの50億円を自社株買いに応じなかった株主に対して配当するという発表を行った。完全資本市場を想定すると，S社の方針変更は株価にどのような影響を与えるであろうか。なお，現在は配当支払いの直前であるとする。

第8章

企業価値の評価

Valuation of Firm

本章の概要

本章では，割引キャッシュフロー法による企業価値の評価方法について説明する。割引キャッシュフロー法を用いて企業価値を評価する場合，WACC（加重平均資本コスト）法とAPV（調整現在価値）法の2つがある。本章の後半では，企業がある1期間に生んだ価値を評価する指標である経済的利益を用いた企業評価方法について説明する。

Key words

割引キャッシュフロー法，継続価値，永久成長率，事業資産，非事業資産，調整現在価値（APV），負債がない場合の資本コスト，経済的利益，投下資本，資本費用，残余利益

8.1　割引キャッシュフロー法による企業評価

8.1.1　割引キャッシュフロー法

第2章で説明したように，割引キャッシュフロー法の原理は，「資産の価値はその資産が生むキャッシュフローの期待値を要求収益率で割り引いた現在価値になる」ということである。この基本原理を企業価値評価に適用すると，企業価値は企業が今後生むフリー・キャッシュフローの期待値を加重平均資本コス

トで割り引いた現在価値として表される。

●企業価値の算出式

企業価値（V_0）は，将来生まれるフリー・キャッシュフローの期待値（FCF_t）を加重平均資本コスト（WACC）で割り引いた現在価値である。

$$V_0=\sum_{t=1}^{\infty}\frac{FCF_t}{(1+WACC)^t}$$

ここで，数値例を用いて，割引キャッシュフロー法による企業評価の手順を説明しよう。

⑴　フリー・キャッシュフローの予測

割引キャッシュフロー法を用いて企業価値を推計するためには，まず，フリー・キャッシュフローを予測する。ここで計算されるフリー・キャッシュフローは投資決定の際に用いるフリー・キャッシュフローと同じ定義である。

フリー・キャッシュフロー
＝事業からのキャッシュフロー－投資のキャッシュフロー
＝税引後営業利益＋減価償却費－設備投資額－正味運転資本増加額

フリー・キャッシュフローの予測に際しては，事業からのキャッシュフローだけでなく，投資のキャッシュフローの予測も詳細に行う必要がある。企業が継続的な活動を行うには，再投資が欠かせないからである。

通常，企業価値について精密な評価を行うためには５年～10年程度のフリー・キャッシュフローの予測が必要と考えられる。Ａ社の今後５年間のキャッシュフロー予測は**図表８－１**のとおりである。

⑵　加重平均資本コストの推計

次に，予測されたフリー・キャッシュフローを割り引くための加重平均資本コスト（WACC）を推計する。ここでは６％を用いることにする。

⑶　継続価値の予測

企業価値を推計する場合，予測期間中の毎年のフリー・キャッシュフローとともに予測期間の最終年度（T 期後）の企業価値 V_T（継続価値）を推計して，割引の対象にする。継続価値は，予測期間以降に生まれるフリー・キャッシュフローの予測期間最終年度時点での現在価値である。予測期間以降のフリー・

図表8－1　A社のフリー・キャッシュフローの予測

（単位：億円）

年	1	2	3	4	5
売上高	2,005	2,112	2,206	2,314	2,429
(－)費用（除く減価償却費，支払利息）	1,504	1,584	1,655	1,736	1,822
(－)減価償却費	246	256	262	271	281
営業利益	255	272	289	307	326
(－)法人税（営業利益×40%）	102	108.8	115.6	122.8	130.4
税引後営業利益	153	163.2	173.4	184.2	195.6
(＋)減価償却費	246	256	262	271	281
営業キャッシュフロー	399	419.2	435.4	455.2	476.6
(－)正味運転資本増加額	34	36	38	41	43
(－)設備投資額	258	268	275	281	291
フリー・キャッシュフロー	107	115.2	122.4	133.2	142.6

キャッシュフローの成長率 g（永久成長率）を一定と考えると，継続価値 V_T は次のように計算される。

$$V_T=\frac{\mathrm{FCF}_{T+1}}{\mathrm{WACC}-g}$$

永久成長率の水準は，その企業の属する業界の将来の成長見通しを考慮して決める必要があるが，企業が存続するために経済成長率並みに成長すると考えることが多い。

A社の場合，永久成長率を3％と想定すると，予測期間最終年度（5年後）のフリー・キャッシュフローが142.6億円，WACCが6％なので，継続価値は次のように計算される。

$$\text{継続価値（5年後時点）}=\frac{142.6\times1.03}{0.06-0.03}=4{,}895.9\text{億円}$$

(4)　事業資産の価値の計算

予測期間のフリー・キャッシュフローと予測期間最終年度の継続価値をWACCで割り引いた現在価値を合計すれば，事業資産の価値が計算される。

事業資産の価値＝予測期間のフリー・キャッシュフローの現在価値
＋継続価値の現在価値

A社の場合には，次のような値になる。

予測期間のフリー・キャッシュフローの現在価値

$$=\frac{107}{1.06}+\frac{115.2}{1.06^2}+\frac{122.4}{1.06^3}+\frac{133.2}{1.06^4}+\frac{142.6}{1.06^5}=518.3\text{億円}$$

$$\text{継続価値の現在価値}=\frac{4,895.9}{1.06^5}=3,658.5\text{億円}$$

事業資産の価値＝518.3＋3,658.5＝4,176.8億円

(5) 非事業資産の価値

もしＡ社が非事業資産を保有している場合には，以上計算された事業資産の価値に非事業資産の時価を加えれば，企業価値が計算される。

企業価値＝フリー・キャッシュフローの現在価値（事業資産の価値）
＋非事業資産の価値

この場合，非事業資産には事業に直接使われていない金融資産（余剰現金，投資目的の有価証券）や遊休資産が含まれる。企業が保有する土地に関しては，事業に実際に使われている土地の価値はフリー・キャッシュフローの現在価値に反映されているので，あくまでも事業に使われていない土地（遊休地）の価値のみを加えるべきである。

8.1.2 WACC法とAPV法

以上の企業価値の計算は，企業が生む将来のフリー・キャッシュフローをWACCで割り引いて現在価値を計算するという方法であった。このようなWACC法は，企業が時価ベースの資本構成を一定に保つということが前提となっている。これを以下の数値例で確認しよう。

Ｂ社の株式の資本コストが８％，負債の資本コストが４％，法人税率が40％であり，この企業の時価ベースの負債/企業価値が50％であるとすると，WACCは次のように計算される。

$$\text{WACC}=0.5\times4\times(1-0.4)+0.5\times8=5.2\%$$

Ｂ社の将来のフリー・キャッシュフローが**図表８－２**のように予想されてい

図表８－２　Ｂ社のフリー・キャッシュフローの予想値

（単位：億円）

年	1	2	3	4年後以降
フリー・キャッシュフロー	250	300	350	400

ると，企業価値は次の式から，7,416.42億円と計算される。

B社の企業価値

＝3年間のフリー・キャッシュフローの現在価値

＋3年後の継続価値の現在価値

$$=\frac{250}{1.052}+\frac{300}{1.052^2}+\frac{350}{1.052^3}+\frac{1}{1.052^3}\cdot\frac{400}{0.052}=7,416.42\text{億円}$$

B社は時価ベースの負債/企業価値を50%に保つということが以上の企業価値の計算の前提になっている。B社の毎年の企業価値と負債額を示したのが**図表8－3**である。B社の現在の負債額は，B社の現在の企業価値に50%をかけた数字になっている。同様に1年後の負債額は，B社の1年後の企業価値（2年後～3年後のフリー・キャッシュフローと3年後の継続価値の現在価値の合計）に50%をかけた数字になっている。

$$1\text{年後の企業価値}=\frac{300}{1.052}+\frac{350}{1.052^2}+\frac{1}{1.052^2}\cdot\frac{400}{0.052}=7,552.07\text{億円}$$

1年後の負債額＝7,552.07×0.5＝3,776.04億円

2年後以降についても，B社の企業価値と負債額は同様に計算される。

このように，WACC法は企業の時価ベースの資本構成が一定ということを前提としており，WACCを用いた企業価値の評価の際に，企業が負債を用いることによって発生する節税効果についてはフリー・キャッシュフローではなく割引率（WACC）に反映させる。

これに対して，企業が負債を持っている場合の企業価値の評価方法として，企業が負債を持っていない場合の企業価値を計算して，これに負債利子の節税効果の現在価値を加えることが考えられる。このように企業価値を計算する方法は調整現在価値（Adjusted Present Value，APV）と呼ばれる。

図表8－3　B社の企業価値と負債額

（単位：億円）

年	現在	1	2	3	4年後以降
フリー・キャッシュフロー		250	300	350	400
企業価値	7,416.42	7,552.07	7,644.78	7,692.31	7,692.31
負債額	3,708.21	3,776.04	3,822.39	3,846.15	3,846.15

調整現在価値（APV）

＝負債を持っていない場合の企業価値＋負債利子の節税効果の現在価値

以下，B社についてWACC法とAPV法で計算結果が同じになることを示そう。

APV法で負債を持っていない場合の企業価値を計算する際には，フリー・キャッシュフローをWACCで割り引くのではなく，企業が負債を持っていない場合の資産の資本コスト r_U で割り引く必要がある。時価ベースの資本構成が一定の場合，r_U は次のように計算される[(1)]。

$$r_U=\frac{D}{D+E}r_D+\frac{E}{D+E}r_E$$

r_D＝負債の資本コスト，r_E＝株式の資本コスト，D＝負債の価値，E＝株式の価値

B社の場合，負債がない場合の資本コストは次のように計算される。

負債がない場合の資本コスト＝0.5×4＋0.5×8＝6％

したがって，負債を持っていない場合の企業価値は以下のように計算される。

負債がない場合の企業価値

$$=\frac{250}{1.06}+\frac{300}{1.06^2}+\frac{350}{1.06^3}+\frac{1}{1.06^3}\cdot\frac{400}{0.06}=6,394.18\text{億円}$$

先ほどは資本構成一定の前提のもとでB社の負債額を計算したが，それをもとに負債利子と節税効果を計算すると**図表8－4**のようになる。

図表8－4　B社の節税効果

（単位：億円）

年	現在	1	2	3	4年後以降
企業価値	7,416.42	7,552.07	7,644.78	7,692.31	7,692.31
負債額	3,708.21	3,776.04	3,822.39	3,846.15	3,846.15
支払利息		148.33	151.04	152.90	153.85
節税効果		59.33	60.42	61.16	61.54

（注）支払利息＝前期末の負債額×金利（4％）

(1)　この式は，第6章6.4.2項で示した，時価ベースの資本構成が一定の場合の株式の資本コストの式(6.17)を r_U について解くことによって導かれる。

$$r_E=r_U+\frac{D}{E}(r_U-r_D) \qquad (6.17)$$

例えば，1年後の支払利息は現在の負債額3,708.21億円に金利4％を掛けた148.33億円，節税効果は支払利息148.33億円に法人税率40％を掛けた59.33億円になる。3年後以降の負債額は3年後以降の企業価値7,692.31億円に負債/企業価値50％を掛けた3,846.15億円になるので，4年後以降の支払利息は153.85億円，節税効果は61.54億円になる。

次に節税効果の現在価値を計算するが，その際には資本コストとして負債がない場合の資本コスト6％を用いる。ここで負債の資本コストではなく，負債がない場合の資本コストを用いるのは，B社は資本構成一定を前提としているので，負債額や負債利子の節税効果は企業の生む将来のフリー・キャッシュフローの影響を受けるためである。もし企業の将来の業績が良くなる見通しであれば，企業価値は高くなり，負債額が増えて，負債利子の節税効果も増える。逆にもし企業の将来の業績が悪くなる見通しであれば，企業価値は低くなり，負債額は減り，負債利子の節税効果も減る。このように支払利息の節税効果は企業の業績と共に変動するので，企業の事業リスクを反映して決定される，負債がない場合の資本コスト6％を用いるのである。この結果，節税効果の現在価値は次のように計算される。

節税効果の現在価値

$$=\frac{59.33}{1.06}+\frac{60.42}{1.06^2}+\frac{61.16}{1.06^3}+\frac{1}{1.06^3}\cdot\frac{61.54}{0.06}=1{,}022.24\text{億円}$$

したがって，B社の企業価値は次のように計算される。

B社の企業価値

＝負債がない場合の企業価値＋負債利子の節税効果の現在価値

＝6,394.18＋1,022.24＝7,416.42億円

8.1.3 APV法による企業評価

通常，企業価値の評価を行う場合にはフリー・キャッシュフローをWACCで割り引くことが行われるが，これまで述べたように，WACC法では時価ベースの資本構成を一定に保つことが前提とされている。実際には企業の時価ベースの資本構成が常に一定であるということはまずありえないが，多くの場合，資本構成はそれほど大きくは変化することはないので，WACC法を用いても大きな問題にはならないと考えられる。

図表8－5　C社のフリー・キャッシュフロー等の予測

（単位：億円）

年	現在	1	2	3	4	5	6年後以降
フリー・キャッシュフロー		150	155	162	168	172	2%成長
負債額	1,520	1,380	1,240	1,100	950	800	800
支払利息		60.8	55.2	49.6	44	38	32
節税効果		24.32	22.08	19.84	17.6	15.2	12.8

（注）支払利息＝前期末の負債額×金利（4％）

しかし，企業買収の際には，レバレッジド・バイアウト（LBO）のように意図的に被買収企業の総資産に占める負債の割合を高めて，その後，短期間で負債の割合を下げる手法がとられることもある(2)。このような場合には，時価ベースの資本構成一定を前提とするWACC法を用いるのは無理がある。このため，買収後に，負債の割合を急激に変化させるような企業買収案件を評価する場合にはAPV法が用いられることがある。

例えば，**図表8－5**が示すように，今後生まれるフリー・キャッシュフローをほとんど負債の返済に充てて，現時点で1,520億円ある負債を5年間で半分近くに減らす計画を立てているC社の企業価値をAPV法で評価してみよう。

C社は現時点で負債を1,520億円持っており，負債の資本コストは4％，負債がない場合の資本コストは7％，法人税は40％であるとする。また，6年後以降は，フリー・キャッシュフローの成長率は2％になり，5年後の負債額800億円が続くとする。

まず，負債がない場合の企業価値は次のように計算される。

負債がない場合の企業価値

＝5年間のフリー・キャッシュフローの現在価値＋継続価値の現在価値

$$=\left(\frac{150}{1.07}+\frac{155}{1.07^2}+\frac{162}{1.07^3}+\frac{168}{1.07^4}+\frac{172}{1.07^5}\right)+\frac{1}{1.07^5}\cdot\frac{172\times1.02}{0.07-0.02}$$

＝658.6＋2,501.7＝3,160.3億円

次に負債の節税効果の現在価値を計算する。この場合，負債の節税効果の割引率として何を用いるかが問題になるが，第6章6.4.2項で述べたように，負債額一定の場合には負債の資本コストを用い，資本構成一定の場合には負債がな

(2)　レバレッジド・バイアウト（LBO）については，第9章9.6.1項で詳しく説明する。

い場合の資本コストを用いるのが正しい。前述のように，LBOの場合には資本構成一定を前提とするのは無理があるので，負債の節税効果の割引率として負債の資本コストを用いるのが妥当であると考えられる。この例では，負債の節税効果は次のように計算される。

節税効果の現在価値

＝5年間の節税効果の現在価値＋6年目以降の節税効果の現在価値

$$=\left(\frac{24.32}{1.04}+\frac{22.08}{1.04^2}+\frac{19.84}{1.04^3}+\frac{17.6}{1.04^4}+\frac{15.2}{1.04^5}\right)+\frac{1}{1.04^5}\cdot\frac{12.8}{0.04}$$

＝89.0＋263.0＝352.0億円

したがって企業価値は，

企業価値＝負債がない場合の企業価値＋節税効果の現在価値

＝3,160.3＋352.0＝3,512.3億円

8.2　経済的利益による企業評価

8.2.1　経済的利益

本章では，企業価値は企業が生む将来のフリー・キャッシュフローの現在価値になることを説明してきたが，企業価値は経済的利益を用いて評価することもできる。経済的利益は，企業の売上高から通常の費用項目だけでなく資本費用（資本使用の対価，Capital Charge）を差し引いた利益概念であり，次の式で計算される[(3)]。

経済的利益＝税引後営業利益－資本費用

＝税引後営業利益－期首投下資本×WACC

経済的利益を計算する場合，利益指標として税引後営業利益（Net Operating Profit after Tax，NOPAT）が用いられる。NOPATは営業利益に（1－法人税率）をかけたものである。

NOPAT＝営業利益×(1－法人税率)

---

(3)　経済的利益は，アメリカのコンサルティング会社であるスターン・スチュワート社によってEVA®（Economic Value Added，経済付加価値）という名前で商標登録されている。類似の指標は他のコンサルティング会社や学者によっても使用されており，これらはより一般的に経済的利益と呼ぶことができるので，本書では経済的利益という用語を用いる。

図表８－６　投下資本の計算

貸借対照表の総資本

流動資産
固定資産
流動負債
（うち短期借入金）
固定負債
純資産

投下資本

正味運転資本
固定資産
短期借入金
固定負債
純資産

なお，実際には企業は事業資産から生まれる営業利益以外に保有金融資産から受取利息・配当金を得るので，「営業利益＋受取利息・配当金」や「経常利益＋支払利息」に(1－法人税率)を掛けたものをNOPATとすることも行われている。

投下資本は，企業が事業に投下している資本の金額である。これは**図表８－６**に示すように，貸借対照表の資産サイドに注目すると，正味運転資本（流動資産－短期借入金を除く流動負債）と固定資産の合計になる。

投下資本＝正味運転資本＋固定資産

＝(流動資産－流動負債＋短期借入金)＋固定資産

投下資本は，貸借対照表の負債・純資産サイドに注目すると，短期借入金，固定負債，純資産の合計という形で表すこともできる。

投下資本＝短期借入金＋固定負債＋純資産

また，有利子負債（長短借入金と社債の合計）と純資産の合計を投下資本とすることもよく行われる。

投下資本＝有利子負債＋純資産

この場合，前述の投下資本の定義との違いは，固定負債のうち，長期有利子負債（長期借入金と社債）以外の項目を投下資本に含むか否かということである。もし長期有利子負債以外の固定負債項目が実際の事業の資金源泉になっているのであれば，それらの項目は投下資本に含める方が望ましいであろう。

資本費用は投下資本とWACCの積であり，企業の資本提供者（株主と債権者）が要求する利益水準を表している。NOPATから資本費用を差し引けば，経済的利益が求められる。ある１期間の経済的利益がプラスであれば，企業は資本提供者が要求する水準を上回る利益を上げたことになり，価値を創造したことになる。

例えば，D社の今期の営業利益が312億円，期首投下資本が2,747億円，WACCが６％，法人税率が40％であるとすると，経済的利益は次のように計算される。

D社の経済的利益＝NOPAT－資本費用
＝営業利益×(1－法人税率)－投下資本×WACC
＝312×(1－0.4)－2,747×0.06＝22.4億円

8.2.2　経済的利益と企業価値の関係

企業価値は経済的利益を用いると次のように計算することができる。

企業価値＝期首投下資本＋将来の経済的利益の現在価値

この経済的利益に基づく企業価値評価は，割引キャッシュフロー法と理論的に整合的なものであり，経済的利益による企業評価と割引キャッシュフロー法による企業価値評価は同じ計算結果になる。このことを数値例で説明しよう。

E社の今後３年間のNOPAT，純投資額(総投資額と減価償却費との差)，フリー・キャッシュフロー（FCF）は**図表８－７**のように予想されている。また，４年後以降は，純投資額はゼロで，NOPATは毎年85億円になると予想されている。１年目の期首投下資本が1,000億円で，WACCが６％とすると，企業価値がどのような値になるか計算してみよう。

図表８－７　E社のフリー・キャッシュフロー（FCF）の予想値

（単位：億円）

年	1	2	3	4年後以降
NOPAT	70	74	80	85
純投資額	30	32	35	0
FCF	40	42	45	85

（注）１．純投資額＝総投資額（設備投資額＋正味運転資本増加額）－減価償却額
したがって，FCF＝NOPAT－純投資額
２．４年後以降は，純投資額がゼロ，NOPAT，FCFは一定。
３．WACCは６％と想定。

まず，割引キャッシュフロー法を用いると，E 社の企業価値は以下のように計算される。

E 社の企業価値

＝3年間のフリー・キャッシュフローの現在価値

＋3年後の継続価値の現在価値

$$=\frac{40}{1.06}+\frac{42}{1.06^2}+\frac{45}{1.06^3}+\frac{1}{1.06^3}\cdot\frac{85}{0.06}=1,302.36\text{円}$$

次に，経済的利益を用いてE 社の企業価値を計算してみよう。E 社の毎年の経済的利益を計算すると，**図表8－8**に示すようになる。例えば，1年目の経済的利益は次のように計算される。

1年目の経済的利益＝NOPAT－期首投下資本×WACC

＝70－1,000×0.06＝10億円

2年目の期首投下資本は，1年目の期首投下資本1,000億円に1年目の純投資額30億円を加えた1,030億円になる。以下，1年目と同じ計算をすれば，経済的利益が計算できる。

4年目以降は，純投資額はゼロとなるので，期首投下資本，NOPAT，経済的利益は一定になり，経済的利益は次のように計算される。

4年目以降の経済的利益＝85－1,097×0.06＝19.18億円

したがって，E 社の企業価値は現在の期首投下資本と今後の経済的利益の現在価値を合計して，1,302.36億円となる。

図表8－8　E 社の経済的利益の予想値

（単位：億円）

年	1	2	3	4年目以降
期首投下資本	1,000	1,030	1,062	1,097
純投資額	30	32	35	0
NOPAT	70	74	80	85
資本費用	60	61.8	63.72	65.82
経済的利益	10	12.2	16.28	19.18

（注）1．投下資本＝前年度の投下資本＋純投資額

2．4年後以降は，純投資額がゼロと想定したため，投下資本，NOPAT，経済的利益は一定。

3．WACCは6％と想定。

E社の企業価値

＝期首投下資本＋3年間の経済的利益の現在価値＋4年後以降の経済的利益の現在価値

$$=1{,}000+\frac{10}{1.06}+\frac{12.2}{1.06^2}+\frac{16.28}{1.06^3}+\frac{1}{1.06^3}\cdot\frac{19.18}{0.06}=1{,}302.36\text{億円}$$

8.2.3　経済的利益と残余利益

本章で説明した経済的利益と似た概念に残余利益があり，株価形成に関する実証研究で用いられることがある。残余利益は純利益と株主が要求する利益水準（自己資本×株式の資本コスト）の差として定義される。

残余利益＝純利益－自己資本×株式の資本コスト

これに対して，本章でこれまで説明してきた経済的利益は税引後営業利益（NOPAT）と資本提供者（株主と債権者）が要求する利益水準（投下資本×WACC）の差であった。

経済的利益＝NOPAT－投下資本×WACC

このように経済的利益と残余利益は，ともに利益から資本提供者が要求する利益水準を引いて計算されることは共通であるが，誰を資本提供者と考えるかという点が異なっている。

経済的利益は，株主と債権者をあわせた資本提供者の観点から，①株主と債権者に帰属するNOPAT，②株主と債権者が提供した投下資本，③株主と債権者をあわせた資本提供者の要求収益率であるWACCを用いて計算される。

これに対して，残余利益は，資本提供者として株主のみに注目し，①株主に帰属する純利益，②株主が提供した自己資本，③株主の要求収益率である株式の資本コストを用いて計算される点が異なっている。

経済的利益を用いると企業価値は次のように表すことができた。

企業価値＝投下資本＋将来の経済的利益の現在価値

この場合，経済的利益の現在価値はWACCを用いて計算される。

これに対して，株式の価値（株式時価総額）は残余利益を用いると次のように表すことができる。

株式の価値（株式時価総額）＝自己資本＋将来の残余利益の現在価値

この場合には，残余利益の現在価値は株式の資本コストを用いて計算される。

◆ 本章のまとめ ◆

- 割引キャッシュフロー法を用いると，企業価値は将来のフリー・キャッシュフローをWACCで割り引いた現在価値として表される。
- 割引キャッシュフロー法を用いて企業価値を計算する際には，5～10年間の予測期間のフリー・キャッシュフローの現在価値と継続価値（予測期間最終年度の企業価値）の現在価値を合計することが行われる。
- WACC法は，時価ベースの資本構成が一定という想定をおいている。
- APV法は，企業が負債を持っていない場合の企業価値を計算して，これに負債利子の節税効果の現在価値を加えて企業価値を評価する方法である。
- APV法は，資本構成が短期間に変化するような企業の価値を評価する場合によく用いられる。
- 経済的利益は，税引後営業利益と資本費用（投下資本×WACC）の差として定義される。ある1期間の経済的利益がプラスであることは，企業が価値を創造したことを意味する。
- 企業価値は，投下資本と将来の経済的利益の現在価値の合計として表すこともできる。
- 残余利益は，純利益と株主が要求する利益水準（自己資本×株式の資本コスト）の差として定義される。
- 株式の価値（株式時価総額）は，自己資本と将来の残余利益の現在価値の合計として表すことができる。

Problems

問１　ある企業の今後５年間のフリー・キャッシュフローと５年後の企業価値として次のような数字が予測されている。

（単位：億円）

予想フリー・キャッシュフロー					５年後の
1	2	3	4	5	企業価値
30	35	40	44	47	1,000

(1)　この企業の加重平均資本コストを６％と想定して，企業価値を計算しなさい。

(2)　５年後の企業価値1,000億円は６年後の予想フリー・キャッシュフロー50億円を20倍して求められたものである。５年間の予測期間以降，フリー・キャッシュフローが一定の成長率で増加すると仮定すると，６年後の予想フリー・キャッシュフローの20倍を５年後の企業価値とみなしたということは，予測期間以降のフリー・キャッシュフローの成長率として何％を想定していることになるか。

問２　A 社の前期の業績数字は以下の通りである。法人税率を40％，加重平均資本コストを７％と想定して，経済的利益を計算しなさい。

主な損益計算書データ

（単位：億円）

売上高	3,398
営業利益	222
経常利益	187
当期純利益	83

主な貸借対照表データ（期首時点）

（単位：億円）

＜資産勘定＞		＜負債・純資産勘定＞	
流動資産	1,278	流動負債	1,026
		うち短期借入金	770
固定資産	2,154	固定負債	1,301
		純資産	1,105
資産合計	3,432	負債・純資産合計	3,432

問３　Ｂ社の今後５年間の経済的利益は次のように予測されている。Ｂ社の今期の期首投下資本は1,200億円である。加重平均資本コストを８％，６年後以降の経済的利益の成長率を３％と想定して，Ｂ社の企業価値を計算しなさい。

（単位：億円）

	1	2	3	4	5
経済的利益	10	35	50	64	78

第9章

企業の合併・買収

Mergers and Acquisitions

本章の概要

本章では，近年，日本でも盛んに行われるようになった企業の合併・買収（Mergers and Acquisitions，M&A）について説明する。まずM&Aの種類とM&Aの経済的メリット，M&Aによって生まれる価値の評価といった基礎的な知識について説明し，後半ではM&Aに関する最近の重要なトピックとして，敵対的買収と買収防衛策，レバレッジド・バイアウト（LBO）とマネジメント・バイアウト（MBO）について取り上げる。

Key words

合併，買収，現金買付，株式交換，株式移転，共同持株会社，事業譲渡，会社分割，スピンオフ，バイアウト，レバレッジド・バイアウト（LBO），マネジメント・バイアウト（MBO），内部成長，外部成長，シナジー，水平統合，垂直統合，多角化，コングロマリット，勝者の呪い，買収プレミアム，敵対的買収，公開買付（TOB），買収防衛策，ポイズンピル，経営判断の原則，ユノカル基準，レブロン基準，企業支配権市場

9.1 事業の拡大・縮小のフレームワーク

企業が事業を拡大する際，企業内部の経営資源を用いて新規事業を開始する

図表９－１　事業の拡大・縮小のフレームワーク

	企業全体を対象	企業の一部（事業）を対象
統合 拡大	合併 株式取得 株式交換 株式移転による共同持株会社設立	事業譲受
分離	企業売却	会社分割
縮小	バイアウト（LBO，MBO）	事業譲渡

以外に，他社またはその一部と統合する方法を用いることができる。また，企業が事業を縮小したり，廃止する際には，その事業を他社またはその一部と統合する方法をとることができる。このような事業の拡大・縮小のフレームワークをまとめたのが**図表９－１**である。以下，**図表９－１**に示した事業の拡大・縮小の方法について説明しよう。

⑴　合　　併

合併（Merger）は複数の企業が１社になることで，新設合併と吸収合併がある。新設合併は２つ以上の企業が合体し，新しい企業に組織変更することで，合併に加わった元の企業は解散する形をとる。吸収合併は，合併する企業のうち１社が存続して，他の企業は存続企業に吸収されて解散する形をとる。新設合併は，吸収合併に比べると手数が煩雑で費用がかかるので，ほとんどの合併は吸収合併の形をとっている。吸収合併の際には，ほとんどの場合，被合併企業の株主に対価として存続企業の株式を割り当てる方式がとられる[(1)]。

⑵　買　　収

買収（Acquisition）は相手企業の株式ないし事業を取得することである。相手企業の株式を取得した場合，株式譲渡後，２社は親会社・子会社の関係になる。事業の譲渡の場合，事業譲渡後も譲渡会社の法人格は存続する。

株式を取得する場合，現金買付と株式交換がある。現金買付は，株式を取得する際に対価として現金が支払われる。株式交換は，対価として買収側企業の

⑴　日本の会社法では，合併，株式交換，会社分割の際に株式だけでなく現金や社債を対価とすることも認められている。

株式を渡す方法である。

⑶　株式移転

株式移転とは，複数の企業が発行済株式の全部を新たに設立する会社に取得させ，その新設会社の100％子会社となる取引である。日本では複数企業の全面的合併に先駆けて，まず共同持株会社を設立して，統合する企業がその傘下に入る形がとられることがあり，その際に用いられる。持株会社の傘下に入る企業の株主は保有株式と交換に持株会社の株式を受け取る。

⑷　株式交換

株式交換は，完全親会社になる企業(A 社)が，完全子会社になる企業(B 社)の株主に自社（A 社）の株式を渡して，それと交換に完全子会社になる企業（B 社)の株式を取得することである。ほとんどの場合，完全親会社になる企業(A 社）は新株を発行して完全子会社になる企業（B 社）の株主に渡すことになるが，上場企業の場合には，株式市場で自社株を取得して交換用の株式とすることもある。

株式交換が行われると，両社は親会社－子会社の関係になる。その後，両社が合併することもあるが，親会社－子会社の関係を残すことによって，合併のように組織を統合する労力や時間をかけずに合併とほぼ同じ効果を追求するという考え方もあり得る。現金買付と比較した場合の株式交換のメリットとしては，交換用の株式を新規発行すれば現金が不要であることが挙げられる。

⑸　事業譲渡

事業譲渡とは，企業の事業の一部または全部を他の会社に譲渡することで，譲り受ける側から見ると事業譲受と呼ばれる。企業が行っている事業の全部を事業譲渡する場合でも，事業譲渡後，譲渡会社の法人格は存続する点が合併や買収（株式取得）とは異なる。事業を譲り渡す企業から見ると，非中核事業や不採算事業を分離して，中核事業に経営資源を集中できることがメリットとして挙げられる。事業を譲り受ける企業から見ると，自社に必要な事業だけを得ることができるので，企業全体を取得する合併よりも効率的，機動的に事業内容の再編成を行えることがメリットになる。

⑹　会社分割

会社分割は，企業の事業の全部または一部を分離して別企業に承継させることで，新設される企業に事業を承継させる新設分割と既存企業に事業を承継させる吸収分割がある。

会社分割は，企業グループ内の事業の再編の手段として用いることができる。例えば，企業が自社の事業の一部を完全子会社として分離したり，企業が子会社を２つ以上に分割する手法として新設分割を用いることができる。また，吸収分割は，自社あるいは子会社の事業の一部を他社と統合する手法として用いることができる。

会社分割は，企業から一部事業を分離し，承継会社に譲渡する点では事業譲渡と類似しているが，事業譲渡と違って分割事業の対価を現金ではなく承継会社の株式で受け取る点が異なっている。

(7) スピンオフ

アメリカでは会社分割の１形態としてスピンオフ（Spin-off）がよく行われる。これは，上場企業が事業部門を別会社として分離し，分離した会社の株式を自社の株主に持株比率に応じて無償で割り当てるものである。スピンオフが行われた直後，元の会社とスピンオフされた会社とは株主が同じであるが，両社の間に資本関係はなくなる。

スピンオフは企業の事業内容の再編のためだけでなく，投資家に対して分離した事業の情報をよりよく伝達するために行われることがある。これは，複数事業を抱える企業の場合，投資家は各々の事業について詳しく評価できないので，別々の企業に分けた方が，投資家が事業内容をより良く評価でき，より適正な企業価値や株価の評価につながるという考え方に基づいて行われる。

(8) バイアウト

バイアウト（Buyout）とは，経営陣や外部投資家が企業の株式を既存株主から買い取って，その企業の支配権を得ることで，売却側企業にとっては，子会社や事業部の売却の１手法ということになる。バイアウトには，買収資金として負債が用いられるレバレッジド・バイアウト（Leveraged Buyout，LBO）や企業の経営陣が外部の投資家の協力を得て，オーナーや親会社などの既存株主から企業を買収するマネジメント・バイアウト（Management Buyout，MBO）などがある。

9.2 M&Aの経済的メリット

9.2.1 内部成長と外部成長

企業が事業規模を拡大したり，新規事業に参入する場合には，工場設備などの実物投資（内部成長）と他の企業とのM&A（外部成長）の2つの方法をとることができる。内部成長と比べての外部成長のメリットとしては，以下の点が挙げられる。

(1) 時間をかけずに事業を開始できる。
(2) 設備，技術，販売網，ブランド，人材などの経営資源をまとめて入手できる。
(3) 参入障壁が高い産業に参入する際，M&Aの方が参入が容易になることがある。
(4) 企業が海外進出を行う際，例えば生産設備は容易に作れても流通網を短期間に作ることが難しいような場合にはM&Aの方が容易に進出できる。
(5) 既存企業を入手すれば，市場全体として新規の供給源を生み出さないので，製品の需給バランスに影響を与えない。

9.2.2 M&Aによる価値創造

M&Aに参加した企業が技術，経営ノウハウ，営業力，ブランドイメージなどの経営資源を補完することができれば，統合後の新会社のキャッシュフローがM&Aに参加した企業が生むキャッシュフローの総計よりも大きくなることが期待できる。これがM&Aによる価値創造であり，シナジーと呼ばれる。M&Aによって価値が創造される具体的な理由としては，以下の点が挙げられる。

(1) 水平統合

水平統合とは同業種の企業と統合することである。水平統合によって，生産規模拡大によるコストの低下やブランドイメージの向上など企業の競争力が高まることが期待できる。

(2) 垂直統合

垂直統合とは原材料メーカーや販売先企業を統合することである。例えば，自動車会社が部品メーカーを統合したり，自動車販売会社を統合するなどの例がある。川上の原材料メーカーや部品メーカーを統合すれば原材料や部品の安定的な入手などのメリットがある。販売先企業を統合すれば，売上の安定化に寄与することが期待できる。

⑶　経営資源の補完

自社が持たない経営資源（技術や人材など）を保有する企業を入手すれば，既存事業を強化したり，新たな事業に参入しやすくなるといったメリットが期待できる。

⑷　経営効率の改善

M&Aが行われた後に本社機能などの間接部門を整理・統合してコストを削減したり，重複している工場や営業拠点を統廃合すれば，経営効率が改善することが期待できる。

⑸　資金調達力の強化

企業規模が大きい企業や財務内容の良い企業と合併すれば，資金調達力が強化されるというメリットが期待できる。

⑹　節税によるキャッシュフローの増大

利益を上げている企業が損失を出している企業や累積損失を抱えている企業と合併すれば，2社が独立でいる場合よりも税金支払額が少なくなり，税引後キャッシュフローが増大することが期待できる。

⑺　余剰資金の活用

企業が多額の余剰資金を保有している場合，その使途としてM&Aが行われることがある。特にアメリカでは多額の現金をもっている企業は企業買収の対象になりやすいので，買収されることを恐れて余剰資金の使い道として他の企業を買収することがある。ただし，この場合，M&Aによって価値創造が行われないようであれば，むしろ現金を保有していた方がよいということになる。

9.2.3　価値創造を伴わないM&A

M&Aが行われれば，必ず価値が生み出されるとは限らない。価値を創造しないM&Aとして，以下述べるようなものが挙げられる。

⑴　単なる規模拡大のためのM&A

フリー・キャッシュフロー仮説によれば，経営者は余剰資金を価値を生むような投資に使うとは限らない。M&Aの場合も同様であり，経営者は価値の創出ではなく，単なる企業規模の拡大を目標にM&Aを行うことがありうる。

(2) 過大な買収プレミアム

経営者はM&Aを行う際に自信過剰のためにシナジーを過大に見積もる可能性がある。シナジーで正当化される以上の買収プレミアム（買収価格と買収以前の株価との差額）が支払われると，買収側企業がM&Aによって損失を被ることになる。このように競売などで，過度に高い額で入札して結果的に勝者となった人間や企業がかえって損をしてしまうという現象は勝者の呪い（Winner's Curse）と呼ばれる。M&Aで買収価格を過大に見積もることは，買収側企業の株主から被買収企業の株主への価値の移転を引き起こすことになる。

(3) 多角化のためのM&A

企業が事業の多角化を行うためにM&Aを行うこともある。この場合，注意すべきことは，事業の多角化によってシナジーが生まれれば，M&Aは価値を生むことになるが，シナジーが期待できず，単なるリスク分散（業績安定化）のための多角化は新たな価値を創造しないことである。投資家の立場から考えると，企業が統合しなくても，分散投資を行えばリスクを分散できるので，単なるリスク分散の多角化は意味がないということになる。ただし，M&Aによって，業績の安定性が増し，財務的な困難に伴うコストが低下する場合には，M&Aが企業価値の増大をもたらすことがある。

(4) 表面的な財務指標の改善

財務指標の改善が目的でM&Aが行われることがある。例えば，図表9－2に示すように，株価収益率（PER）の高い企業が，株式交換を用いてPERの低い企業を合併すると，合併によるシナジーが生まれなくても，合併後の1株当たり利益（EPS）は合併前よりも高くなるという現象が起こる。しかし，これは，合併後の新会社の株式数が合併前の2社の株式数の合計よりも少なくなることによって生まれる技術的な効果であり，合併によって新たな価値が生まれたためのEPSの上昇ではないので，合併後の新会社の理論株価は合併前と変わらない。このようにM&Aによって価値が全く生まれない場合でも，EPSなどの財務指標が改善されることがあるので注意が必要である。M&Aの経済的効果はEPSなどの財務指標ではなく，M&Aによって新たな経済的価値が生まれるか否かで判断される必要がある。

【コングロマリットの算術】

本文中で述べたように，PERの高い企業が，株式交換を用いてPERの低い企業を合併すると，合併によるシナジーが生まれなくても，合併後のEPSが合併前よりも高くなるという現象が起こる。これを数値例で説明しよう（**図表9－2**）。

A社とB社はともに純利益が150億円，発行済株式数が10億株，EPSが15円である。しかし，A社の方が成長力があると見られているので，PERはA社が20倍，B社が10倍とA社の方が高く，株価はA社が300円，B社が150円となっている。この場合に，A社の1株とB社の2株を交換する株式交換を行って，A社とB社が合併すると合併後のAB社の株価はどうなるであろうか。

買収によるシナジーが全く生まれず，単純にA社の利益とB社の利益が合算されるとすると，AB社の純利益は，2社の純利益を合計した300億円になる。AB社の株式数はA社の株式数10億株と，B社の株式10億株と交換されたA社の株式5億株を合計した15億株になる。したがって，AB社のEPSは純利益300億円を株式数15億株で割った20円となり，旧A社のEPS15円よりも高くなる。

ではAB社の株価はいくらになるだろうか。AB社はA社とB社が単純に合体しただけなので，株式時価総額はA社の3,000億円とB社の1,500億円を合計した4,500億円になる。したがって，AB社の株価は株式時価総額4,500億円を株式数15億株で割った300円になり，これは旧A社の株価と同じ水準である。

このように，この数値例ではAB社のEPSはA社の15円より高い20円となるが，これは，合併後の新会社の株式数が合併前の2社の株式数の合計よりも少ないことによって生まれる技術的な効果であり，合併によって新たな価値が生まれたためのEPSの上昇ではない。この数値例では株式交換による買収はシナジーを生まないと想定しているので，AB社の理論株価は旧A社の株価と同じ300円になるのである。

ところが，1960年代のアメリカでは，このような株式交換が行われた場合に，合併後の企業が合併前のPERを維持して，株価が高まるということが起こった。この数値例でいえば，合併後のAB社のEPS20円にA社のPER20倍を適用して，AB社の株価が400円に高まるということが起こったのである。このため，多くの企業が株価の上昇を目的に，自社よりもPERが低い企業を株式交換を用いて買収することを行った。当時，アメリカでは独占禁止法によって同業種間の合併・買収が強く規制されていたため，自社の業種と全く関係のない業種の企業も買収の対象となり，多くのコングロマリット（異業種多角化企業）が生まれることになった。もちろん，やがて株式市場は株価評価の誤りに気付き，株価は妥当な水準に下がったので，「株式交換を用いて自社よりPERの低い企業を合併すると，EPSが合併前よりも高くなる」というコングロマリットの算術を利用したM&Aは終わりを告げることになった。

図表9－2　コングロマリットの算術

	A社	B社	AB社（理論値）	AB社（PER＝20倍）
1株当たり利益（円）	15	15	20	20
株価（円）	300	150	300	400
株価収益率	20	10	15	20
発行済株式数（億株）	10	10	15	15
純利益（億円）	150	150	300	300
株式時価総額（億円）	3,000	1,500	4,500	6,000

9.2.4　M&Aを行う際の留意点

M&Aによって価値創造を実現するためには，以下のような問題点を克服する必要がある。

(1)　経営統合の難しさ

M&Aには，M&A実施後に組織を一体化するために労力や時間がかかるという問題点がある。早期に組織の一体化が行われないと本社機構の増大や統合の遅れに伴う意思決定の遅れなどのデメリットが顕在化する恐れがある。特に日本では対等合併が建前として強調されることが多いので，これまで行われたM&Aに関しては両社の統合がなかなか進まないという問題点が指摘されている。

(2) 不採算部門の抱え込み

M&Aには，相手企業の収益性が低い事業部門や様々な債務も抱え込んでしまうという問題点もある。このような問題を避けるためには，M&Aを実施した後に事業の見直しと不採算事業の整理を検討することが必要になる。また，このようなM&Aのデメリットを避けるためには，全社的な企業合併・買収だけでなく，事業譲渡，会社分割など多様な形態での事業内容の再編を考える必要がある。

9.3 M&Aによる価値の創造と配分

9.3.1 現金買付の場合

M&Aによって2社が統合すると，どのような価値が生まれ，両社の株主にどのように配分されるかについて考えてみよう。M&A実施前のA社とB社の株式時価総額を V_A，V_B，M&Aによって生まれる新A社の株式時価総額を V_{AB} と表すとM&Aによって生まれる価値 S は次のように表される。

$$S = V_{AB} - (V_A + V_B)$$

このM&Aによって生まれる価値 S は，2社の統合によって期待されるフリー･キャッシュフローの増加額（統合後の新A社のフリー･キャッシュフローと統合前の両社のフリー・キャッシュフローの合計額との差額）の現在価値であり，M&Aのシナジーと表現することができる。

ではM&Aによって生まれる価値がA社とB社の株主にどのように配分されるかについて考えてみよう。まず，現金買付の場合について考えてみよう。A社がB社の株式を現金 C 円で取得すると，A社は C 円を支払ってB社の価値 V_B とシナジー S を得ることになるので，A社の株主から見たB社取得の正味現在価値（NPV）は以下のように表される。

$$\begin{aligned} \mathrm{NPV} &= (V_B + S) - C \\ &= S - (C - V_B) \end{aligned}$$

ここでA社がB社の株主に支払う金額 C とM&A実施前のB社の株式時価総額 V_B の差は買収プレミアムと呼ばれるので，A社の株主から見たM&AのNPVは次のように表すことができる。

NPV＝M&Aによって生まれるシナジー－買収プレミアム

図表9－3　M&Aの数値例

	A社	B社
株価	2,000円	600円
発行済株式数	2億株	1億株
株式時価総額	4,000億円	600億円

つまり，買収側企業(A社)にとってみると，買収プレミアムがM&Aによって生まれるシナジーより低ければ，M&Aが利益をもたらすことになる。

以上の点について数値例を用いて確認してみよう。図表9－3に示すようにA社がB社を現金で買収する場合を考えてみよう。買収前のB社の株価は600円，B社の発行済株式数は1億株であり，A社は400円の買収プレミアムをつけて1株当たり1,000円（総額1,000億円）で買収すると想定する。買収前のA社の株式時価総額は4,000億円，B社の株式時価総額は600億円であり，2社の統合によってシナジー500億円が生まれ，合併後の新A社の株式時価総額が5,100億円になると想定されている。

この場合，M&Aによって生まれるシナジー500億円のうち，400億円は買収プレミアムという形でB社株主に支払われ，A社の株主の利益(M&AのNPV)は残りの100億円になる。

M&Aによって生まれるシナジー

＝統合後の新A社の株式時価総額－統合前の両社の株式時価総額の合計

＝5,100－(4,000＋600)＝500億円

買収プレミアム（B社株主の利益）

＝B社株主に対する現金支払額－統合前のB社の株式時価総額

＝1,000－600＝400億円

M&AのNPV（A社株主の利益）

＝M&Aによって生まれるシナジー－買収プレミアム

＝500－400＝100億円

9.3.2　株式交換の場合

株式交換が行われる場合と現金買付の場合とでは，買収側企業，被買収企業の株主が受け取る利益はどのように異なるかについて考えてみよう。株式交換

の場合，被買収企業Ｂ社の株主は買収後生まれる新Ａ社の株式を受け取るので，買収プレミアム（Ｂ社の株主が受け取る利益）は買収後の新Ａ社の株価 P_{AB} に依存することになる。Ｂ社の株主が新Ａ社の株式を N 株受け取るのであれば，買収プレミアムは次のように表される。

買収プレミアム＝$P_{AB} \times N - V_B$

あるいは，統合後の新Ａ社における旧Ｂ社株主の持株比率を x とすると，買収プレミアムは次のように表される。

買収プレミアム＝$V_{AB} \times x - V_B$

以上のことを**図表９－３**の数値例で見てみよう。M&A実施前のＡ社の株価は2,000円なので，Ａ社がＢ社株式を１株1,000円と評価して，Ｂ社の株式１株と交換で新たに発行する新Ａ社の株式0.5株を渡す場合について考えてみよう。

この場合，M&A実施前のＡ社の株価が2,000円であり，Ｂ社株主に対してＢ社株１株と交換で新Ａ社株を0.5株を渡すので，現金買付の場合と同様に買収プレミアムは400億円になるように思える。

見かけ上の買収プレミアム＝1,000－600＝400億円

しかし，Ｂ社の株主は合併によって新たに生まれる新Ａ社の株式を渡されるので，新Ａ社の株価は合併のシナジーを反映して，これまでのＡ社の株価から変化する可能性がある。これを考慮に入れないと真の買収プレミアムは計算できないことになる。

では合併後の新Ａ社の株価はいくらになるであろうか。これまでＢ社の株主が保有していたＢ社株１億株が新Ａ社の株式0.5億株と交換されるので，新Ａ社の株式数は旧Ａ社株主が保有する２億株と合わせて2.5億株となる。合併後の新Ａ社の株式時価総額は5,100億円なので，合併後の新Ａ社の株価は以下の式から2,040円と計算される。

5,100÷2.5＝2,040円

したがって，真の買収プレミアム（Ｂ社株主の利益）は

真の買収プレミアム

＝$P_{AB} \times N - V_B$

＝2,040×0.5－600

＝1,020－600＝420億円

同じことを新Ａ社におけるＢ社株主の持株比率を用いて計算することもで

きる。前述のように新A社の発行済株式数は2.5億株，B社株主の保有する株式数は0.5億株なので，B社株主の持株比率は0.5÷2.5＝0.2となる。したがって，真の買収プレミアム（B社の株主の利益）は

真の買収プレミアム

$= V_{AB} \times x - V_B$

＝5,100×0.2－600

＝1,020－600＝420億円

この結果，M&AのNPV（旧A社株主の利益）は，

NPV＝M&Aによって生まれるシナジー－真の買収プレミアム

＝500－420＝80億円

以上述べてきたように，**図表9－3**に示した数値例では，現金買付の場合は，M&Aによって生まれる価値（シナジー）500億円は旧A社株主に100億円，旧B社株主に400億円配分され，株式交換の場合は，旧A社株主に80億円，旧B社株主に420億円配分されることとなった。この場合，株式交換の方が見かけ上同等な現金買付の場合よりも被買収企業（旧B社）の株主により多くの利益が配分されるのは，被買収企業（旧B社）の株主が受け取るのは新A社の株式であるため，M&Aのシナジーが反映されて統合前よりも株式の価値が高くなっているためである。

このように株式交換の場合，被買収企業の株主が受け取るのはM&Aによるシナジーを反映した買収側企業の株式であるので，M&Aによって生まれるシナジーが買収プレミアムよりも大きい場合には，株式交換の方が見かけ上同等な現金買付の場合よりも被買収企業の株主の利益は大きくなる。また，株式交換の場合，シナジーが大きければ大きいほど，被買収企業の株主の利益は大きくなる。

逆に買収側企業の視点に立つと，もし買収側企業が買収のシナジーに自信がなかったり，被買収企業に隠れた問題点があるという疑念を持つ場合には，株式交換を選択すれば，損失を被買収側株主にも負担させることができる。

9.4　M&A の際の株価評価方法

9.4.1　M&A の株価評価の特徴

一般投資家による通常の株価評価は，現在の経営陣による経営政策を前提として，将来のキャッシュフローや利益を予想して行うが，M&A の場合は相手企業の経営権を得て，経営を変更できることが大きな違いである。したがって，M&A で相手企業の株価を評価する際には，どのような経営改善効果が生まれるかを考えることが重要になる。

経営権を得る主体が各種ファンドなどの場合は，経営権取得後にどれだけ経営を改善でき，キャッシュフローを増加できるかが問題になる。また，企業による M&A の場合は，両社の経営資源の結合によってどれだけシナジーが生まれるかが株価評価にあたって重要になる。もし，他の企業が買収する場合よりも大きなシナジーが期待できる場合には，その他の企業が買収する場合よりもシナジーを考慮に入れた適正株価の上限は高くなることになる。このように誰が買収するかによって，シナジーは異なるので，適正株価が異なることに注意することが必要である。

9.4.2　M&A の際の株価評価方法

(1)　割引キャッシュフロー法

M&A の際の株価評価では，第 8 章で説明した割引キャッシュフロー法がよく用いられる。アメリカでは，かつては M&A の株価評価では配当割引モデルが用いられていたが，1980年代の M&A ブームの頃から，割引キャッシュフロー法が用いられるようになり，近年は日本でも割引キャッシュフロー法が用いられることが多くなってきた。

割引キャッシュフロー法の長所として，単なる売上・利益予測だけでなく，設備投資額や運転資金必要額の予測も必要とされるため，検討対象企業の経営政策の変更や合併によるシナジーを考慮すると企業価値がどのように変わるかというシミュレーションを行うのに適していることが挙げられる。

(2)　類似会社との比較

株価評価の簡便法として，株価収益率（株価/ 1 株当たり利益，PER），株価純資産倍率（株価/１株当たり自己資本，PBR），株価売上高比率（株価/１株当たり売上高，PSR），企業価値EBITDA倍率（企業価値/減価償却控除前営業利益）などの株価指標が用いられることもある。このような株価指標は，外部の観察者として利用できる数字が限られている場合に多数の企業について簡単に適正株価を試算し，比較できるというメリットがある。しかし，減価償却費，設備投資額，運転資本必要額などの予想も含めての厳密な株価評価という点では割引キャッシュフロー法に劣るので，これらの株価指標による評価はあくまでも参考にとどめるべきである。

また，アメリカでは類似会社との比較による買収プレミアムの想定が行われることがある。アメリカではM&Aの件数が多いので，ある産業について過去１年間に行われた上場企業のM&Aのデータを簡単に取得することができる。業種や時期によっても異なるが，アメリカでは概して買収プレミアム（買収金額/買収直前の株式時価総額）の平均値は1.3程度である。したがって，大まかな目安として，買収プレミアムが1.3を超えるような買収案件はかなりのシナジーが見込めない限り，割高になる可能性があると考えられる。

⑶　保有資産価値の算定

M&Aの際には，対象企業が保有する資産価値を算定することも行われる。例えば，油田を保有する石油会社の場合には，保有する油田の原油埋蔵量と原油価格から油田の価値を見積もることができる。同様に不動産会社の場合は保有する土地の価値，投資会社の場合は保有する金融資産の価値を試算することが重要になる。

しかし，多くの業種では保有する資産を用いてそれらの資産の価値を上回るフリー・キャッシュフローの現在価値を生むことが企業の価値創造活動であるので，企業が価値を生んでいる限り，企業価値が保有資産の価値を上回ることになる。したがって，保有資産の価値は，企業が何らかの事情で事業を休止し，資産を売却した場合の下限価値を知るという意味しかないと考えるべきである。

9.5　敵対的買収と買収防衛策

9.5.1　友好的M&Aと敵対的M&A

ほとんどのM&Aは双方の企業の経営者の間の合意に基づいて行われる。これは友好的M&Aと呼ばれる。しかし，M&Aの交渉が合意に達しなかった場合や，あるいは事前の交渉が全く行われていない場合に買収側企業が一方的に買収を仕掛けることがある。このように経営者間の合意がなく行われるM&Aは敵対的M&Aと呼ばれる。日本では，ほとんどの非上場企業では会社定款で株式の譲渡の際には取締役会の承認が必要とされているので，敵対的M&Aは事実上，上場企業の株式取得に限定される。

敵対的M&Aで上場企業の株式を取得する場合には公開買付が行われることが多い。日本では公開買付はTOB（Take Over Bid）とも呼ばれるが，TOBはイギリス流の呼び方で，アメリカではTender Offerと呼ばれる。公開買付は，株式を取得したい主体が買付期間，株式数，価格を公表して，不特定多数の株主から買い取る方式であり，M&A以外に自社株買いの場合に用いられることもある。場合によっては，複数の買収希望者がTOB合戦を演じることもある。ただし，公開買付は必ずしも敵対的買収の場合だけではなく，双方の経営陣が合意しての友好的な買収の際に行われることもある。

敵対的買収の際には，委任状争奪戦（Proxy Fight）が行われることも多い。委任状は，株主総会において会社提案を否決させたり，株主からの提案を可決させたりするために他の株主から集めるもので，敵対的買収の際には買収者が会社が提案した取締役候補者以外の候補者を提案し，経営陣を送り込む手段として活用される。

9.5.2　買収防衛策

アメリカでは1980年代のM&Aブームの際に敵対的買収が盛んに行われるようになり，これに伴って様々な買収防衛策が考案された。アメリカで行われている主な買収防衛策には以下のようなものがある。

(1)　ポイズンピル

ポイズンピル（Poison Pill，毒薬条項）とは，買収対象企業の株主に対して，市場価格よりも大幅に低い価格で買収対象企業の株式を買う権利を与える株主割当増資のことである。買収者だけがこの権利から排除されるので，低価格での株主割当増資が行われると，買収者が保有する株式の持株比率が低下することになる。

(2) 取締役の期差任期制

買収を支持する取締役が一度に過半数選任されるのを防ぐために，取締役の選任時期をずらすことが行われることがある。例えば，アメリカでは取締役の任期が3年で，取締役の3分の1が毎年改選されるなどの例がある。

(3) ホワイトナイト

敵対的買収を仕掛けられた企業が，防衛策として友好的関係を持つ会社に自社を買収するように依頼することがあり，買収を仕掛けられた会社を救う会社はホワイトナイト（White Knight，白馬の騎士）と呼ばれる。

(4) ゴールデン・パラシュート

ゴールデン・パラシュート（Golden Parachute）とは，買収を仕掛けられた会社の経営陣が退任することになった場合に巨額の退職金が支給されるような委任契約を予め締結しておくことである。退職金でなく年金の形で報酬をもらう場合はゴールデン・ペンション（Golden Pension）と呼ばれる。

(5) 資本再構成

資本再構成（Recapitalization）とは，被買収企業としての魅力を低下させるために，資本構成を変えることである。例えば，現金を大量に保有している企業が多額の配当支払いを行ったり，あまり現金を保有していない企業が負債を調達して配当支払いや自社株買いを行ったりすることがある。

9.5.3 アメリカにおける敵対的買収を巡る議論

アメリカでは，買収の申し出がなされた際，買収を仕掛けられた企業の取締役会の義務は当該企業の株主に最も利益となるような一連の行動方針を選択することであるとされている。当該企業が最良の方針を決定できるように裁判所は当該企業の取締役に対して，経営判断の原則（Business Judgement Rule）と呼ばれる自由度を与えている。この中には，取締役会が買収を拒否することによって，株主にとってより高い価値を実現できるという議論を説得的に展開できるならば，プレミアムのついた買収提案を拒絶することも含まれる。この原則の前提は，職権乱用や株式の自己取引の証拠がないならば，裁判所は株主総会で選任された取締役会の判断に裁判所の判断を置き換えないということである。

これに加えて，買収防衛策の妥当性に関する2つの裁判所の判断がある。1

つはユノカル（Unocal）基準と呼ばれるもので，支配権争奪をめぐる争いがあるもとでは，買収防衛策が適法かどうかは，①敵対的買収が対象会社の経営や効率性に脅威となるか，②買収防衛策が脅威との関係で相対的に適当かどうか，の２つの基準で判断すべきであるとした。

もう１つはレブロン（Revlon）基準と呼ばれるもので，会社が売りに出ており，支配権の変更が行われようとしている状況では，取締役は防衛策を講じてはならず，株主のために売却価格の最大化を図らなければならないとした。この場合には，取締役は買収価格を最大にするという限定された目的の範囲内でのみ経営判断を働かせることができる。

M&Aは国民経済の中でどのような意味を持つのであろうか。資産を活用して経済的価値を生めない企業がある場合，資産をより有効に活用する能力を持った経営者の手に企業の支配権が譲渡されれば，経済全体にとってもプラスになるであろう。これが企業支配権市場（Market for Corporate Control）であり，M&Aはその有効な手段である。

多くの場合，企業支配権の譲渡は現在の経営陣と新たに企業を経営しようとする人間の間で友好的に行われる。しかし，現経営陣が何らかの理由で企業支配権に固執し，株主の利益を無視して非効率な経営を続けることがありうる。このような場合に，敵対的買収が行われれば企業支配権市場が有効に機能することになる。実際にはアメリカでも敵対的買収はM&A全体の中で１％程度でしかないが，非効率な経営を続ける企業に対して敵対的買収が行われる可能性があることが経営者の緊張感を高め，価値創造の経営が促進されることになる。このため，アメリカでは敵対的買収が企業のガバナンス・システムの１つとして認められているのである。

9.5.4 日本における敵対的買収と買収防衛策

これまで日本では，日本独特の買収防衛策として，上場企業や金融機関の間で株式持ち合いが広範に行われており，敵対的買収はほとんど行われなかった。しかし，2000年代に入って，投資ファンド等による株式の取得や敵対的な買収が試みられるようになった。

これに伴い，2006年から2008年にかけて，多くの企業によって事前警告型ライツプランと呼ばれる買収防衛策が導入されるようになった。これはポイズンピルの一種で，時価よりも相当に低い価格での新株予約権を買収者だけが行使できないという差別的条件を付けて全株主に無償で発行するもので，買収者が登場した場合に防衛策を講じる旨を事前に開示する形をとる。

このような買収防衛策に関しては，2005年には経済産業省・法務省の「買収防衛策に関する指針」，2008年には経済産業省「企業価値研究会報告」が発表され，買収防衛策は企業価値や株主共同の利益を確保・向上させることが目的であるべきであり，買収防衛策を濫用すべきではないという姿勢が打ち出されている。

9.6　LBOとMBO

前述のように経営陣や外部投資家が企業の株式を既存株主から買い取って，その企業の支配権を得ることはバイアウトと呼ばれ，LBOとMBOが主な形態である。

9.6.1　L　B　O

LBOを実施する際には，シェルカンパニーと呼ばれる買収のためのペーパーカンパニーが設立され，シェルカンパニーは買収対象企業のキャッシュフローを事実上の裏付け（担保）にして買収資金のかなりの部分を負債で調達する。LBO実施後には，シェルカンパニーは被買収企業と合併するので，シェルカンパニーが調達した負債は被買収企業の負債となる。このためLBOの対象企業には，金利負担を利益でカバーし，負債を計画的に返済できるような経営が要求されることになる。また，それを可能にするような安定的なキャッシュフローを生み出せる企業がLBOの対象となる。

アメリカでは，1980年代のM&Aブームの時に，コングロマリットを対象としたLBOが盛んに行われた。コングロマリットは事業間のシナジーを無視して，単なるEPSの増大を目標に形成されたため，経営は極めて非効率であり，1980年代には株価純資産倍率（PBR）が1を下回る（株式時価総額が自己資本簿価を下回る）企業が続出していた。LBOファンドは，このような企業を買収して，解体して売却することによって利益を得ようとしたのである。これによってアメリカの多くのコングロマリットは解体されたといわれている。

これに対して，1990年代以降は，LBOは負債の活用による企業経営の効率化によって価値を創出する手段として用いられている。LBOファンドは，買収の資金源として負債を多用するので，キャッシュフローの安定性が高いような成熟した業種の企業がLBOの対象となる。このように，負債の利用が価値創造につながる理由としては，次のような点が挙げられている。

- 負債利子は税控除の対象となるので，節税効果が企業価値を高める。
- 負債返済圧力が大きいと，経営者が事業からのキャッシュフローを採算の悪い事業に再投資するリスクが小さくなる。
- 負債依存度が高いと経営陣にディシプリン（規律）を与え，より注意深い経営が促進される。

近年は日本でもプライベート・エクイティ・ファンドや買収ファンドによってLBOが成熟した中堅企業の経営活性化策として用いられている。

9.6.2 M B O

MBOは，企業の経営陣が外部投資家の参加を得て，オーナーや親会社などの既存株主から企業を買収することである。MBOが実施されると，これまでの経営者の持株比率が高まるので，経営に対するモチベーションが高まり，より効率的な経営が行われることが期待できる。従業員にとっては，経営陣が変わらないので，経営の継続性が維持されるというメリットがある。

MBOが行われる際には，外部投資家が参加するのが普通である。外部投資家は投資先企業の上場ないし売却によってキャピタル・ゲインを得ることを目的に投資するが，買収資金として負債を活用することが多いので，多くのMBOはLBOの要素も併せ持っている。将来の株式上場を目指すなど，キャピタル・ゲインを求めての投資となるので，経営陣には経営の活性化や効率化が要求されることになる。このようにMBOは単なる売却の手段ではなく，企業の活性化の手段として捉えることができる。

最近，日本ではいくつかの上場企業の経営者が投資ファンドと共にMBOの形で株式の非上場化を行う動きが見られる。この場合には，株価最大化という経営者の受託者責任とMBOの際に低い価格で株式を購入したいという経営者個人の利害との相反という問題が生まれることになる。

◆ 本章のまとめ ◆

- 合併は複数の企業が1社になることであり，新設合併と吸収合併がある。
- 買収は相手企業の株式ないし事業を取得することである。株式を取得する場合，現金買付と株式交換がある。
- M&A実施後の新会社のキャッシュフローがM&Aに参加した企業が生むキャッシュフローの総計よりも大きくなることがM&Aによる価値創造である。M&Aによって価値が創造される主な理由として，①水平統合，②垂直統合，③経営資源の補完，④経営効率の改善，⑤資金調達力の強化，⑥節税によるキャッシュフローの増大などが挙げられる。
- 単なるリスク分散のための多角化を目的としたM&Aやシナジーを伴わない表面的な財務指標の改善はM&Aの経済的メリットにはならない。
- M&Aによって生まれるシナジー（価値創造額）と買収プレミアムの差が，買収側企業の株主が得るNPVになる。
- 被買収企業の株価の評価が同じでも，現金買付と株式交換では買収側企業と被買収企業の株主が得る利益が異なることがある。これは株式交換の場合，被買収企業の株主が受け取るのはシナジーを反映した買収側企業の株式であるためである。
- M&Aの際の株価評価方法としては割引キャッシュフロー法が多く用いられる。この他の方法として，①配当割引モデル，②PERなどの株価評価尺度，③類似会社との比較による買収プレミアムの想定，④保有資産価値の算定などがある。
- M&Aは，資産を有効に活用できない企業の支配権が資産をより有効に活用できる経営者に譲渡されるような企業支配権市場として重要な役割を担っている。
- 企業の株式を既存株主から買い取って，支配権を得ることはバイアウトと呼ばれ，LBOとMBOが主な形態である。LBOは負債の活用による企業経営の効率化によって価値を創出する手段として用いられている。

Problems

問1 実際に行われた合併・買収の例を挙げて，どのような経済的なメリットが実現されたか述べなさい。

問2 ホワイト社はブラック社の株式を買収することを計画している。ホワイト社の株価は5,000円，発行済株式数は1.5億株，ブラック社の株価は2,200円，発行済株式数は1億株である。ホワイト社はブラック社の株式を1株2,500円で買収しようとしている。この企業統合によって，200億円のシナジー（企業統合によるキャッシュフローの増加額の現在価値）が生まれ，買収後のホワイト社の株価に反映されると予想されている。

	ホワイト社	ブラック社
株価	5,000円	2,200円
発行済株式数	1.5億株	1億株
株式時価総額	7,500億円	2,200億円

(1) ホワイト社がブラック社の株式を1株につき2,500円の現金を支払う形で買収すると，ホワイト社とブラック社の株主はそれぞれいくらの利益を得るか。

(2) ホワイト社が，現金買付ではなくブラック社の株式2株をホワイト社の株式1株と交換する形でブラック社を買収すると，ホワイト社とブラック社の株主はそれぞれいくらの利益を得るか。

問3 敵対的買収が広範に行われると経済全体や企業経営にどのようなメリットとデメリットをもたらすか述べなさい。

第10章

コーポレート・ガバナンス

Corporate Governance

本章の概要

本章では，コーポレート・ガバナンスについて学ぶ。現代の大企業では，経営者と株主の利害が異なり，両者間の情報の非対称性によってエージェンシー問題が深刻になりがちである。この問題を緩和する手段として様々なコーポレート・ガバナンスの仕組みが存在する。これらは，(1)取締役会などの内部モニタリング，(2)経営者と株主の利害を一致させるような経営者に対するインセンティブ報酬，(3)敵対的買収や株主アクティビズムなどの資本市場からの圧力，である。本章ではこれらの手段の有効性と限界について論じる。

Key words

ステークホルダー，コーポレート・ガバナンス，所有と支配の分離，エージェンシー問題，情報の非対称性，モラル・ハザード，取締役会，監査役会，コーポレートガバナンス・コード，社外取締役，指名委員会等設置会社，監査等委員会設置会社，監査役会設置会社，ストック・オプション，敵対的買収，株主アクティビズム，ウォール・ストリート・ルール，日本版スチュワードシップ・コード

10.1 エージェンシー問題とコーポレート・ガバナンス

10.1.1 コーポレート・ガバナンスに対する2つの考え方

現代の企業には，多様なステークホルダー(利害関係者)が存在する。ステークホルダーには，株主，債権者，顧客，納入業者，経営者，従業員，本社や営業所の立地する地域社会の住民，中央政府や地方自治体などが含まれる。こうした多様なステークホルダーの利害はしばしば一致しない。その結果，例えば経営者が自己の利益追求のための行動に走り，企業の効率性が失われる危険がある。こうした危険を避けるためには，ステークホルダーの行動をコントロール，調整するための様々なガバナンスの仕組みが必要になる。この仕組みのことをコーポレート・ガバナンス・システムと呼ぶ。

コーポレート・ガバナンスは，基本になる企業観によって大きく2つに分類することができる。第1は株主価値最大化論に基づくものである。この立場からは，コーポレート・ガバナンス・システムとは株主価値の増大のための経営監督，インセンティブなどの一連の仕組みということになる。

第2は，ステークホルダー論に基づくものである。この立場では，企業の目的は株主価値を最大化することではなく，むしろステークホルダー間の信頼関係に基づく企業の長期的繁栄であるとされる。したがってこの立場からのコーポレート・ガバナンス・システムは，ステークホルダー全体の利益を高めるための一連の仕組みということになる。

アメリカやイギリスの企業経営者の多くの考え方は株主価値最大化論であり，日本やドイツなど欧州大陸諸国の企業経営者の多くの考え方はステークホルダー論であると言われている。ただ，こうした分類は固定的なものではない。日本でも第二次世界大戦以前には株主価値最大化論に基づいて企業経営がなされていた。一方，アメリカでも1950年代や1960年代にはステークホルダー論を支持する経営者が多かった。

ステークホルダー論は，一見バランスの取れた良識論のように見えるが，経営者に明確な意思決定基準を与えてくれない。その結果，関係者の利害が対立するときには意思決定が八方美人的な妥協の産物になりがちで，方向転換が必要なタイミングで意思決定が遅れたり，問題解決のための抜本策が先送りされたりすることが多くなる。また，ステークホルダー論では経営者をステークホルダー間の利害対立の調停者と考えている。しかし，経営者自身がステークホルダーの一員であり，実態として最も強力な権限の持ち主である経営者の行動をどのように牽制するかという点がはっきりしない。

一方，株主価値最大化論に対しては，顧客や従業員などその他のステークホルダーを無視しているのではないかという批判がある。こうした批判に対して株主価値最大化論者は次のように反論する。

株式会社制度では，債務不履行を起こさない限り，会社の支配権は残余財産に対する請求権を持つ株主が持つ。こうした仕組みになっている理由は，残余財産に対する請求権を持つ者が企業の支配権を握ることが，結局，経営効率の改善や企業価値の最大化につながることである。

まず，高い売上高を上げるためには，高品質の製品やサービスを安い価格・料金で顧客に提供しなければならない。その際，従業員，取引先，債権者等に対する有形無形の契約に基づく支払いをきちんと行うことが前提になる。コストを削減しようとして，例えば従業員に対する経済処遇を極端に下げると従業員の士気低下や優秀な従業員が会社を辞めてしまうという事態を招く。その結果，製品やサービスの質が低下して売上が減ってしまう。また環境に配慮しない生産活動を続ければ，企業の長期的な存続が難しくなる。

すなわち，株主の富となる残余財産を最大化するためには，従業員や取引先などの他のステークホルダーを満足させつつ，経営資源を効率的に利用して高い経営成果を長期間上げることが必要である。逆に，株主以外のステークホルダーが企業の支配権を握る場合には，自己利益のみが追求されるという現象が企業活動の様々な局面で出現し，企業は非常に非効率的なものになってしまう。ここで重要なのは，目先の利益だけを増やしても株主価値は最大化できないということである。株価は基本的に将来の期待キャッシュフローの現在価値に基づいて決定される。したがって，長期間にわたって高いキャッシュフローを上げなければ，株主価値を最大化できない。顧客から高い信頼を得ること，取引先や従業員と良好な関係を築くこと，画期的な研究開発によって技術革新のリーダーになること，先進的な経営を行い社会的に尊敬される企業になること等は，長期間にわたる企業価値の向上に不可欠であり，株主の利益に合致する。

10.1.2 エージェンシー問題とモラル・ハザード

そもそもコーポレート・ガバナンスが問題にされる理由は，大規模な株式会社の場合，所有（Ownership）と支配（Control）の分離が明確になることである。法律上の建前としては，株主が企業の所有者である。しかし，個人企業と違い多数の株主を持つ大企業の場合には，株主のエージェントとして経営にあたっているはずの経営者が，実質上，企業を支配して株主の利益よりも経営者自身の満足や利益を追求する行動を取りがちである。こうした現象はエージェンシー問題と呼ばれる。一般に，エージェンシー問題とはプリンシパル（Principal，依頼人）がエージェント（Agent，代理人）に意思決定権限を移管してサービスの代行を依頼するときに，両者の間に利害対立が発生しエージェントがプリンシパルの意向に沿わない行動を取る状況を指す。

一般にエージェンシー問題は，情報の非対称性が大きければ大きいほど深刻になる。情報の非対称性とは，複数の経済主体間で入手可能な情報の質や量，専門知識に格差があることを指す。経営者と株主の間についてみると，株主は企業の実態を知るために財務諸表や投資家向けIR活動，マスコミ報道などによって得られる情報に頼っている。このように株主は，経営者の行動を子細にモニターできるわけではないので，経営者がその気になれば，株主が簡単に観察し得ない利己的な行動を取ることも可能である。

完全なモニタリングができないことをよいことに，エージェントがプリンシパルの意向に反した目的のために資源を用いる，あるいは期待されている努力を怠ると効率的な資源配分が妨げられる。こうした現象のことをモラル・ハザード（Moral Hazard）と呼ぶ。

さて，エージェントである経営者が，プリンシパルの投資家の効用を高めるために企業価値の最大化にむけて努力することには，様々な精神的苦痛や肉体的疲労というコストが伴う(1)。その結果，情報の非対称性がある場合には，十分なインセンティブなしでは経営者は企業価値最大化のために努力しようとしない。経営者の自発的な努力を誘発するためには，経営者が企業価値最大化のために努力した方が，努力しないときよりも経営者の努力に伴う精神的苦痛など

---

(1) 本章の補論でモラル・ハザードとモニタリングに関して簡単なモデルを使ったもう少し詳しい説明を加えた。

のコストを控除した後の利益が大きくなるというインセンティブ付けが必要である。そのためには経営者の努力の結果，高い事業収益が上がった場合のトータル収益のうち投資家の受け取る分を減らして，経営者に対するインセンティブ報酬に振り向けなければならない。

しかし，このインセンティブ付けに伴う投資家側のペイオフ減少が大きすぎる場合には，投資家側の必要収益率条件が満足されないので，投資家は企業に必要投資資金の一部分しか提供しなくなる。その結果，自己資金がある程度以上ない企業には投資家からの資金が十分集まらないので，NPV がプラスの事業であっても投資が実施できないという問題が生じる。

10.1.3　モニタリングの意義

次に情報の非対称性の条件を若干緩和した場合について考えてみよう。いま，外部の投資家はモニタリングのためにコストをかければ，経営者が努力しているか否かをある程度観察できるとする。そして経営者が努力をしていないとわかった場合には，経営者報酬をゼロにする等のペナルティを経営者に課すものとする。この場合，経営者が努力するための条件は，努力したときの精神的な苦痛などのコスト控除後の経営者の期待ペイオフが，努力せず，かつ努力していないことが外部の投資家に知られない場合の期待ペイオフよりも大きいことである。

逆に言うと，モニタリングの結果，経営者が努力していないことを投資家に知られてしまう可能性が大きくなると，経営者は彼らの努力を誘発するためのインセンティブ報酬が減った場合にも努力するようになる[(2)]。その結果，経営者に対するインセンティブ報酬の削減分だけ投資家のペイオフが増加する。ただし，モニタリングのコストは，最終的に投資家が負担することになるので，こうしたモニタリングの仕組みが上手く働くためには，効果的なモニタリングが比較的低いコストで実施可能であることが必要である。

10.1.4　幅広いガバナンス・システム

10.1.2項から10.1.3項の説明で明らかにしたようにコーポレート・ガバナン

---

(2)　この点について詳しくは補論を参照。

ス・システムは，基本的にモニタリング制度とインセンティブ制度の組み合わせによって構成される。具体的な仕組みは，(1)取締役会などの監督制度，(2)経営者報酬制度などのインセンティブ・スキームである。こうした企業内部の仕組みに加えて重要なものに，(3)敵対的企業買収や機関投資家の株主権行使，など資本市場からの圧力がある。

コーポレート・ガバナンスと言うとき，しばしば取締役会や社外取締役などのモニタリング制度のみについて議論される。これに対して本章では，上記のように幅広いコーポレート・ガバナンス概念について取り上げる。こうしたアプローチを取る理由は以下の通りである。取締役会制度等の法的制度は，ともすれば実態が伴わず形骸化しがちである。内外企業の粉飾決算などの事例に明らかなように，社外取締役の導入など形式だけを整えても実態が伴わなければガバナンス・システムは有効に機能しない。ガバナンスを本当に強化するためには，経営監視システムと相互に補完し合うインセンティブ・スキームおよび資本市場からの圧力を同時に強化することが必要である。

10.2 内部モニタリングとインセンティブ・システム

10.2.1 取締役会の強化

日本では，近年，内部モニタリング・システムとしての取締役会の強化や社外取締役制の本格的な導入が進められている。具体的には，2005年の会社法の制定およびその後の改正，2015年6月から日本の全上場企業に適用されるようになった東京証券取引所が定めた上場規則「コーポレートガバナンス・コード」のような法規制制度の整備が挙げられる(3)。

---

(3) コーポレートガバナンス・コードは大きく5つの基本原則で構成され，(1)株主の権利・平等性の確保，(2)株主以外のステークホルダーとの適切な協働，(3)適切な情報開示と透明性の確保，(4)取締役会等の責務，(5)株主の対話，に関する指針が示されている。日本版スチュワードシップ・コードが運用会社，年金基金などの責任原則であるのに対し，コーポレートガバナンス・コードは上場企業に適用される。両コードともに，「コンプライ・オア・エクスプレイン（Comply or Explain）」の精神の下，原則を実施するか，さもなければ実施しない理由を説明するか求めている。コーポレートガバナンス報告書に本コードの実施に関する情報開示を義務付け，実施しない場合はその理由の明記が必要。開示内容は持ち合い株に関する方針や取締役会に関する開示などが中心。会社の持続的成長・中長期的企業価値向上に寄与する独立社外取締役を2名以上選任することも新たな上場制度に盛り込まれた。

内部モニタリング・システムについて，以前の日本とアメリカを比較すると，従来の日本企業は取締役会と監査役会という二重監督システム，アメリカは取締役会のみと異なっていた。しかし，2003年に日本でも委員会等設置会社（現在の指名委員会等設置会社）というアメリカ型のコーポレート・ガバナンス制度が取り入れられ，一部の企業で採用された。指名委員会等設置会社とは，取締役会の中に指名，監査および報酬委員会という三委員会を設置し，取締役会が主に経営の監督を行う一方で，取締役会において選任される執行役が，取締役会から権限委譲を受けて業務執行を行う制度である。この制度は，経営の監督と業務執行を分離して，取締役会が執行役に業務執行の権限を大幅に委譲することによる意思決定の迅速化と，過半数を社外取締役とする指名，監査，報酬の三委員会の設置による一層の経営の監督機能の強化および透明性の向上を図ろうとするものである。そして，2015年５月から施行された会社法の一部改正に伴い，新たに監査等委員会設置会社が設けられた。監査等委員会設置会社制度は，２人以上の社外監査役の選任が義務付けられている従来型の監査役会設置会社において，社外監査役に加えて社外取締役を選任することの重複感・負担感を軽減しようとするものである。その結果，現在の日本の上場株式会社では，従来型の監査役会設置会社，指名委員会等設置会社，監査等委員会設置会社の３種類のモニタリング・システムが併存するようになった。

日本のコーポレートガバナンス・コードでは「独立社外取締役を２名以上選任すべき」とされているが，アメリカの大企業の場合，典型的な取締役会は３名の社内取締役と９名前後の社外取締役から構成されており，社外取締役の比率が圧倒的に高い。アメリカの大企業では，社内取締役としてCEO（Chief Executive Officer，最高経営責任者），COO（Chief Operating Officer，最高執行責任者），CFO（Chief Financial Officer，最高財務責任者）の３名が取締役会に属しているのが普通である。

しかし，アメリカ企業の取締役会でも，ずっと昔から社外取締役が過半数を占める構成であったわけではない。様々な経緯を経て次第に社外取締役の数が増えていったというのが実態である。アメリカで社外取締役の導入が進んだ背景は，旗振り役として証券取引所や証券取引委員会（SEC）が大きい役割を果たしたことである。

社外取締役の導入や監査役の機能強化の効果に関しては，学者や専門家の間でも意見の相違がある。傾向として，法律学者や経営学者には前向きな評価を与える人が多い。一方で，実務家や経済学者の中には社外取締役の導入や監査役の機能強化がモニタリングの仕組みとして有効に働くかどうかについて疑問視する人も少なくない。

有効性を疑問視する論者は，理由として(1)社外取締役や監査役に経営者の監視を行う十分な時間やインセンティブが存在しない，(2)取締役会が監視機能を果たしているとして紹介されるアメリカの事例は例外的事例で，平均的な実態を反映していない，(3)アメリカ企業の社外取締役のほとんどはCEOと親しい著名人でCEOの意向に添って行動している，(4)経営陣は取締役会に流す情報をコントロールしている，といった理由を挙げている。

アメリカの社外取締役の形骸化が問題視された有名な事例は，2001年のエンロンの経営破綻である。エンロンの取締役会は2000年末の時点で17名のメンバーで，社内取締役は会長のレイとCEOのスキリングの2人で，残りはアメリカおよび他国の大企業の現CEOないし元CEO，アメリカ，イギリスの元政府高官や大学教授など錚々たる顔ぶれだった。ところが，エンロンの社外取締役は，社内から内部告発の声が挙がった後でも財務を調査することもなければ，トップ・マネジメントの方針に意見することもなかった。エンロンの事例は，いくら見識のある人々であっても日常的に情報に触れている専門家でなければ，複雑な現代企業の経営監視を行うことは容易ではないことを示している。

社外取締役の導入に意味がないわけではないが，アメリカ企業における取締役会の実態を踏まえると，社外取締役を導入すれば日本企業における経営の監督機能が大幅に強化される等の過大な期待は控えた方が良さそうである。

10.2.2　経営者報酬システム

経営者と株主の間のエージェンシー問題を緩和する方策のひとつは，ストック・オプションの導入などによって経営者報酬と株主利益との連動性を強化することである。アメリカでは経営者に対する高額な報酬がしばしば問題にされるが，日本の社長に対する報酬は，実はアメリカ企業の平均的CEOに対する報酬と比較して遜色がない，という指摘もある。その理由は(1)日本企業の社長は退任後も会長や相談役などの肩書きで企業から長期間にわたり報酬を得ていること，(2)運転手付きの車，役員室，秘書などに伴うコスト，等を勘案すると，在任期間が終わると完全に引退することの多いアメリカ企業のCEOと実態的な報酬はほとんど違わない，というものである。しかし，本当の問題は報酬金額の高低ではなく，その支払われ方である。

1980年代のアメリカ企業の経営者報酬に関する実証分析によると，当時のアメリカの経営者報酬システムは株主利益を高めるための動機付けが弱かった。株主利益を向上させても低下させても経営者報酬はほとんど変わらない仕組みになっていた。しかし，現在のアメリカ企業の経営者報酬システムは，1980年代に比べて株主利益との連動性が相当に高くなっている。

一方，現在の日本企業の経営者報酬システムは，1980年代のアメリカ企業よりもずっと硬直的である。株主利益を高めようというインセンティブがほとんど働かない報酬システムであると言ってよい。日本企業の経営者報酬は，(1)役員賞与が業績の良し悪しにかかわらずあまり変動しない，(2)業績の達成度との連動方法の規定が曖昧で不透明である，(3)退職慰労金など後払い的報酬の比重が高く，かつこれらが在任中の業績よりも在任期間年数を基準に算定されている，(4)ストック・オプションなど中長期的な株主価値創造を動機付ける制度を導入する企業が増加しているが，付与額が全体の報酬額に比較して非常に少ない，などの問題点がある。

こうした日本企業の経営者報酬システムは，経営変革に対して十分なインセンティブを与えていない。思い切った経営変革を行って波風を立てるよりも，従来の路線を引き継いで平穏に任務を全うするという誘因を内蔵したシステムであるとさえ考えられる。経営者としての在任期間中の業績に対する連動性を高めた報酬システムへ転換するとともに，退任した社長が会長や相談役等の役職で長年にわたり自社に残っているため，現役社長が前任者の施策を否定するような大胆な経営改革を実施しにくいといったことのないようにすべきである，と主張されるゆえんである。

このような経営者報酬制度への切り替えを行った場合には，結果として社長在任中の報酬が大幅に上昇するケースも発生するであろう。このとき高額な経営者報酬に対する社会的風当たりが強くなる恐れがあるだけに，算定根拠について高い透明性と客観性を確保することが不可欠で，報酬委員会における十分な検討が必要であろう。また，エンロンの破綻で問題になったように，経営者が私的情報を利用して自社株売買を行う，報酬決定に重要な役割を果たす財務情報を操作するといったことのないようにインサイダー取引規制や財務諸表監査の強化も必要である。

10.3 資本市場からの圧力

10.3.1 敵対的買収

資本市場から経営者に加えられる圧力のうち，最も古典的かつ直接的なものは敵対的企業買収の脅威である。これは買収対象会社の経営陣の意向を無視して，強引に経営権を取得するもので，コーポレート・ガバナンス・システムの最後の手段とも言うべきものである。

企業買収によって問題のある経営陣を新しい経営陣に置き換えれば，経営を大幅に改善できる可能性が生まれる。1980年代のアメリカにおいて起こった多くの敵対的M&Aにおいて，買収側は買収目的として経営改善を掲げてきた。その代表例は，T. ブーン・ピケンズである。彼は，1970年代後半から1980年代にアメリカ石油業界における多くの敵対的企業買収に関与した。ピケンズの手掛けたうちで最も大規模なM&A案件であるガルフ・オイルに対するTOBの場合，ピケンズは同社の買収には成功せず，ガルフは最終的にシェブロンに買収された。しかし，ピケンズが株主の利益につながらない浪費であるとして大幅削減を要求した新規油田開発投資については，シェブロンに買収された後大幅に削減された。

敵対的買収による経営陣の入れ替え，ないしその潜在的脅威は，経営効率向上のインセンティブになる。その一方で，敵対的買収には様々なコストが伴うのも事実である。1980年代のアメリカの敵対的M&Aブーム時には，非常に多くの資源と時間がM&Aの攻防戦のために使われた。そのため本当に利益を得たのは，株主ではなく巨額の報酬を得たインベストメント・バンカーやM&Aの専門弁護士ではないかという意見もあるくらいである。

また，フリー・ライダー問題という観点から敵対的買収の成功に対して疑問視する見方もある。これは，既存株主が買収に伴う経営改善を織り込んだ株価上昇を合理的に予想した場合，買収金額の上昇によって買収者は経済的利益を得られなくなるので敵対的買収は成功しなくなるという問題である。さらに，企業買収は債権者，従業員，取引先などから株主へ富の移転を行う目的で行われるという側面もある。すなわち，結果的に株主が利益を得たとしても新しい経営陣の下でより効率的な経営が行われて富が創造されたのではなく，単に他のステークホルダーの犠牲によって株主利益の上昇がもたらされたということもあるかもしれない。

しかし，アメリカでの実証研究の多くは，敵対的な企業買収はパフォーマンスが劣悪な経営者の規律付けに役立ったことを示している。結論的には，敵対的企業買収には上で述べたような弊害が伴う可能性もあり，また頻繁に起こるものではないが，経営者を規律付けるコーポレート・ガバナンス・システムの有効性を最後に担保するものとして必要であると言えよう。

10.3.2　株主アクティビズム

株主アクティビズムとは「年金基金等の機関投資家が，上場企業の大株主である立場を利用して当該企業の経営政策やガバナンス・ルールに影響を与えて株主価値を向上させようとする行動，ないしヘッジファンド等が経営政策の変更を目的にして新たに株式の大量取得を行って利益を上げようとする行動」のことを指すものである。

アメリカで株主アクティビズムが本格化したのは1980年代の半ば以降のことで，この頃に年金基金等の機関投資家が株主アクティビズムの重要な担い手として登場した。年金基金とりわけCalPERS（California Public Employees Retirement System：カリフォルニア州職員退職年金基金）などの公務員年金によるアクティビズムが，1980年代後半以降活発化した背景として次の要因を挙げることができる。すなわち，(1)機関投資家による株式保有比率が高水準に達した結果，業績が悪かったり機関投資家の意向に反する経営を行っていたりする企業の株式についても，保有株数が多すぎて売却しようとすると自らの売りで株価を下げてしまう状態になったため，ウォール・ストリート・ルール（Wall Street Rule）で対応できなくなってしまったこと[(4)]，(2)特に公務員年金基金についてはインデックス運用比率が急上昇して，売却がより一層難しくなったこと，(3)1980年代のアメリカでは敵対的企業買収が増加し，それに対抗

(4)　ウォール・ストリート・ルールとは，「投資先企業の経営に関して不満があれば，その企業の株式を売却することで不満は解消される」という考え方を指す。

するため1980年代半ば以降，ポイズン・ピル等の買収防衛策が多くの企業で採用されるとともに，経済界のロビイングの結果，各州でテークオーバー防止法が制定され始めた結果，敵対的買収の脅威による経営の規律付けが効きにくくなったこと，等である。

アメリカにおける年金等の株主アクティビズムの成果を評価した実証研究は多数存在するが，結論は研究によってまちまちである。ただ，評価の高低は多分に評価基準を何にするかに依存する。すなわち，(1)株価や会計上の収益性を基準にして成果を評価した研究の多くは，アクティビズムが目立った成果を上げなかったという結論に達している，(2)一方，取締役の期差選任の撤廃等のコーポレート・ガバナンスの仕組み，組織上の問題に焦点を当てた研究ではより高い評価が与えられている。しかし，ガバナンスの仕組みの変更等の究極目的が株主価値向上であるとすれば，株価上昇や収益性改善等において有意な成果を上げていないのならば，結局，機関投資家による株主アクティビズムは成果を上げていない，と評価せざるを得ない。

機関投資家による株主アクティビズムが株主価値向上に目立った成果を上げていない理由として，(1)機関投資家はアクティビズムのために多くの費用を掛けていない，(2)委任状獲得合戦や取締役に独自の候補を立てる等のアグレッシブな戦術を採用してこなかった，(3)様々な規制によって機関投資家がアクティビズムにおいて採用できる行動に制約がある，(4)年金基金内部のエージェンシー問題の存在，などが指摘されている。

一方，近年，その活動が目立っているヘッジファンドによる株主アクティビズムは，実証研究の結果，株主価値向上に貢献したと分析されている。アクティビスト・ファンドは，主として小型バリュー株をターゲットにして，企業価値向上のために経営戦略，オペレーション，財務政策等について様々な提案を行ってきた。アクティビスト・ファンドは，およそ3分の2の事例においてファンド側の提案を会社側に認めさせるか，少なくとも部分的に認めさせるのに成功した。ターゲット企業の株価は，アクティビスト・ヘッジファンドによる株式の大量取得後の短期間に相当の値上がりを示した。これらの株価上昇は債権者等から株主への富の移転に起因するものではなく，収益性改善に対する市場の予想を反映したものである，という主張がこれらの実証研究ではなされている。

機関投資家によるアクティビズムに比べて，アクティビスト・ファンドが企業のパフォーマンス改善や株価上昇においてより高い成果を上げてきた背景としては，(1)機関投資家のアクティビズムが些細な事項に関する改革を求めてきたのに対して，アクティビスト・ファンドは経営戦略の根本にかかわる大幅な経営改革を要求してきた，(2)機関投資家のようにことが起こった後に是正を求める事後的な要求を行うのではなく，高い調整コストを必要とする戦略的で事前的な要求をしてきた，という指摘がなされている。

アクティビスト・ファンドが，このような思い切った行動を取ってきた理由として，(1)インセンティブの相違：伝統的な機関投資家の得る運用報酬は，ほとんどの場合，運用残高比例であり高い運用成果を上げようというインセンティブが強く働かないのに対して，アクティビスト・ヘッジファンドは，固定報酬に加えて絶対リターンの約20%をファンドマネジャーが報酬として得るという比例報酬形態を取っており，高い運用成果を上げようという強力なインセンティブが働く，(2)行動制約の相違：伝統的な機関投資家には，規制，政治的圧力や利益相反の回避等の理由で様々な行動制約が存在する。それに対してアクティビスト・ヘッジファンドの場合には制約が非常に少ない，(3)投資方針の相違：伝統的な機関投資家はプルーデントマン・ルール（Prudent Man Rule：思慮ある者の原則）に基づきほとんどの場合，分散投資を行っており，アクティビズム行動のために特定銘柄へ集中投資を行うアクティビスト・ヘッジファンドのような行動が取れない，等が指摘されている。

しかし，アクティビスト・ヘッジファンドが，インセンティブが高く，制約が少なく自由に行動できることは，彼らの行動の結果として株価が上昇する必要十分条件ではない。ヘッジファンドの行動の中身が，株価を上昇させる十分な要素を含んでいなければならない。

この点に関して，ヘッジファンドに経営改善能力があると主張している論文もあるが，この説については反対論も多い。まず，ヘッジファンド・アクティビストの介入によって収益性が改善したという明確な実証結果は得られていない。増配や自社株買いによってペイアウト比率（(配当＋自社株買い実施額)/純利益）が上昇したと指摘する論文は多いが，収益性の改善については確認できないと報告している論文が少なくない。そもそも証券投資やコーポレートファイナンスの専門家であるアクティビスト・ファンドのマネジャーが，経営者として長期的に企業価値を上昇させることができるのか疑問である。この点について有力な仮説に，アクティビスト・ヘッジファンドがターゲット企業を買収の対象にすることができるからであるというものがある。事実，アクティビスト・ファンドが株式大量取得を行った企業が買収される確率は，類似特性を持つ他企業よりも有意に高いという指摘がなされている。

10.4 ガバナンス改善のための諸施策の効用と限界

代表的なコーポレート・ガバナンス改善策として，(1)内部モニタリングの強化，(2)経営者に対するストック・オプション等のインセンティブ報酬，(3)敵対的企業買収，(4)伝統的機関投資家やヘッジファンドによる株主アクティビズム，についてみてきた。各施策が，株主価値の向上にどれほど効果的であるかは最終的に実証的な問題であるが，どの対応策にも各々に強みと弱みがあり，万能薬にはなり得ないことが明らかになりつつある。

経営者に対するモニタリングの強化策については，企業の内部者と外部の投資家間で情報とインセンティブのトレードオフがあるという問題点がある。従業員などの企業の内部者は内部情報に通じているものの，内部者の利害と株主の利害は一般的には一致しない。そのため違法行為等を除いて，従業員が株主利益の極大化に反するとして自社の経営者の経営判断に異議を唱えるとは考えにくい。内部情報に一定程度のアクセスを持つ社外取締役に関しても例外ではない。また社外取締役が株主の代表として株主価値の向上に有効に機能しているという明らかな実証的証拠も存在しない。取締役会の機能に関する実証研究をサーベイした結果によれば，取締役会における社外取締役の占める構成比が高いからといって，財務会計上の収益性，企業価値の市場評価額，および株式リターンが有意に高いという明確な実証結果は得られていない。

一方，機関投資家等が，株主利益の極大化を目的にして外部から企業をモニターする場合には，情報の非対称性に直面することになる。情報のアベイラビリティ問題が深刻でない場合にも，通常，投資家には入手した情報に基づき正しい判断を行うのに必要な専門知識や経験が不足している。もちろん，投資家が専門家を雇って補うことも不可能ではないが，それにはコストが掛かる。仮に投資家がコストを掛けて情報を分析し経営者の行動をモニタリングしても，そのコストが回収できるとは限らない。また，他の投資家がフリーライドするので，モニタリングにあまり大きなコストを掛けるのは，通常，経済合理性に欠ける行為になる。コストを掛けることが経済合理性に適った行動になるのは，大株主で株主価値が向上したときの利益金額が大きいとか，当該企業を買収して経営改善やシナジー効果を享受しようとする場合に限られる。

一方，経営者に対するインセンティブ報酬制度は，経営者と株主間の情報の非対称性に起因するモニタリングの限界を克服するための一手段であるが，行き過ぎると粉飾決算等経営者による情報操作の危険性を高めるという問題があることはエンロン事件等で明らかになった通りである。

株主アクティビズムに関しても，同様のことが言える。アクティビズムに全く意味がないというわけではないにしても，すでに見てきた実証研究で示されている通り，株主価値の向上策としては明らかに限界がある。機関投資家によるアクティビズムについての研究者の代表的な見解は，「機関投資家によるアクティビズムは悪いことではないが，今まで行われた様々な調査研究の結果から判断すると，機関投資家アクティビズムは企業のパフォーマンスに大きな影響を与えておらず，活発な経営支配権市場が提供する経営の規律付けに代替するものではない。」というものである。

アメリカでも企業年金や投資信託は，顧客企業との関係上の理由から株主アクティビズムに対して消極的であるし，公務員年金についてもその姿勢にばらつきがある。公務員年金に対するアンケート調査結果によれば，一部の大規模な公務員年金は株主アクティビズムに熱心に取り組んでいるが，規模の小さい大部分の公務員年金は，株主提案や独自の取締役候補を立てる等の行動に出た経験はなくコーポレート・ガバナンス行動に対する関心は低い。モニタリングのコストとベネフィットを考えれば，こうしたフリーライド行動は経済合理性に適った行動である。以上のアメリカでの経験を踏まえると，近年日本で注目されている日本版スチュワードシップ・コードの有効性に関しても過大な期待は持てそうもない(5)。

一方，すでに見た通りヘッジファンド・アクティビズムは，少なくとも短期的に株主価値の向上に貢献してきた。しかし，ヘッジファンド・アクティビズムが，有効性を発揮できる分野は主として小規模な企業に限定されており，すべての企業のガバナンス改善に役立つわけではない。アクティビスト・ヘッジファンドの行動の成果が最も期待できるのは，小型バリュー株企業の低採算部門売却やペイアウト政策の改善である。この場合，詳しい内部情報は不要で，公表されている財務諸表情報で十分である。しかし，同様の経営問題を抱えていたとしても，アクティビスト・ファンドの資金力の関係上，巨大企業はターゲットになりにくい。

また，アクティビスト・ファンドの有効性は「出口」と密接に関係している。アクティビスト・ファンドが大量に取得した株式を，マーケット・インパクトを回避しつつ売却する「出口」として，M&A 市場，とりわけプライベート・エクイティは重要な役割を果たしてきた。また，10%以下の持株比率で経営者に強力なプレッシャーを掛けるためには，M&A 市場との結びつきが効果的である。しかし，M&A，プライベート・エクイティ市場の規模の小さい日本では，アクティビスト・ファンドの有効性は限定的なものになるであろう。

---

(5) 日本版スチュワードシップ・コードは金融庁によって策定された。同コードにおける「スチュワードシップ責任」とは，「機関投資家が，投資先企業やその事業環境等に関する深い理解に基づく建設的な「目的を持った対話」（エンゲージメント）などを通じて，当該企業の企業価値の向上や持続的成長を促すことにより，「顧客・受益者」（最終受益者を含む）の中長期的な投資リターンの拡大を図る責任」を意味する。法的拘束力に縛られない自主規制であるが，コーポレートガバナンス・コードと同様にコンプライ・オア・エクスプレイン（Comply or Explain）として，各原則を順守するか，順守しないのであればその理由を説明するよう求めている点が特徴である。

補論　モラル・ハザードとモニタリングのモデル分析

●インセンティブと経営者の努力水準

この補論では非常に単純なモラル・ハザードのモデルを取り上げ，情報の非対称性の存在する場合にどのような問題が生じるのか見てみる。

あるオーナー経営者が，投資プロジェクトを計画している。必要投資額は I で，プロジェクトからのペイオフは確率 p で $R(>0)$，確率 $(1-p)$ で 0 であるとする。オーナー経営者の資産額は $w_0<I$ で投資に必要な資金の不足額は外部の投資家から集めると仮定する。オーナー経営者がプロジェクトを成功させるために「努力」するかどうかはプロジェクトの成否に影響するが，オーナー経営者の努力水準は外部の投資家からは観察不可能である。

オーナー経営者の努力水準を e（＝0 ないし 1）で表そう。努力水準はプロジェクトの成否とともにオーナー経営者の負担するコスト C に影響する。オーナー経営者が努力する，すなわち $e=1$ のときにはプロジェクトが成功する確率は p^H と高水準になるが，オーナー経営者は努力に伴う精神的苦痛や肉体的疲労に伴うコスト $C(>0)$ を負担することになる。一方，オーナー経営者が努力しないときには，プロジェクトが成功する確率は $p^L(p^L<p^H)$ に低下するが，オーナー経営者の精神的苦痛などのコストはゼロになる。

プロジェクトが成功したときの総ペイオフ R はオーナー経営者に R^a と外部の投資家に R^b という形で分配される。すなわち，

$$R=R^a+R^b \tag{10.1}$$

となる。単純化のために，経済主体はリスク中立で，金利はゼロ，均衡状態ではオーナー経営者が努力すれば外部の投資家がブレークイーブンになると仮定する。すなわち，

$$p^H R^b=I-w_0 \tag{10.2}$$

そして，オーナー経営者のコストも含めて考えたトータル・サープラスはオーナー経営者が努力したときにのみプラスになる。すなわち，

$$\begin{aligned} &p^H R-I-C>0 \\ &p^L R-I<0 \end{aligned} \tag{10.3}$$

であると仮定する。オーナー経営者が努力するためのインセンティブ整合性

（Incentive Compatibility）条件は

$$p^H R^a - C > p^L R^a \tag{10.4}$$

となる。この(10.4)式を用いると，インセンティブ整合性を満足するオーナー経営者に対する最低のリターン分割金額 $R^a_{\min}$ として

$$R^a_{\min} = \frac{C}{p^H - p^L} = \frac{C}{\Delta p} \quad （ただし，\Delta p = p^H - p^L） \tag{10.5}$$

を導ける。プロジェクトが成功したときのオーナー経営者が受け取るペイオフが，この金額を下回る場合にはオーナー経営者は努力をしない。その結果，プロジェクトが成功したときに外部の投資家に提供できる最大の分割金額 $R^b_{\max}$ は

$$R^b_{\max} = R - R^a_{\min} = R - \frac{C}{\Delta p} \tag{10.6}$$

となる。外部の投資家がプロジェクトに出資するための参加条件（Participation Condition）は

$$p^H R^b_{\max} \geq I - w_0 \tag{10.7}$$

である。(10.7)式の条件が満たされない場合，外部の投資家はこのプロジェクトに出資しない。さて，(10.7)式に(10.6)式を代入して w_0 について整理すると，プロジェクトが成立するための最低担保額($\underline{w_0}$)の条件として

$$w_0 \geq p^H \frac{C}{\Delta p} - (p^H R - I) \equiv \underline{w_0} \tag{10.8}$$

を得る。すなわち，オーナー経営者が十分な資産を保有していない場合($w_0 < \underline{w_0}$)には，プロジェクトの NPV がプラスであっても外部の投資家からの出資が得られずプロジェクトは成立しないという信用割当(Credit Rationing)が発生する。このようにモラル・ハザード問題は信用割当と NPV がプラスのプロジェクトに投資されないという過小投資を引き起こし事前の企業価値が低下する。

●モニタリングの意義

上のモデルでは，外部の投資家はオーナー経営者の努力について全く監視できないと仮定した。そして，プロジェクトが成功したときのオーナー経営者に対する支払いを多くして，オーナー経営者が努力するように誘導しなければな

らない。その結果，外部の投資家が受け取れるペイオフが少なくなる。

次に仮定を緩和してモニタリング・コストを掛ければ，オーナー経営者が努力しているか否かをある程度監視できる場合について考えてみよう。いま，外部の投資家は確率 q でオーナー経営者が努力していないことを見つけられるとする。ただ，外部の投資家はモニタリングのためにコスト m を掛けねばならない。そしてオーナー経営者が努力をしていないとわかった場合には，プロジェクトが成功してもオーナー経営者は何も受け取れないとする。この場合，オーナー経営者が努力するためのインセンティブ整合性条件は

$$p^H R^{*a} - C > (1-q) p^L R^{*a} \tag{10.9}$$

となる。ここで，R^{*a} はモニタリングの行われる場合のプロジェクト成功時のオーナー経営者のペイオフである。すなわち，オーナー経営者が努力するための条件は，精神的な苦痛などのコスト控除後のオーナー経営者の期待ペイオフが，努力せず，かつ努力していないことが外部の投資家に知られない場合の期待ペイオフよりも大きいことである。この場合には，インセンティブ整合性を満足するオーナー経営者に対する最低のリターン分割金額 $R^{*a}_{\min}$ は

$$R^{*a}_{\min} = \frac{C}{p^H - (1-q) p^L} = \frac{C}{\Delta p + q p^L} \tag{10.10}$$

となる。この結果，プロジェクトが成功したときに投資家が得ることができる最大の分割金額 $R^{*b}_{\max}$ は，モニタリング・コスト m を控除した後で

$$R^{*b}_{\max} - m = R - R^{*a}_{\min} - m = R - \frac{C}{\Delta p + q p^L} - m \tag{10.11}$$

と表せる。(10.6)式と(10.11)式を比較すると，モニタリング・コストが次の(10.12)式の条件を満たすときには，モニタリングを行うときのプロジェクト成功時の投資家への最大の分割金額が，モニタリングをしないときに比べて増加することがわかる。

$$\frac{q p^L C}{\Delta p (\Delta p + q p^L)} \geq m \tag{10.12}$$

(10.12)式は，モニタリングが効率的に行われ，オーナー経営者が努力をしていないことがわかる確率 q が，モニタリング・コストに比べて高い場合には，投資家にとってモニタリングを行うことは経済的メリットがあることを示している。例えば，投資家の参加条件が満足されるとして，$\Delta p = 0.2$，$p^L = 0.4$ の場

合，モニタリングによって確率50％でオーナー経営者の努力の有無がわかるとき，すなわち $q=0.5$ のときには，モニタリング・コスト m が，オーナー経営者の努力のコスト C の2.5倍よりも低いときには，投資家にとってモニタリングを実施することが合理的である。ところが，モニタリング効率が低くモニタリングによって確率10％でしかオーナー経営者の努力の有無がわからない，すなわち $q=0.1$ のときには，モニタリング・コスト m が，オーナー経営者の努力のコスト C の0.83倍よりも低いときにのみ投資家にとってモニタリングの実施が合理的になる。

◆ 本章のまとめ ◆

- 現代の企業には，多様なステークホルダーが存在する。多様なステークホルダーの利害はしばしば一致しないため，ステークホルダーの行動をコントロール，調整するための様々なコーポレート・ガバナンスの仕組みが必要になる。
- 残余財産に対する請求権を持つ株主が企業の支配権を握ることが，結局，経営効率の改善や企業価値の最大化につながる。こうした株主価値最大化論に基づくコーポレート・ガバナンス・システムとは株主価値増大のための経営監督，インセンティブなどの一連の仕組みである。
- コーポレート・ガバナンス・システムは，基本的にモニタリング制度とインセンティブ制度の組み合わせによって構成される。具体的な仕組みは，(1)取締役会などの監督制度，(2)経営者報酬制度などのインセンティブ・スキームである。それに加えて重要なものに，(3)敵対的企業買収や機関投資家の株主権行使，など資本市場からの圧力がある。
- 近年日本では独立社外取締役の導入などにより内部モニタリングを強化しようという取組みがなされている。これにはそれなりの意義があるが，アメリカ企業での実証研究結果などから判断すると成果に対して過大な期待は控えた方が良さそうである。
- 日本の経営者報酬システムは，株主利益を高めようとする動機付けが弱い。経営者報酬の株主利益との連動性を強化して経営者にリスクを取ろうとする十分なインセンティブを与える必要がある。ただ，インセンティブ報酬には行き過ぎると粉飾決算などの危険性を高めるという問題があるので，その点には留意する必要がある。
- 敵対的企業買収には，様々な弊害が伴う可能性もあり，また頻繁に起こるものではない。しかし，経営者を規律付けるガバナンス・システムの有効性を最後に担保するものとしてその存在は重要である。
- 年金基金などの機関投資家による株主アクティビズムには様々な制約や限界があり，株主価値創造について大きな成果は期待できない。成果に関しては，ヘッジファンド・アクティビズムの方が期待できるが，対象が主として中小規模のバリュー株に限定されるという限界がある。

Problems

問1　日本企業のコーポレート・ガバナンス改革の一環で導入された指名委員会等設置会社とはどのような制度か簡潔に述べなさい。

問2　アメリカの年金基金などの伝統的機関投資家が行ってきた株主アクティビズムは，株主価値の向上面では高い成果を上げられなかった。一方，ヘッジファンド・アクティビズムはかなり高い成果を上げてきた。伝統的機関投資家とアクティビスト・ヘッジファンドの相違点を3点挙げて，株主アクティビズムにおける両者の成果の違いの背景について説明しなさい。

問3　仙石ゲームは，優れたソフトウェア・エンジニアである仙石さんがエンジニア仲間を誘って設立したばかりのゲームソフトの会社である。同社はいまあるゲームソフトの開発を計画している。開発には1年間の期間と2億円の費用が掛かる。このゲームはかなり画期的なもので，開発に成功すればその市場価値は1年後の時点で4億円の価値があるが，失敗すれば価値はゼロである。開発が成功するか否かは定かではないが，仙石さんの開発チームが真剣に取り組めば開発が成功する確率は60%であると見込まれた。一方で仙石さんのチームが本気にならない場合には成功確率は40%に低下する。仙石さんのチームが本気で開発に取り組む場合には，チームメンバーは今後1年間余暇時間なしで働き続けることになるので，彼らの余暇時間の効用はゼロである。一方，チームメンバーが本気にならない場合には，メンバーに余暇時間の効用が生まれ，1年後の時点でそれを金額に評価すると合計4,700万円になる。開発費用の2億円の融資を申し込まれた豊臣銀行は，仙石ゲームの開発チームが本気で開発に取り組むのか確信が持てずにいる。また，モニタリングも事実上不可能であると判断している。このとき仙石さんのチームを本気で開発に取り組ませるために豊臣銀行が融資できる最大の融資金額はいくらか。なお，(1)単純化のために，市場参加者はリスク中立である，(2)金利は年率10%，(3)開発のために必要な金額のうち豊臣銀行からの融資が得られなかった不足金額については仙石ゲームの設立資金で賄える，と想定しなさい。

第11章

オプション

Options

本章の概要

本章では，オプションについて学ぶ。オプションは，オプション取引のみならず企業金融分野においても非常に広範な応用分野を持っている。本章では，オプションの基礎からブラック＝ショールズ・モデルや二項モデルなどの価格理論および具体的な価格計算まで包括的に解説する。

Key words

オプション，オプション・プレミアム，原資産，コール，プット，行使価格，アメリカン・オプション，満期前行使，ヨーロピアン・オプション，ペイオフ，ダイナミック・レプリケーション，プット・コール・パリティ，二項ツリー，二項モデル，複製ポートフォリオ，ブラック＝ショールズ・モデル，無裁定条件，リスク中立確率，ボラティリティ，オプション・グリークス

11.1　オプションに関する基本概念

11.1.1　オプションとは

オプションとは，特定の資産を予め決められた期間内（ないし期間の末日）に所定の価格で買う（ないし売る）権利を表象する証券である。オプションはオプションの買い手と売り手の間の2者間の取引である。オプションは買い手にとっては権利であり義務ではないので，買い手は権利を行使することが自分

にとって有利であるときに権利を行使し，有利でないときには権利を放棄する。ただし，オプションの売り手は買い手が権利を行使したときには，それに応じる義務を負う。こうした権利を得る対価としてオプションの買い手は売り手に対してオプションの代金であるオプション・プレミアムを支払う。オプション・プレミアムはオプション価格とも呼ばれる。

オプション取引の対象にする資産のことを一般に原資産と呼び，原資産が株式や債券などの有価証券であるときには原証券と呼ぶことも多い。原資産を買う権利をコール（Call）オプション，原資産を売る権利をプット（Put）オプションと呼ぶ。原資産を買ったり，売ったりする予め決められている価格のことを行使価格と言う。

オプション期間内にいつでも権利を行使できるオプションをアメリカン・オプションと呼ぶ。アメリカン・オプションを満期日の前に権利行使することをオプションの満期前行使と言う。一方，オプション期間の末日にのみ権利行使できるものをヨーロピアン・オプションと呼ぶ。

権利行使について，X 社の株式に対する期間 3 ヶ月のヨーロピアンのコールとプットの 2 種類のオプションを例に考えよう。これらのオプションの行使価格はともに800円とする。3 ヶ月後のオプション満期日に X 社の株価が900円になった場合，コールは株式市場で900円する株式を800円で買えるので行使されるが，プットは株式市場で，900円で売れる株式を800円で売るのは合理的でないので行使されない。一方，オプション満期日の株価が700円になると，コールは株式市場で，700円で買える株式を800円で買うのは合理的でないので行使されないが，プットは700円の株式を800円で売れるので行使される。

現在の株価がオプションの行使価格と等しいとき，そのオプションはアット・ザ・マネーであると言う。一方，オプションを即座に行使したときに利益が出る場合には，そのオプションはイン・ザ・マネーであると言い，行使すると損失が出る場合には，そのオプションはアウト・オブ・ザ・マネーであると言う。再び X 社の株式に対する行使価格800円のコールとプットを例に挙げると，現在の X 社の株価が800円であれば，コールとプットの両方ともアット・ザ・マネーである。もし，現在の X 社の株価が700円であれば，コールはアウト・オブ・ザ・マネーであるが，プットはイン・ザ・マネーである。一方，現在の X 社の株価が900円であれば，コールはイン・ザ・マネーであるが，プットはアウト・オブ・ザ・マネーである。

11.1.2　満期日におけるオプションの価値と取引からの利益

オプションの満期日における株価が S 円であったとき，行使価格を K 円とするヨーロピアンのコールの満期日 T における価値（ペイオフとも呼ぶ）C_T とプットの価値 P_T について考えよう。もし満期日の株価が行使価格を上回った場合 $(S_T>K)$ には，コールを行使して K 円で株式を買い即座に売却すれば S_T-K の利益を上げられるので，コールの価値は S_T-K になる。一方，プットの方は株式市場でより高い株価 S で株式を売れるので，プットの価値はゼロである。逆に，満期日の株価 S が行使価格 K を下回った場合（$S_T<K$）には，満期日における価値は，コールはゼロ，プットは $K-S_T$ になる。これらの関係は

$$C_T=\mathrm{Max}(S_T-K, 0) \tag{11.1}$$

$$P_T=\mathrm{Max}(K-S_T, 0) \tag{11.2}$$

と表すことができる。

図表11－1 と **図表11－2** は，行使価格が800円の満期３ヶ月のコールについて

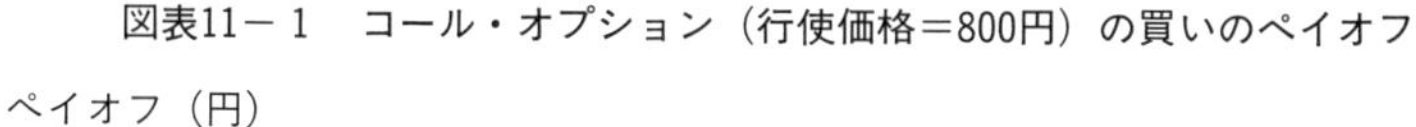
図表11－1　コール・オプション（行使価格＝800円）の買いのペイオフ

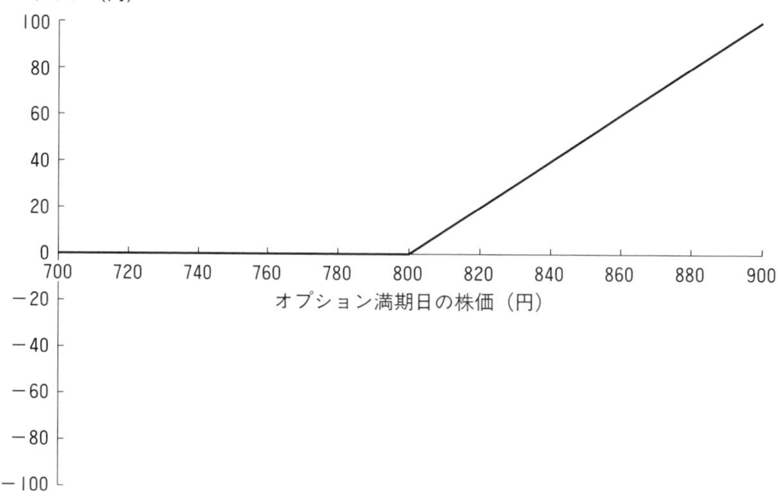

図表11－2　コール・オプション（行使価格＝800円）の売りのペイオフ

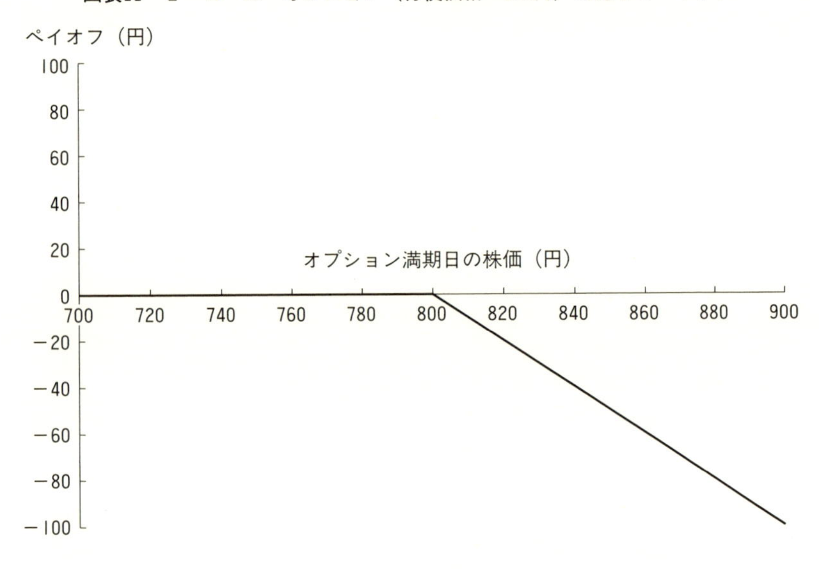

図表11－3　プット・オプション（行使価格＝800円）の買いのペイオフ

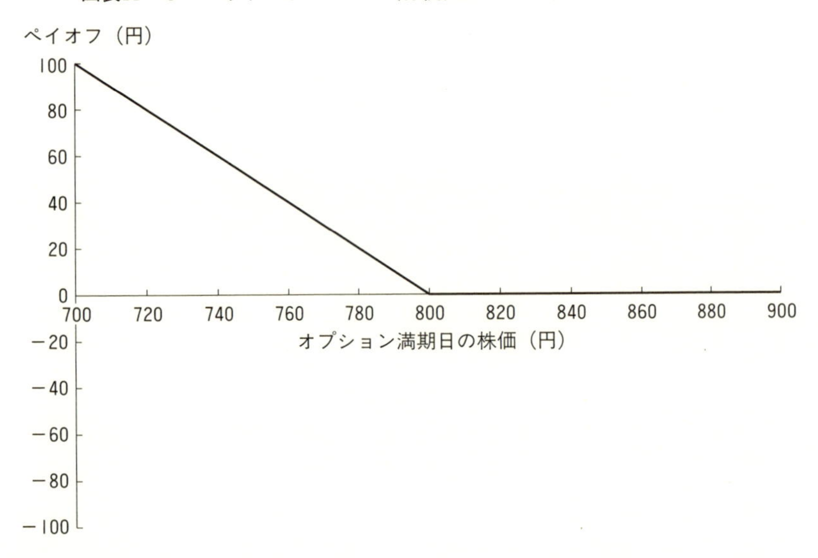

図表11－4　プット・オプション（行使価格＝800円）の売りのペイオフ

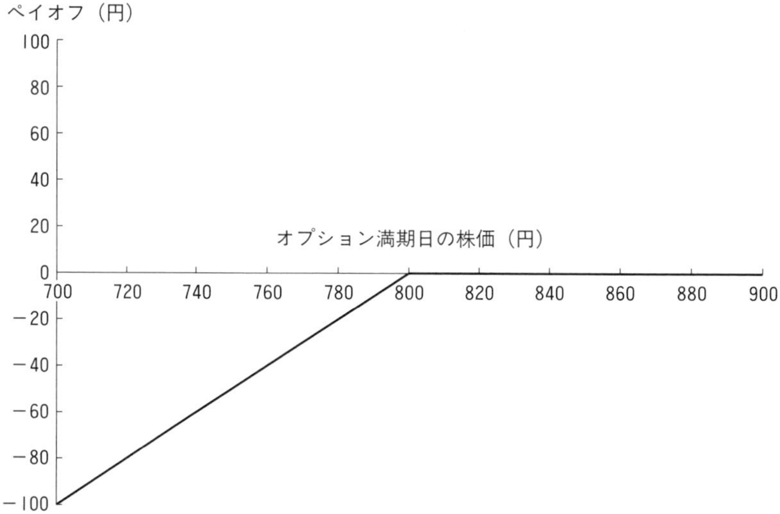

横軸に満期日の株価，縦軸にオプションのペイオフを取って買い手と売り手にとってのペイオフを示したものである。満期日の株価が行使価格の800円を下回るときにはコールの価値はゼロである。しかし，満期日の株価が800円を上回り，例えば840円になるとコールの買い手のペイオフは40円になるが，売り手のペイオフは－40円になる。

一方，**図表11－3**と**図表11－4**は行使価格が800円の満期3ヶ月のプットについて，横軸に満期日の株価，縦軸にオプションのペイオフを取って買い手と売り手にとってのペイオフを表したものである。満期日の株価が行使価格の800円を上回るときにはプットの価値はゼロである。しかし，満期日の株価が800円を下回り，例えば760円になるとプットの買い手のペイオフは40円になるが，売り手のペイオフは－40円になる。

オプション取引に伴う利益を考える場合には，取引の当初時点で買い手が売り手に支払うオプション・プレミアムを勘案する必要がある。上で挙げたX社の株式に対する3ヶ月もののコールのプレミアムが当初52円であった場合，3ヶ月保有し続けたときのコールの買い手と売り手にとってのプレミアム控除後の利益は，満期日の株価に依存して**図表11－5**の損益曲線のようになる。3ヶ

図表11－5　コール・オプション（行使価格＝800円）の
買いと売りの初期プレミアムを含む利益

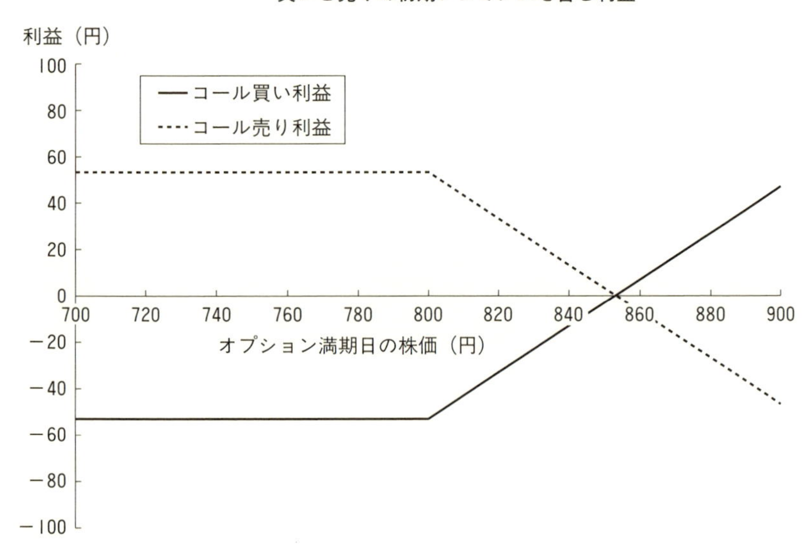

月間の金利を無視すると，このコール･オプションの買い手の損益曲線は，**図表11－1** のペイオフ曲線を当初に支払うプレミアムの52円分だけ垂直方向に下方に移動させたものになる。一方，このコール・オプションの売り手の損益曲線は，**図表11－2** の売り手のペイオフ曲線を当初に受け取るプレミアムの52円分だけ垂直方向に上方に移動させたものになる。

同様に，プットの場合，買い手と売り手の損益曲線は，買い手に関するペイオフ曲線である **図表11－3** を支払うプレミアム分だけ垂直方向に下方に移動し，売り手に関するペイオフ曲線である **図表11－4** を受け取るプレミアム分だけ上方に移動したものである。

オプション取引では，買い手側の利益金額と全く同額が売り手側の損失になる。逆に，買い手側が一定金額の損失を被るときには，売り手が同額の利益を得る。取引主体全員の利得の合計が常にゼロになるというこの関係は，しばしばゼロ和ゲームとかゼロサムゲームと表現される。幾何学的に言えば，このゼロ和ゲームの関係が，買い手と売り手のペイオフ曲線や損益曲線が，ペイオフや利益がゼロの所で引いた横軸を挟んで鏡に映した形になる理由である。

11.1.3　プット・コール・パリティ

X社株式を原資産にする行使価格がK，オプション満期日がTのヨーロピアンのコールとプットを考える。現在時点tにおけるX社の株価をS_t，コールとプットの価格はそれぞれC_tとP_t，リスクフリー・レート（年率）はrとする。コールを1枚買い，プットを1枚売るという取引ポジションを取る場合，満期日TにおけるX社の株価がS_Tのときのペイオフは，次のように表せる。

$$\begin{aligned} C_T - P_T &= \mathrm{Max}(S_T - K, 0) - \mathrm{Max}(K - S_T, 0) \\ &= \begin{cases} S_T - K - 0 & (if \quad S_T \geq K) \\ 0 - (K - S_T) & (if \quad S_T \leq K) \end{cases} \\ &= S_T - K \end{aligned} \tag{11.3}$$

ここでC_TとP_Tはそれぞれ満期時点Tにおけるコールとプットの価値を表している。このペイオフは，現在時点tにおいてリスクフリー・レートrで期間$\tau = T - t$（単位：年）の$K/(1+r)^{\tau}$の借入を行い，自己資金と合わせてX社の株式を1株購入したときの時点Tにおけるペイオフと同じである。したがって裁定利益が生じないためには，2種類の取引ポジションを現在時点で構築するときに必要な自己資金の金額が等しくなければならない。このことから以下のプット・コール・パリティの関係が導かれる。

●プット・コール・パリティ

$$C_t - P_t = S_t - \frac{K}{(1+r)^{\tau}} \tag{11.4}$$

なお，原資産の株式に対して現在からτ_D（$\tau_D < \tau$，単位：年）の期間後に配当Divが支払われる場合には，右辺のS_tは配当の現在価値を控除した$S_t - \mathrm{Div}/(1+r)^{\tau_D}$で置き換えられ，以下が成立する。

$$C_t - P_t = S_t - \frac{\mathrm{Div}}{(1+r)^{\tau_D}} - \frac{K}{(1+r)^{\tau}} \tag{11.5}$$

11.2　オプション価格モデル

11.2.1　本源的価値と時間価値

ここまでは，基本的にオプションの満期日時点での価値や満期日まで保有したときの利益を問題にしてきた。次に満期日以前におけるオプションの価値について考えよう。図表11－6の赤線は満期日以前におけるコールの価値を図示したものである。満期日以前のオプションの価値は，本源的価値（Intrinsic Value）と時間価値（Time Value）という2つの構成要素に分けることができる。

本源的価値とは今すぐオプションを行使したときのオプションの価値である。現在の株価を S_t，行使価格を K とすれば，コールの本源的価値は，$\mathrm{Max}(S_t - K, 0)$ と表される。それに対して時間価値とは，現在のコール価格から本源的価値を差し引いた差額である。例えば，現在の株価が行使価格を下回っているとき，本源的価値はゼロである。しかし，オプションの満期日までに株価が行使価格以上に上昇し，コールに価値が生まれる可能性が残されている。そのため現在のコール価格はゼロを超え時間価値はプラスになる。

図表11－6　本源的価値と時間価値

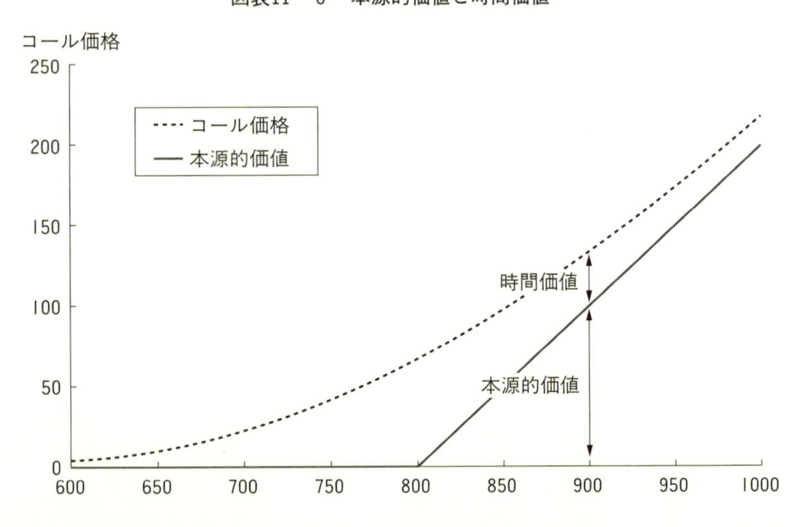

11.2.2　二項モデルの導出

オプション価格モデルとしては，1973年にブラック（F. Black）とショールズ（M. Scholes）が発表し，マートン（R. Merton）が厳密な証明を与えたブラック＝ショールズ・モデルが最も有名である。しかし，ブラック＝ショールズ・モデルはモデルを理解するために高度な数学的な知識が必要になるので，最初にもっと理解しやすい二項モデルの説明から始めよう。特に二項ツリーを用いる二項モデルの計算方法は理解しやすいだけでなく，アメリカン・オプションやその他の様々なオプションに対しても適用できる汎用的なオプション価格の計算方法である。

最初に最も単純な1期間二項モデルを考えよう。期初の現在時点を t, 期末時点を T とする。現在時点 t における株価を S_t, 期末株価を S_T とする。単純化のために株価は1期間のうちに $u(u>1)$ 倍に上昇するか $d(d<1)$ 倍に下落するかの2種類の動き方しかしないと仮定する。すなわち，株価の変動は**図表11－7**のように表される。

図表11－7　株価の変動

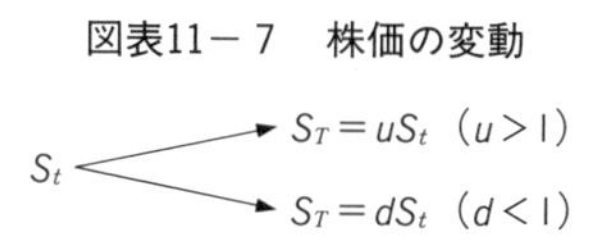

この株式を原資産とし，行使価格を K, 満期日を T とするコールの期末時点での価値 C_T について，株価が上昇したときの価値を C_u, 株価が下落したときの価値を C_d と表すと，それぞれの値は**図表11－8**の通りになる。

図表11－8　コールの価値

C_t → $C_u = \mathrm{Max}(uS_t - K, 0)$

C_t → $C_d = \mathrm{Max}(dS_t - K, 0)$

ここで株価の騰落を問わず期末時点におけるコールの価値と同じ価値を持つ複製ポートフォリオを株式と安全資産を使って作成することを考える。このポートフォリオにおいて期初時点で保有する株数を Δ 株，安全資産のポジション金額を B と表すと，複製ポートフォリオは以下の（11.6）式の連立方程式を満足するものでなければならない。

$$\begin{cases} uS_t\Delta+(1+r)B=C_u \\ dS_t\Delta+(1+r)B=C_d \end{cases} \tag{11.6}$$

ここで r は1期間のリスクフリー・レートを表す。この連立方程式を Δ と B について解くと，次の(11.7)式を得る。

$$\Delta=\frac{C_u-C_d}{(u-d)S_t},\quad B=\frac{uC_d-dC_u}{(u-d)(1+r)} \tag{11.7}$$

なお，(11.7)式で $uC_d\leq dC_u$ であるので $B\leq 0$ で，安全資産の保有金額は負ないしゼロである。これは安全資産の売りポジションないし短期借入を行うことを意味する。

コールと複製ポートフォリオの期末時点 T における価値は全く同じなので，無裁定条件から，期初におけるコールの価値と複製ポートフォリオの価値は同金額でなければならない。すなわち，次の関係が成立するはずである。

$$C_t=\Delta S_t+B \tag{11.8}$$

もし，(11.8)式が成立しない場合には，いずれか価値の小さい方の買いポジションを取り，同時に価値の大きい方の売りポジションを取ることによって確実に裁定利益を上げることができてしまう。

さて，(11.8)式に(11.7)式を代入して整理すると，次の1期間二項モデルの式を得る。

●コールの1期間二項モデル

$$C_t=\frac{qC_u+(1-q)C_d}{1+r} \tag{11.9}$$

ここで，$q=\dfrac{(1+r)-d}{u-d}$ (11.10)

(11.10)式の q は正で1以下であり，q と $(1-q)$ を加えると1になる，株価は上がるか下がるかのいずれかであると想定したので2つの事象の共通部分は存在しない，という確率が満たすべき3つの形式的要件を満たしている。そこで q を仮に株価が上昇する確率，$(1-q)$ を株価が下落する確率であるとみなすと，(11.9)式は期末におけるコール価値の期待値をリスクフリー・レートで割り引くことによって，コールの現在時点での価値を求めていると解釈できる。しかし, q は株価が上昇する真の確率ではなく, オプション価値計算のために用いられる便宜的な疑似確率である。この q をリスク中立確率（Risk-neutral Probability）と呼ぶ。

リスク中立確率の下でのペイオフの期待値を計算し，それをリスクフリー・レートで割り引いて現在時点での価値を求めるというこの方法は，任意のデリバティブの価格計算に適用可能な極めて強力な方法である。

さて次に，期間数が2つの2期間二項モデルについて考えよう。上昇倍率 u と下落倍率 d および1期間の金利 r が期間を問わず同じで, かつ期間中に原資産の株式に配当が支払われない場合を考える。この場合, 二項ツリーは**図表11－9**のようになる。二項ツリーの枝の先の点をノードと呼ぶ。1期目末のノードの数は2である。ところが，2期目の末のノードの数は 2^2 の4ではなく3になる。それは，1期目に株価が上昇して2期目に下落する場合と1期目に株価が下落して2期目に上昇する場合という2種類の経路を辿ったときの2期目末の株価がともに udS_t になるからである。このように期間中配当支払いなどのキャッシュフローが発生しない資産について一定の上昇倍率 u と下落倍率 d を想定した二項ツリーは，ノードが再結合するので，ノードの数を少なくできる。一般に，n 期間の二項ツリーの n 期末のノードの数は $n+1$ で済む。

図表11－9　株価の経路

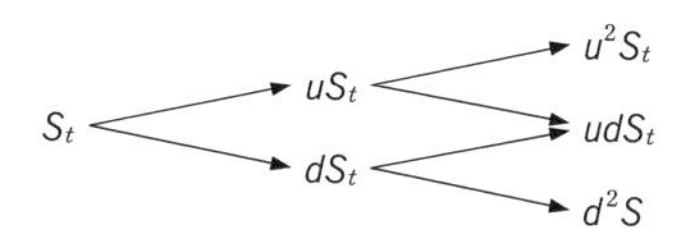

さて，このときコールの価値計算は，**図表11－10**のようになる。

図表11－10　コールの価値

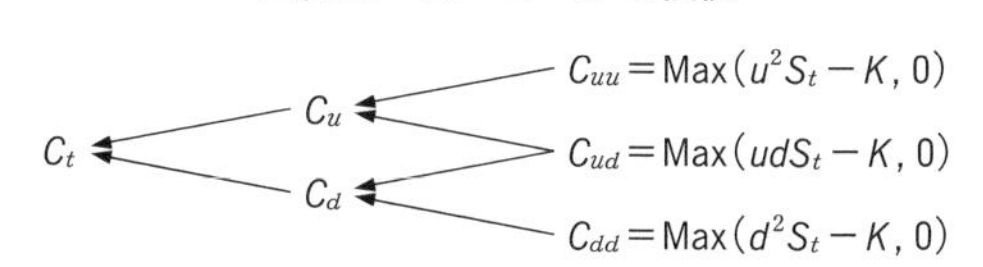

2 期間ツリーを使って現在時点におけるコールの価値 C_t を求めるためにも(11.9)式で示したコールの計算式を適用できる。計算式は，後ろの時点から 1 期間ずつ前の時点に遡る形で適用する。すなわち，**図表11－10**の C_u と C_d を求めるためには，以下のような計算を行う。

$$C_u = \frac{qC_{uu} + (1-q)C_{ud}}{1+r}$$
$$C_d = \frac{qC_{ud} + (1-q)C_{dd}}{1+r} \tag{11.11}$$

現在のコールの価値 C_t を求めるためには，さらに 1 期間遡る。すなわち，

$$C_t = \frac{qC_u + (1-q)C_d}{1+r} \tag{11.12}$$

となる。ヨーロピアン・オプションの場合には，ツリーを用いずに 1 本の式でオプション価格が計算できる。もう一度(11.12)式に戻ってみよう。(11.12)式に(11.11)式を代入すると，次の(11.13)式を得る。

$$C_t = \frac{q^2C_{uu} + 2q(1-q)C_{ud} + (1-q)^2C_{dd}}{(1+r)^2} \tag{11.13}$$

リスク中立確率 q の下で考えると，2 期目末にコールの価値が C_{uu} になる確率は q^2，C_{ud} になる確率は 2 通りの道筋が存在するので $2q(1-q)$，C_{dd} になる確率は $(1-q)^2$ となる。したがって，1 期間モデルの場合と同様に，(11.13)式の右辺は，期間末の 2 期目末のコールの期待値を求め，それをリスクフリー・レートで割り引いて現在時点でのコール価格を求めている，と解釈可能である(1)。

(11.13)式のような考え方に基づくオプション価格計算法は一般化可能である。二項モデルの期間数を一般化して n 期間とする。このときにもオプション

---

(1) 以上の計算は，実は，(1) 2 期目末のコールのペイオフを 1 期末時点で複製するポートフォリオを 1 期目に株価が上昇した場合と 1 期目に株価が下落した場合の 2 つのケースについて作成，(2)それぞれの複製ポートフォリオの 1 期末時点における価値を求め，(3)さらにこれら 2 つの 1 期末時点での複製ポートフォリオの価値を複製するポートフォリオを現在時点 0 で作成，(4)この複製ポートフォリオの時点 0 における価値を計算，していることと同じである。このように時間の経過と株価の変化に応じて複製ポートフォリオ中の株式と安全資産の比率を動的に組み直して複製ポートフォリオを次々に作成し直して行くことをダイナミック・レプリケーション（Dynamic Replication，動的複製）と呼ぶ。

の満期日の n 期末におけるオプション価値のリスク中立確率の下での期待値を求めて，それをリスクフリー・レートで割り引いた現在価値を求めることによってオプション価格を計算できる。

n 期末時点での株価の状態（ノード）については，n 期間中何回株価が上昇したらその状態に到達するかを基準に考えればよい。n 期間中 j 回株価が上昇し，$(n-j)$ 回下落する組み合わせの数は次のように計算できる。

$${}_nC_j=\binom{n}{j}=\frac{n!}{j!(n-j)!}$$

したがって，n 期間中 j 回株価が上昇し，$(n-j)$ 回下落することによって到達する n 期末の株価 $u^j d^{n-j} S_t$ に到達するリスク中立確率は

$$\frac{n!}{j!(n-j)!}q^j(1-q)^{n-j}$$

と計算できる。

その結果，n 期間二項モデルにおけるヨーロピアン・コールの現在の価格 C_t は一般的に次のように計算できることがわかる。

●コールの n 期間二項モデル

$$C_t=\frac{\sum_{j=0}^{n}\left(\frac{n!}{j!(n-j)!}\right)q^j(1-q)^{n-j}\mathrm{Max}(u^j d^{n-j}S_t-K,0)}{(1+r)^n} \tag{11.14}$$

ここで r は1期間当たりのリスクフリー・レートを表す。

11.2.3　二項モデルの適用

二項モデルにおける期間の長さは任意に設定可能である。1期間が1日でも1ヶ月でも良い。実際のオプション価格の計算では，所定のオプション満期までの期間を多数の小区間に区切って計算する。多様な変動をする株価の動きを上昇，下落の二項だけで近似するので，1区間の長さを短く設定した方が計算精度は高くなる。その際，リスクフリー・レートやボラティリティを表すパラメーターの値を1区間の長さに応じた値に設定する必要がある。ここでボラティリティとは，原資産の価格変動性のことで上記のバラメータでは上昇倍率

と下落倍率の差 $u-d$ に対応する。

なお，連続時間モデルであるブラック＝ショールズ・モデルと平仄を合わせるために，二項モデルに用いるリスクフリー・レートとして連続複利レートを用いると，(11.14)式は次のように書き直すことができる。

$$C_t=\left[\sum_{j=0}^{n}\left(\frac{n!}{j!(n-j)!}\right)q^j(1-q)^{n-j}\mathrm{Max}(u^jd^{n-j}S_t-K,0)\right]\exp(-r\tau) \quad (11.15)$$

ここで r は連続複利（年率），$\tau(=T-t)$ はオプション期間を表す。

上昇倍率 u および下落倍率 d については，オプション期間を区分する期間数 n を無限大にしたときに，ブラック＝ショールズ・モデルにおいて仮定される原資産価格の変動プロセスの単位時間当たりの分散 σ^2 と整合的なものにするために次の(11.16)式が用いられる。

$$\begin{aligned} u&=\exp(\sigma\sqrt{\tau/n}) \\ d&=\exp(-\sigma\sqrt{\tau/n}) \end{aligned} \quad (11.16)$$

ここで σ は期間中の原資産の価格変動性を表すボラティリティ（年率），τ/n はオプション期間 τ を n 個の小区間に細分化したときの１区間の長さ（単位：年)，そして $\sigma\sqrt{\tau/n}$ は１区間における価格変動率の標準偏差を表している[(2)]。また，第２章コラムでみたように１期間に資産価格が連続複利基準で g だけ上昇するとき期末の資産価格は期首の $\exp(g)$ 倍になる。したがって，(11.16)式は１区間における原資産価格の連続複利基準での上昇倍率，下落倍率として１区間における価格変動率の標準偏差分だけ原資産価格が上昇，下落する場合を想定することを意味する。

なお，オプション期間中のボラティリティは，将来の値であるので予測する必要がある。予測には，ヒストリカル・ボラティリティに基づく方法ないし対象のオプションと類似したオプションのインプライド・ボラティリティなどが用いられる。ヒストリカル・ボラティリティとは原資産の過去の価格変動から推定されたボラティリティのことである。

一方，インプライド・ボラティリティとは，現在市場で取引されているオプションの価格から逆算されるオプション価格に内包されたボラティリティのこ

---

(2)　ブラック＝ショールズ・モデルで仮定されている原資産価格プロセスでは，原資産の価格変動率の分散は時間の長さに比例する。したがって，標準偏差は時間の長さの平方根に比例することになる。後掲脚注(3)を参照。

とを指す。本章の11.2.4項で述べるように，ブラック＝ショールズ・モデルではオプション価格は，現在の原資産価格，行使価格，オプション期間，リスクフリー・レート，ボラティリティという5変数で決定されるが，ボラティリティ以外の変数はその時点で観察可能な変数である。逆に言うと，オプション取引が行われオプションの市場価格が観察される場合，オプションの市場価格とブラック＝ショールズ・モデルの理論価格を一致させるボラティリティが逆算できる。ブラック＝ショールズ・モデルを前提にすると，逆算されたボラティリティ数値は，オプション投資家が予想するオプション期間中の原資産の将来ボラティリティである。このボラティリティのことをインプライド・ボラティリティと呼ぶ。

一方，過去 n 日間の株価のヒストリカル・ボラティリティ $\hat{\sigma}$ は，S_t を t 日目の終値株価として連続複利基準の価格変化率 $\ln(S_t/S_{t-1})$ の標本標準偏差として，以下の計算式で計算される。

$$\hat{\sigma}=\sqrt{\frac{\sum_{t=1}^{n}\left\{\ln(S_t/S_{t-1})-\left[\sum_{t=1}^{n}\ln(S_t/S_{t-1})\Big/n\right]\right\}^2}{n-1}} \tag{11.17}$$

なお(11.17)式で計算されるのは，日次価格変動率の標準偏差であるので，これを年率の標準偏差数値に換算するには1年間の株式の取引日数の平方根を掛ける必要がある。東京証券取引所の場合は，1年間の取引日数は約245日なので，年率のボラティリティは(11.17)式を用いて計算した $\hat{\sigma}$ に $\sqrt{245}=15.65$ を掛けた値になる。

一方，リスク中立確率 q は連続複利基準では次のように計算される。

$$q=\frac{\exp[r(\tau/n)]-d}{u-d}=\frac{\exp[r(\tau/n)]-\exp(-\sigma\sqrt{\tau/n})}{\exp(\sigma\sqrt{\tau/n})-\exp(-\sigma\sqrt{\tau/n})} \tag{11.18}$$

具体的な数値例を用いてオプション価格を計算してみよう。X社の株式は無配で，株価は現在1株当たり800円である。このX社株式を原資産にする行使価格が800円で，オプション満期日までの期間が12週間（3ヶ月弱）のヨーロピアン・コールを考える。二項モデルの1区間の長さは1週間＝1/52年（1年間は52週であるとする），X社の株式のボラティリティは年率32.45%，リスクフリー・レートは連続複利基準で年3.64%であるとする。この場合，1週間当たりの上昇倍率 u と下落倍率 d は

$$u=\exp\left(0.3245\times\sqrt{\frac{1}{52}}\right)=\exp(0.045)=1.046028$$

$$d=\exp(-0.045)=0.955997$$

である。リスク中立確率 q と $1-q$ は

$$q=\frac{\exp\left(\frac{0.0364}{52}\right)-\exp\left(-0.3245\times\sqrt{\frac{1}{52}}\right)}{\exp\left(0.3245\times\sqrt{\frac{1}{52}}\right)-\exp\left(-0.3245\times\sqrt{\frac{1}{52}}\right)}=0.4965$$

$$1-q=0.5035$$

これらのパラメーターの値を使って，最初に二項ツリーを用いたコール価格の計算例を示そう。最初に株価のプロセスは，次の **図表11－11**のように表せる。オプション期間の最後の12週目末のX社の株価は466.20円から1,372.81円の範囲に分布していることがわかる。

次に満期日における状態 i での株価 S_T^i をもとに $\mathrm{Max}(S_T^i-800, 0)$ として各状態の下での満期日におけるコール価値を求める。例えば，12期間とも株価が上昇するケースのコール価値を表す第1行の数値は

$$\mathrm{Max}(1{,}372.81-800, 0)=572.81$$

となる。そして第1行の11期間目の末のオプション価値は

$$(572.81\times0.4965+454.65\times0.5035)\times\exp(-0.0364/52)=512.96$$

と計算される。同様にして時点を遡って計算すると **図表11－12**の一番左側のセ

図表11－11　株価のプロセス

0	1	2	3	4	5	6	7	8	9	10	11	12
800.00	836.82	875.34	915.63	957.77	1001.86	1047.97	1096.21	1146.66	1199.44	1254.65	1312.40	1372.81
	764.80	800.00	836.82	875.34	915.63	957.77	1001.86	1047.97	1096.21	1146.66	1199.44	1254.65
		731.14	764.80	800.00	836.82	875.34	915.63	957.77	1001.86	1047.97	1096.21	1146.66
			698.97	731.14	764.80	800.00	836.82	875.34	915.63	957.77	1001.86	1047.97
				668.22	698.97	731.14	764.80	800.00	836.82	875.34	915.63	957.77
					638.81	668.22	698.97	731.14	764.80	800.00	836.82	875.34
						610.70	638.81	668.22	698.97	731.14	764.80	800.00
							583.83	610.70	638.81	668.22	698.97	731.14
								558.14	583.83	610.70	638.81	668.22
									533.58	558.14	583.83	610.70
										510.10	533.58	558.14
											487.66	510.10
												466.20

図表11－12　コール・オプション価格の計算

0	1	2	3	4	5	6	7	8	9	10	11	12
51.89	71.92	97.34	128.44	165.01	206.33	251.32	299.00	348.90	401.12	455.77	512.96	572.81
	32.21	46.95	66.81	92.55	124.49	162.24	204.65	250.21	297.89	347.78	400.00	454.65
		17.72	27.43	41.51	61.18	87.44	120.64	160.01	203.54	249.09	296.77	346.66
			8.16	13.58	22.17	35.36	54.81	81.99	117.31	158.89	202.42	247.97
				2.82	5.13	9.19	16.23	28.08	47.27	76.46	116.19	157.77
					0.56	1.12	2.27	4.57	9.20	18.55	37.38	75.34
						0.00	0.00	0.00	0.00	0.00	0.00	0.00
							0.00	0.00	0.00	0.00	0.00	0.00
								0.00	0.00	0.00	0.00	0.00
									0.00	0.00	0.00	0.00
										0.00	0.00	0.00
											0.00	0.00
												0.00

ルに示した通り現在時点におけるコール価格は51.89円と計算できる。

ヨーロピアン・コール価格の計算には(11.15)式を用いることもできる。価格は，当然，二項ツリーを用いた場合と同じ51.89円になる。

11.2.4　ブラック＝ショールズ・モデル[3]

オプションの二項モデルの区間数を無限に近づけると，その極限として次のコールのブラック＝ショールズ・モデル(11.19)式を導くことができる[4]。

●コールのブラック＝ショールズ・モデル

$$C_t = S_t N(d_1) - K\exp(-r\tau)N(d_2)$$

ここで，

$$d_1 = \frac{\ln(S_t/K) + (r + \sigma^2/2)\tau}{\sigma\sqrt{\tau}} = \frac{\ln\left[\dfrac{S_t}{K\exp(-r\tau)}\right] + \sigma^2\tau/2}{\sigma\sqrt{\tau}} \qquad (11.19)$$

$$d_2 = d_1 - \sigma\sqrt{\tau}$$

なお，$N(x) = \int_{-\infty}^{x} \frac{1}{\sqrt{2\pi}} \exp\left(-\frac{z^2}{2}\right) dz$ は標準正規分布の分布関数を表す。

プットについては，プット・コール・パリティを用いることによって次の(11.20)式を得る。

●プットのブラック・ショールズ・モデル

$$P_t=K\exp(-r\tau)N(-d_2)-S_tN(-d_1)$$

ここで，

$$d_1=\frac{\ln(S_t/K)+(r+\sigma^2/2)\tau}{\sigma\sqrt{\tau}}=\frac{\ln\left[\dfrac{S_t}{K\exp(-r\tau)}\right]+\sigma^2\tau/2}{\sigma\sqrt{\tau}} \tag{11.20}$$

$$d_2=d_1-\sigma\sqrt{\tau}$$

---

(3) ブラック＝ショールズ・モデルは，ヨーロピアン・オプションの価格式である。同モデルは，原資産価格が連続時間の確率過程である幾何ブラウン運動に従うことを仮定している。価格が幾何ブラウン運動に従うとき，価格の対数を取ったものは正規分布する。そのため連続複利基準の原資産価格変化率 r_c

$$r_c=\ln(S_t/S_{t-1})=\ln S_t-\ln S_{t-1}$$

は，単位時間当たりの分散 σ^2 が一定の正規分布になる。単位時間当たりの分散 σ^2 が一定であるので，価格変化率を計測する時間が 2 倍になれば分散の値も 2 倍になるが，分散の平方根である標準偏差 σ は $\sqrt{2}$ 倍の値になる。このことは，二項モデルにおける上昇倍率や下落倍率，ヒストリカル・ボラティリティの推定の項ですでに言及した。

原資産が幾何ブラウン運動に従うこと以外に，ブラック＝ショールズ･モデルは，市場は取引費用，税金や取引制限がない完全市場で，連続時間で自由に取引が可能である，リスクフリー・レートは一定，原資産に配当はない，裁定機会は存在しない，という仮定を置いている。これらの仮定の下で導出された偏微分方程式を満期時点におけるオプションのペイオフ条件の下で解いて，ブラックとショールズは，オプションの価格式を導出した。その後，多くの研究者が，ブラックとショールズが用いた方法とは異なる方法でブラック＝ショールズ･モデルを導出している。そのひとつが，すでに説明した二項モデルである。これら 2 つのモデルの関係については，次の脚注(4)を参照。

(4) コールについて見てみる。(11.15)式において，a をオプション満期日 T における株価 S_T が行使価格 K を上回るために最低必要な n 期間中の株価上昇回数とする。すなわち，a は不等式 $u^a d^{n-a}S_t>K$ を満足する最小の整数とする。そのとき(11.15)式は次のように書き直すことができる。

$$C_t=\exp(-r\tau)\left[\sum_{j=a}^{n}\frac{n!}{j!(n-j)!}q^j(1-q)^{n-j}(u^j d^{n-j}S_t-K)\right]$$

右辺を 2 つの項に分けると

$$C_t=S_t\left[\sum_{j=a}^{n}\frac{n!}{j!(n-j)!}q^j(1-q)^{n-j}(u^j d^{n-j}\exp(-r\tau))\right]$$
$$-K\exp(-r\tau)\left[\sum_{j=a}^{n}\frac{n!}{j!(n-j)!}q^j(1-q)^{n-j}\right]$$

上の式において $n\to\infty$ とすると中心極限定理から

$$\sum_{j=a}^{n}\frac{n!}{j!(n-j)!}q^j(1-q)^{n-j}(u^j d^{n-j}\exp(-r\tau))\to N(d_1)$$
$$\sum_{j=a}^{n}\frac{n!}{j!(n-j)!}q^j(1-q)^{n-j}\to N(d_2)$$

が成立し，本文中の(11.19)式が導かれる。詳しくは，J. Hull (2014) 等を参照。

原資産の株式に配当が支払われる場合については，計算の単純化のためにしばしば既知の配当が連続的に支払われる連続配当の仮定が置かれる。いま，連続配当の配当利回りをδとすると，コールのブラック＝ショールズ式は次の(11.21)式になる。

$$C_t=S_t\exp(-\delta\tau)N(d_1)-K\exp(-r\tau)N(d_2)$$

ここで，

$$d_1=\frac{\ln(S_t/K)+(r-\delta+\sigma^2/2)\tau}{\sigma\sqrt{\tau}}=\frac{\ln\left[\frac{S_t}{K\exp((-r+\delta)\tau)}\right]+\sigma^2\tau/2}{\sigma\sqrt{\tau}} \tag{11.21}$$

$$d_2=d_1-\sigma\sqrt{\tau}$$

前述のように，二項モデルは標準的なヨーロピアン・オプション以外の様々なデリバティブの価格評価に使える極めて汎用性の高いモデルである。ただ，二項モデルの欠点は計算効率が低いことである。二項モデルを用いて実務上必要な精度で価格を計算しようとすると，多くの計算時間がかかる。それに対して，ブラック＝ショールズ・モデルは，用途が標準的なヨーロピアン・オプションの価値評価に限定されるが，二項モデルと比べて計算効率が高い。パラメーターの値を代入すれば即座にオプション価格が得られる。

ブラック＝ショールズ・モデルを使ったオプション価格の計算を，本章2.3項で検討したX社の株式に対するヨーロピアン・コールの数値例を使って具体的に見てみよう。X社は現在配当を支払っておらず，現在の株価S_tは800円，行使価格Kも800円，オプション満期日までの期間τは12週間（12/52年），X社の株式の年率ボラティリティσは32.45%，リスクフリー・レートrは連続複利基準で年3.64%であると想定されていた。したがって，

$$d_1=\frac{\ln\left(\frac{800}{800\times\exp(-0.0364\times12/52)}\right)+(0.3245^2/2)\times12/52}{0.3245\times\sqrt{12/52}}=0.131828$$

$$d_2=0.1318-0.3245\times\sqrt{12/52}=-0.02406$$

$$C_t=800\times N(0.131828)-800\times\exp(-0.0364\times12/52)\times N(-0.02406)$$

標準正規分布表から

$$N(0.131828)=0.55244,\quad N(-0.02406)=0.49040$$

よって，コール価格は次のように52.91円になる。

$$C_t = 800 \times 0.55244 - 800 \times 0.991635 \times 0.49040 = 52.91$$

なお，Excelには標準正規分布の評価関数をはじめブラック＝ショールズ・モデルを使う際に必要な関数が組み込まれており，**図表11－13**のような表を作成することでオプション価格は簡単に計算ができる。

このブラック＝ショールズ・モデル計算値を本章2.3項の二項モデルの計算値と比較すると，二項モデルの計算値が約１円だけ低い値になっている。近似誤差は，二項モデルの区間数を増やすことによって小さくできる。**図表11－14**は，

図表11－13　Excelを用いたブラック＝ショールズ・モデルの計算

	N	O	計算式
7	S（原資産価値）	800	入力項目
8	K（行使価格）	800	入力項目
9	r（金利）	3.64%	入力項目
10	σ（ボラティリティ）	32.45%	入力項目
11	τ（オプション期間）	0.230769231	=12/52　入力項目
12			
13	$K\exp(-r\tau)$	793.3081451	=O8*EXP(−O9*O11)
14	$\log(S/K\exp(-r\tau))$	0.0084	=LN(O7/O13)
15	σ*sqrt(τ)	0.155884758	=O10*SQRT(O11)
16	d_1	0.13182834	=O14/O15+0.5*O15
17	d_2	−0.02405642	=O16−O15
18	$N(d_1)$	0.552439965	=NORM.S.DIST(O16,TRUE)
19	$N(d_2)$	0.490403803	=NORM.S.DIST(O17,TRUE)
20	Call	52.91	=O7*O18−O13*O19
21	Put	46.22	=O20−O7+O8*EXP(−O9*O11)

図表11－14　二項モデルの区間区分数と計算値の例

区分数	１区間の長さ	計算値	誤差
12	１週間	51.89	−1.02
84	１日	52.76	−0.15
840	１/10日	52.90	−0.01
無限大	無限小	52.91	−

これを上のX社の株式に対するコールを例にとって示したものである。**図表11－14**中で区分数が無限大になっているのは，ブラック＝ショールズ･モデルによる計算値であるが，二項モデルの区間の区分数を840にした場合には，二項モデルによる計算値は52.90円となり誤差は0.01円まで縮小している。

11.2.5　オプション・グリークス

オプションの行使価格 K を与件とすると，オプション価格は，(1)現在の原資産価格 S_t，(2)オプション期間の長さ τ，(3)原資産のボラティリティ σ，(4)リスクフリー・レート r，という4つの変数の大きさによって決定される。ここでは，オプション価格のこれらの変数に対する感応度について説明する。これらの感応度はギリシャ文字を使って表されることが多いので，しばしばオプション・グリークス（Option Greeks）と呼ばれる。

単純化のためにヨーロピアン･オプションを想定し，ブラック＝ショールズ･モデルを前提にして考えよう。

(1)　デルタ

原資産価格変化に対するオプション価格の感応度のことは，一般にデルタ Δ と呼ばれる。ヨーロピアン・オプションのデルタは(11.19)式，(11.20)式のブラック＝ショールズのコールとプットの価格式の一次偏導関数として下記のように定義される[5]。

$$\Delta(\text{コール})=\frac{\partial C_t}{\partial S_t}=N(d_1)>0 \tag{11.22}$$

$$\Delta(\text{プット})=\frac{\partial P_t}{\partial S_t}=N(d_1)-1<0 \tag{11.23}$$

コールのデルタは正，プットのデルタは負である。**図表11－15**はコールについてデルタを図示したものである。図表の通り，デルタはオプション価格曲線に現在の原資産価格のところで引いた接線の傾きを示す。このことからデルタは，複製ポートフォリオを用いてオプションを複製する際に保有する原資産の数量を表すものであることがわかる。例えば，コールのデルタが0.4の場合，すなわ

(5)　紙幅の関係上，ブラック･ショールズ式の各パラメーターによる偏微分の計算に関しては説明を省略する。詳しくは，J. Hull（2014）等を参照。

図表11－15　コール・オプションのデルタ

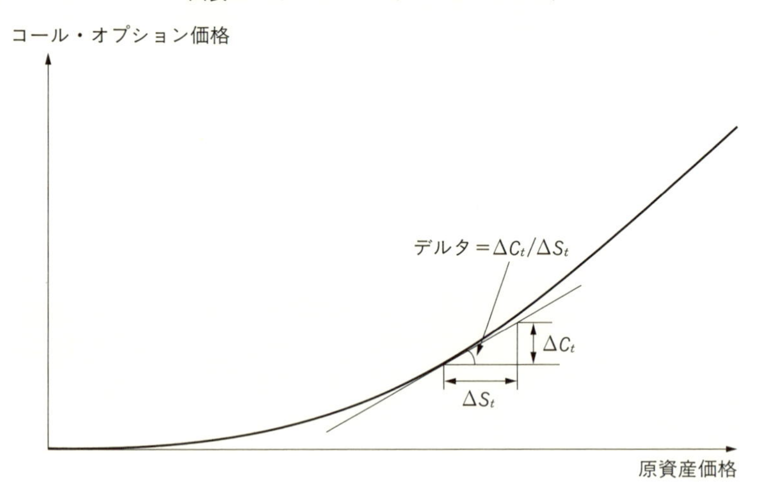

ち接線の傾きが0.4の場合には，原資産の株価が１円上昇するとコール価格はおよそ0.4円だけ上昇することになる。したがって，１枚のコールの価値の変動を複製ポートフォリオで複製するためには，原株式を0.4株だけ保有すればよいことがわかる。

⑵　ガ ン マ

原資産価格変化に対するデルタの感応度を示すものが，ガンマΓである。ガンマは，コール，プットを問わず共通で次のように計算される。

$$\Gamma=\frac{\partial^2 C_t}{\partial S_t^2}=\frac{\partial^2 P_t}{\partial S_t^2}=\frac{N'(d_1)}{S_t\sigma\sqrt{\tau}}>0 \qquad (11.24)$$

ここで，$N'(x)=(1/\sqrt{2\pi})\exp(-x^2/2)$ で標準正規分布の密度関数を表す。ガンマはダイナミック・レプリケーションを行う際に生じる誤差を表す指標である。

⑶　オ メ ガ

原資産の価格変化率に対するオプションの価格変化率を表す指標をオメガΩと呼ぶ。オメガはオプション価格の原資産価格に対する弾性値である。なお，オメガは，オプション・グリークスの仲間に入れられないことも多いが，第12章の12.4節で取り扱う新株予約権付社債の資本コストに関連するので，ここで取り上げ説明しておく。

オメガは次のように定義できる。

$$\Omega(\text{コール})=\frac{S_t}{C_t}\frac{\partial C_t}{\partial S_t}=\frac{S_t}{C_t}N(d_1)>0 \tag{11.25}$$

$$\Omega(\text{プット})=\frac{S_t}{P_t}\frac{\partial P_t}{\partial S_t}=\frac{S_t}{P_t}[N(d_1)-1]<0 \tag{11.26}$$

オメガの値は，オプション期間が短いほど大きい。

(4)　セ ー タ

セータ Θ は，時間の経過に伴い生じるオプション期間の長さ τ の変化に伴うオプション価格の感応度を示す指標である。ヨーロピアン・オプションのセータは(11.19)式と(11.20)式のブラック＝ショールズのコールとプットの価格式を τ で偏微分して求められるが，時間の経過に伴ってオプション期間は短くなるので，通常，偏導関数の符号をマイナスに変える。

$$\Theta(\text{コール})=-\frac{\partial C_t}{\partial \tau}=-\frac{S_tN'(d_1)\sigma}{2\sqrt{\tau}}-rK\exp(-r\tau)N(d_2)<0 \tag{11.27}$$

$$\Theta(\text{プット})=-\frac{\partial P_t}{\partial \tau}=-\frac{S_tN'(d_1)\sigma}{2\sqrt{\tau}}+rK\exp(-r\tau)N(-d_2)(<)0 \tag{11.28}$$

ただし，イン・ザ・マネーのプットでは満期日までの長さが短くなると，偏導関数の符号がプラスになるときがある。

(5)　ベ　ガ

原資産のボラティリティ σ に対するオプション価格の感応度は，一般にベガと呼ばれる。ベガは，コール，プットを問わず共通で次のようになる。

$$\text{Vega}=S_t\sqrt{\tau}N'(d_1)>0 \tag{11.29}$$

ベガは株価が行使価格の周辺にあるときに最大になる。ベガは，オプション期間が長くなると大きくなる。

(6)　ロ　ー

リスクフリー・レート r に対するオプション価格の感応度のことは，一般にロー ρ と呼ばれる。

$$\rho(\text{コール})=\frac{\partial C_t}{\partial r}=K\tau\exp(-r\tau)N(d_2)>0 \tag{11.30}$$

$$\rho(\text{プット})=\frac{\partial P_t}{\partial r}=-K\tau\exp(-r\tau)N(d_2)<0 \tag{11.31}$$

図表11－16　オプション・グリークス

グリークス	定義	コールの符号	プットの符号
デルタ（Δ）	原資産価格変化に対するオプション価格の感応度	＋	－
ガンマ（Γ）	原資産価格変化に対するデルタの感応度	＋	＋
オメガ（Ω）	原資産価格変化率に対するオプション価格の変化率（弾性値）	＋	－
セータ（Θ）	時間経過に伴う満期日までの残余期間の変化に対するオプション価格の感応度	－	（－）
ベガ（Vega）	原資産のボラティティリティに対するオプション価格の感応度	＋	＋
ロー（ρ）	リスクフリー・レートに対するオプション価格の感応度	＋	－

（注）＋は正の値，－は負の値であることを示す。原資産に配当のない場合のブラック＝ショールズ・モデルをもとに示した。イン・ザ・マネーのプットのセータはプラスになるときがある。

以上をまとめて示すと，図表11－16のようになる。

11.3　アメリカン・オプション

11.3.1　アメリカンのコールとプットの満期前行使

アメリカン・オプションはオプション期間中のいつでも権利の行使ができる。しかし，満期日以前に満期前行使を行うことが有利とは限らない。満期前行使が有利でない場合には，アメリカン・オプションの価値はヨーロピアン・オプションと結局同じになる。

(1)　原資産に配当がないとき

オプション期間中に配当支払いのない株式を原資産とするオプションを考える。(11.4)式のプット・コール・パリティから，ヨーロピアン・コールは

$$C_t=(S_t-K)+\left\{P_t+K\left[1-\frac{1}{(1+r)^\tau}\right]\right\} \tag{11.32}$$

と表せる。(11.32)式の右辺の最初の括弧内はコールの本源的価値，2番目の括弧内は時間価値を表す。本源的価値は満期前行使した時の価値を示している。2番目の括弧内は常に正で時間価値は正である。これは，原資産に配当の支払われないときには，コールがアメリカン・タイプで満期前行使を認められてい

ても満期前行使するのは合理的でないことを意味する。

一方，ヨーロピアン・プットの場合には，(11.4)式のプット・コール・パリティから

$$P_t=(K-S_t)+\left\{C_t-K\left[1-\frac{1}{(1+r)^\tau}\right]\right\} \tag{11.33}$$

が成立する。(11.33)式の右辺の最初の括弧内はプットの本源的価値，２番目の括弧内は時間価値を表す。株価が行使価格よりもかなり低い場合，右辺の２番目の括弧内において C_t は $K[1-1/(1+r)^\tau]$ よりも小さく時間価値は負になりうる。時間価値が負の場合には，ヨーロピアン・プットならばプット価格が本源的価値を下回ることになるが，アメリカン・プットのときには満期前行使を行い，本源的価値を確保できる。

まとめると，原資産に配当がないとき，アメリカン・コールは満期前行使を行うのは不合理であるが，アメリカン・プットは満期前行使を行うのが合理的な場合がある。

(2)　原資産に配当が支払われるとき

オプション期間中に配当の権利落ちの起こる株式を原資産とするオプションを考える。(11.5)式のプット・コール・パリティから，ヨーロピアン・コールは

$$C_t=(S_t-K)+\left\{P_t+K\left[1-\frac{1}{(1+r)^\tau}\right]-\frac{\mathrm{Div}}{(1+r)^{\tau_D}}\right\} \tag{11.34}$$

と表せる。右辺の最初の括弧内はコールの本源的価値，２番目の括弧内は時間価値を表す。オプション期間中に支払われる配当額が多額の場合，２番目の括弧内は負になりうる。時間価値が負の場合には，アメリカン・コールならば配当の権利落ちの直前に満期前行使を行うのが合理的である。

一方，ヨーロピアン・プットの場合，(11.5)式のプット・コール・パリティから

$$P_t=(K-S_t)+\left\{C_t-K\left[1-\frac{1}{(1+r)^\tau}\right]+\frac{\mathrm{Div}}{(1+r)^{\tau_D}}\right\} \tag{11.35}$$

が成立する。ここでも右辺の最初の括弧内はプットの本源的価値，２番目の括弧内は時間価値を表す。株価が行使価格よりもかなり低い場合，右辺の２番目の括弧内の時間価値は負になりうる。しかし，アメリカン・プットのときには

満期前行使を行い，本源的価値を確保できる。

まとめると，原資産に配当があるとき，特に配当の金額が多額の場合には，アメリカン・コールは配当の権利落ちの直前に満期前行使を行うのが有利な状況が起こりうる。また，アメリカン・プットの場合も満期前行使を行うのが合理的な状況が起こりうる。

なお，アメリカン・オプションの価格については，ブラック＝ショールズ・モデルのような１本の式で表せる便利な解が存在しない。そのため，アメリカン・オプションの価格の計算には，原則として二項ツリーやその他の数値的な解法に頼らざるを得ない。ただ，コールの場合には，原資産の株式の配当がオプション期間中に支払われなかったり，配当支払いが行われても配当金額が低かったりすれば，前述のようにアメリカン・オプションであっても満期日まで権利を行使しない方が有利であるので，価格計算にブラック＝ショールズ・モデルが使えることが多い。しかし，プットの場合には，満期前行使する方が有利になることが多いので，アメリカン・プットの価格計算にブラック＝ショールズ・モデルは使うべきではない。

11.3.2　アメリカン・オプションの価格の計算例

具体的な数値を使って二項ツリーを用いたアメリカン・オプションの計算例を示そう。X 社株式を原資産にするアメリカン・コールとプットを考える。前提にするパラメーターは下記の通りである。

オプション期間（τ）：１/４年（３ヶ月）

二項モデルの１区間（τ/n）：１/12年（１ヶ月）

現在株価（S_0）：800円

行使価格（K）：800円

リスクフリー・レート（連続複利基準，年率）：4.00%

ボラティリティ（σ：年率）：30%

１株当たり配当金（Div_1）：28円

（年１回配当の権利落ち日が１ヶ月後に来ると仮定）

上昇倍率（u）：$u=\exp(\sigma\sqrt{\tau/n})=\exp(0.3\times\sqrt{1/12})=1.09046$

下落倍率（d）：$u=\exp(-\sigma\sqrt{\tau/n})=\exp(-0.3\times\sqrt{1/12})=0.917042$

株価が上昇，下落するリスク中立確率（q と $1-q$）：

$$q=\frac{\exp[r(\tau/n)]-\exp(-\sigma\sqrt{\tau/n})}{\exp(\sigma\sqrt{\tau/n})-\exp(-\sigma\sqrt{\tau/n})}=\frac{\exp(0.04\times1/12)-\exp(-0.3\sqrt{1/12})}{\exp(0.3\sqrt{1/12})-\exp(-0.3\sqrt{1/12})}$$

$$=0.497616$$

$$1-q=0.502384$$

時点1で権利落ちになる1株当たり配当金は28円と想定したので，株価の経路は**図表11−17**のようになる。すなわち，時点1における配当権利落ち前の株価は，株価が時点0から時点1の間に上昇した場合には，800円×1.09046で872.37円になり，下落した場合には800円×0.917042で733.63円になる。これらの値は括弧内に示してある。一方，時点1における配当権利落ち後の株価は，権利落ち前の各株価から1株当たり配当金の28円を差し引いた844.37円と705.63円になる。時点2の株価は，これらの時点1での権利落ち後株価に上昇倍率と下落倍率を掛けて求められる920.75円と774.32円，および769.47円と647.09円になる。時点3の株価は，これらの時点2における株価に上昇倍率と下落倍率を掛けて求められる。

アメリカン・コールの価格は，時点3から出発して，時点2，時点1，時点0と1つずつ前の時点に遡る形式で計算される。

時点3から計算手順を見てみよう。例えば，時点3における株価が，**図表11−17**に示されている株価のうち最も高い1,004.05円である場合には，権利行使をするのが有利でありコールの価値は

Max(1,004.05−800, 0)=204.05円

となる。以下同様に，時点3での各株価から行使価格の800円を差し引いた結果が正ならばその数値，負ならばゼロとして，**図表11−18**の時点3の列に示されて

図表11−17　株価の経路（配当：28円）

0	1	2	3
800.00	844.37	920.75	1004.05
	(872.37)		844.37
		774.32	844.37
			710.09
	705.63	769.47	839.08
	(733.63)		705.63
		647.09	705.63
			593.41

図表11－18　アメリカン・コールの価格計算（配当：28円）

0	1	2	3
40.71	72.37	123.42	204.05
			44.37
		22.01	44.37
			0.00
	9.61	19.38	39.08
			0.00
		0.00	0.00
			0.00

いるコールの価値が計算できる。

次は，1期間遡った時点2におけるコールの価値の計算である。例えば，株価が920.75円である場合のコールの価値は，そのときに満期前行使を行わない場合のコールの価値

$$(0.497616\times 204.05+0.502384\times 44.37)\times \exp(-0.04/12)=123.42\text{円}$$

と満期前行使をする場合の価値920.75円－800円の120.75円の大小関係を比較して

$$\mathrm{Max}[(0.497616\times 204.05+0.502384\times 44.37)\times \exp(-0.04/12), 920.75-800]$$
$$=\mathrm{Max}[123.42, 120.75]=123.42\text{円}$$

になる。以下同様の計算を行うと，**図表11－18**の時点2の列に示されたコール価値が計算できる。この計算でわかるように時点2では満期前行使は行われない。

さらに1期間だけ遡り時点1のコール価値の計算を見てみよう。時点1では配当の権利落ちがある。アメリカン・コールが満期前に行使されるときには権利落ちの直前に行使される。同じ行使価格で株式を購入できるので，配当を受け取る権利が付いているときに行使した方が有利であるからである。例えば，時点1での権利付きの株価が872.37円である場合には，コールの価値は

$$\mathrm{Max}[(0.497616\times 123.42+0.502384\times 22.01)\times \exp(-0.04/12), 872.37-800]$$
$$=\mathrm{Max}(72.23, 72.37)=72.37\text{円}$$

となる。このように，権利付きの株価が872.37円である場合には，権利落ちの直前に満期前行使が行われる。しかし，権利付きの株価が733.63円である場合には，当然権利行使が行われない。

図表11−19　ヨーロピアン・コールの価格計算（配当：28円）

0	1	2	3
40.64	72.23	123.42	204.05
			44.37
		22.01	44.37
			0.00
	9.61	19.38	39.08
			0.00
		0.00	0.00
			0.00

$$\mathrm{Max}[(0.497616\times 19.38+0.502384\times 0)\times \exp(-0.04/12), 733.63-800]$$
$$=9.61円$$

最後は，時点0でのコール価値の計算である。これは

$$\mathrm{Max}[(0.497616\times 72.37+0.502384\times 9.61)\times \exp(-0.04/12), 800-800]$$
$$=40.71円$$

となり現在時点0におけるアメリカン・コールの価格は40.71円と計算された。こうした計算は，Excelを利用すれば簡単に行える。**図表11−18**は以上のアメリカン・コールの価格計算のExcelシートである。

一方，上の例のアメリカン・コールと行使価格，オプション期間などの属性が等しいヨーロピアン・コールの場合，価格は**図表11−19**のように40.64円と計算できる。**図表11−18**と**図表11−19**を比較すると，時点1で株価が上昇したときに満期前行使できるという強みのあるアメリカン・コールの価格が，ヨーロピアン・コールに比べて0.07円だけ高くなっているのがわかる。

しかし，すでに説明した通りアメリカンであるからといって，いつでもコールの満期前行使が行われるわけではない。例えば，配当が先ほどの例より1円だけ低い27円である場合には，上と同様の計算を行うと満期前行使が行われずアメリカン・コールの価格はヨーロピアン・コールと同じになる。

一方，プットの場合には状況が異なってくる。**図表11−20**から **図表11−22**は，ボラティィリティなど株価に関するその他の仮定は上と同じだが，配当が支払われない場合の株価の経路，およびアメリカン・プットとヨーロピアン・プットの価格の計算結果を示したものである。

図表11−21と**図表11−22**を比較すると，時点1，2と株価が下落し続けると時

図表11－20　株価の経路（配当：0円）

0	1	2	3
800.00	872.37	951.29	1037.34
	733.63	800.00	872.37
		672.77	733.63
			616.96

図表11－21　アメリカン・プットの価格計算（配当：0円）

0	1	2	3
48.40	16.64	0.00	0.00
	80.19	33.23	0.00
		127.23	66.37
			183.04

図表11－22　ヨーロピアン・プットの価格計算（配当：0円）

0	1	2	3
47.73	16.64	0.00	0.00
	78.85	33.23	0.00
		124.57	66.37
			183.04

点2でアメリカン・プットの満期前行使が行われているのがわかる。このようにプットの場合には，アメリカンの満期前行使が行われやすくなる。したがって，アメリカン・プットの価格評価にはブラック＝ショールズ・モデルは使えない。

◆ 本章のまとめ ◆

- オプションは，特定の資産を予め決められた期間内（ないし期間の末日）に所定の価格で買う（ないし売る）権利を表象する証券である。買う権利をコール，売る権利をプットと呼ぶ。
- 同一の行使価格を持つヨーロピアン・コールを買い，ヨーロピアン・プットを売るポジションと，満期日の必要返済額が行使価格と同じ金額を借り入れると同時に原資産の株式を買うポジションの2つは満期日において同じ損益をもたらす。この同値関係からプット・コール・パリティが導出される。
- オプション価格モデルとしては，ブラック＝ショールズ・モデルと二項モデルが有名だが，ともに複製ポートフォリオを作成して無裁定関係から価格を導出するという一物一価の考え方に基づいている。
- 二項ツリーを用いたオプションの価格の評価方法は，ブラック＝ショールズ・モデルに比べて汎用性が高く，アメリカンのコールやプットだけでなく様々なオプションの価格評価に適用可能である。
- 一方，ブラック＝ショールズ・モデルは，用途が標準的なヨーロピアン・オプションの価値評価に限定されるが，二項モデルに比べて計算効率が高い。
- 原資産価格やボラティリティ等のパラメーター数値の変化がオプション価格に与える影響度は，オプション・グリークスと呼ばれ，オプション・ポジションのリスク管理指標として用いられている。
- コールの場合，原資産からの配当が非常に高くない限りオプションの満期前行使は起こらずアメリカンとヨーロピアンの差異はなくなる。一方，プットの場合には満期前行使を行った方が有利なことが多く，アメリカン・プットはヨーロピアン・プットより通常高い価格が付く。

Problems

問1　現在X社の株価は1株当たり800円，リスクフリー・レートは年4％(連続複利基準）である。X社は配当を支払っていない。一方，X社の株式を原資産にする行使価格800円，期間3ヶ月のヨーロピアンのコールとプットの価格は，それぞれ52円と42円である。このとき裁定取引で利益を上げる機会はあるか。裁定機会がある場合，どのような取引を行えば，コールとプット1枚ずつ当たりいくらの裁定利益を上げることができるか。

問2（Excel 利用）　現在Y社の株価は1株当たり700円，Y社株式のボラティリティは年40％，リスクフリー・レートは年2％（連続複利基準）である。Y社は配当を支払っていない。このとき行使価格750円，オプション期間3ヶ月（＝0.25年）のヨーロピアン・プットの価格はいくらかブラック＝ショールズ・モデルを用いて求めなさい。

問3（Excel 利用）　現在Z社の株価は1株当たり800円，Z社株式のボラティリティは年40％，リスクフリー・レートは年4％（連続複利基準）である。Z社は配当を支払っていない。このとき行使価格850円，オプション期間3ヶ月（＝0.25年）のアメリカン・プットの価格はいくらか。もしこのプットがヨーロピアン・プットの場合には価格はいくらか。1区間を1ヶ月にする二項ツリーを使って求めなさい。

第12章

オプションの応用

Applying Option Pricing Theory

本章の概要

本章では第11章で説明したオプション理論に基づいて投資プロジェクトなどに内包されているリアル・オプションおよび資金調達手段に含まれるオプションについて学ぶ。前半では，柔軟な意思決定が可能な投資プロジェクトやベンチャー企業の価値評価に有効性を発揮するリアル・オプションについてその概要，計算法について説明する。後半では，社債に株式オプション的要素を付加した新株予約権付社債について存在意義，資本コストや価格付けなどについて説明する。

Key words

リアル・オプション，延期オプション，段階的投資オプション，操業規模オプション，撤退オプション，切り替えオプション，成長オプション，拡張NPV，新株予約権付社債，転換社債，ワラント債，分離型ワラント債，希薄化ファクター，新株予約権付社債の資本コスト，オプションのベータ

12.1 リアル・オプション

12.1.1 リアル・オプションとは

リアル・オプション（Real Options）とは，株式，債券，金利，為替などを

原資産にする金融オプションに対して，実物資産（Real Assets）を原資産にするオプションのことである。リアル・オプションの考え方を用いることによって，企業経営における意思決定の柔軟性の価値などを分析できる。

一般に企業価値は，既存事業が生み出すキャッシュフローの現在価値合計としての既存事業の価値と，将来事業が生み出すNPVの合計としての将来事業の価値の和として評価される。将来事業の価値は，将来の経営意思決定によって決定される。その際の意思決定は，当然，将来明らかになるマクロ経済環境，競争環境，技術革新などの経営環境の変化に応じたものになる。不確実性に満ちた現代の経営環境のなかでは，予期せざる変化に対して柔軟に適応しなくては，成功は難しい。

柔軟な経営意思決定と対応するリアル・オプションの例を列挙すると，**図表12－1**のようになる。このような経営の柔軟性について割引キャッシュフロー（DCF）法で分析するのは難しい。DCF法では，将来起こりうる多数のシナリ

図表12－1　代表的なリアル・オプション

オプションの種類	概要	主な適用分野
延期オプション	投資の意思決定を延期できるオプション	天然資源開発企業，不動産開発，農地／森林開拓
段階的投資オプション	投資を複数の段階に分けて，段階ごとに投資の継続／中断／中止が可能なオプション	研究開発企業（特に医薬品），資本集約型長期プロジェクト（大規模建設，発電設備等），ベンチャーへの出資
操業規模オプション	追加投資によって事業規模を拡大したり，事業規模を縮小したりできるオプション	鉱山，循環産業での設備計画，ファッション・アパレル産業，消費財，商業用不動産
撤退オプション	事業から撤退したり，販売開始した商品を後で販売中止にするオプション	資本集約型産業（空運，鉄道等），金融サービス，不確実性の高い市場への新商品投入
切り替えオプション	生産する製品を切り替えたり，生産のために用いる原材料や燃料を切り替えるオプション	（産出物シフト）少量生産／需要量変動の大きい製品，民生用電子機器，自動車（投入物シフト）電力，化学，穀物
成長オプション	新製品開発，新規事業の開始，新規市場開拓等，将来の企業成長のために採用する戦略に伴うオプション	インフラ型／戦略型産業（ハイテク産業，研究開発産業等），多様な製品やアプリケーションを生む産業（コンピュータ，医薬品等），多国籍企業，戦略的買収

オをもとに1本の期待キャッシュフロー流列を作成して，それをリスク調整後の割引率で割り引いて現在価値を評価する。そのため，状況の変化に応じた柔軟な意思決定を織り込むことが難しい。

それに対してリアル・オプション分析では経営の柔軟性を，実物資産を原資産とするオプションとみなして分析する。そうすることによって状況の変化に応じた柔軟な意思決定が容易に分析できる。一例として，投資決定時期の柔軟性について考えてみよう。これは，現在すぐに投資を実行する必要は必ずしもなく，一定期間様子を見て，将来，環境が良くなれば投資を実施し，環境が悪化すれば投資を実施しない，という投資決定時期の柔軟性を有する場合のことを指す。投資プロジェクトから得られるキャッシュ・インフローの現在価値を原資産価格，必要投資額を行使価格と考えれば，こうした状況下での投資決定は，コール・オプションの権利行使とよく似ており，金融オプションと同様な方法で分析できることに気付くであろう。なお，この投資決定時期の柔軟性に伴うオプションは，**図表12－1**に示されているように延期オプションと呼ばれている。

リアル・オプション分析は，設備投資や研究開発投資分野だけでなく，その他にも広範な応用分野を持つ。例えば，現在まだほとんど収益を生んでいないが，将来の成功期待が大きいベンチャー等の価値評価にもリアル・オプション分析は有効性を発揮する。例えば，インターネットの揺籃期（ようらんき）には Amazon.com などのインターネット関連企業の企業価値評価にリアル・オプション分析がしばしば利用された。

12.1.2　オプションを含む投資の評価

リアル･オプションを勘案した設備投資の意思決定には，拡張 NPV（Expanded NPV）が利用される。拡張 NPV とはリアル･オプションも含んだ投資プロジェクトの NPV で次のように定義できる。

拡張 NPV＝通常の NPV＋リアル・オプションの価値

設備投資プロジェクトの採否について，拡張 NPV は通常の NPV と同じように用いることができる。すなわち，拡張 NPV が正ならば投資プロジェクトを採用し，負ならばプロジェクトを採用しない。

●オプションを含む投資決定ルール

拡張 NPV＞0 ならば，投資プロジェクトを採用

拡張 NPV≦0 ならば，投資プロジェクトを不採用

簡単な数値例を用いて，拡張 NPV の使い方を見てみよう。

(1) スマートウオッチ・プロジェクト

時計メーカーの X 社は，株式と有利子負債の時価総額の合計である企業価値が300億円，うち有利子負債が100億円の企業である。現在，X 社はスマートウオッチ事業に進出すべきかどうか検討していた。X 社が検討しているのは，腕時計型で時計･予定管理機能の他，電話/メール着信通知機能などの機能を備えたウエアラブル端末であった。現在時点の 0 年から 5 年までの 6 年間の第 1 世代製品のプロジェクトのキャッシュフローは **図表12－2** のように見積もられた。第 1 世代製品の市場規模はあまり大きなものではない。電池が長時間持たないなど様々な技術的制約が多く実用性に乏しいので，当面数年間は新しもの好きのユーザー以外はこの製品を購入しないだろうと予想されたからである。このプロジェクトの適切な割引率が10%であるとすると，第 1 世代製品プロジェクトの通常の NPV は－10.15億円で，採用すべきでないプロジェクトであると判断できる。

(2) プロジェクトの経営戦略的な意義とリアル・オプション分析

このプロジェクトの X 社にとっての経営戦略的な意味まで考えると，通常の NPV 分析だけに基づく結論には疑問が残る。時計市場は成熟市場であり，今後の成長は望みにくい。このような環境下で X 社が生き残るためには，何らかの

図表12－2　第 1 世代プロジェクトの予想キャッシュフロー

（単位：億円）

年	0	1	2	3	4	5	
NOPAT	0	−9	10	15	7	0	
減価償却費	0	20	20	20	20	0	
設備投資	80	0	0	0	0	0	
正味運転資金増加額	5	5	10	10	−12	−12	
フリー・キャッシュフロー	−85	6	20	25	39	12	NPV＝
同上現在価値（@10%）	−85.00	5.45	16.53	18.78	26.64	7.45	−10.15

新規事業展開が不可欠である。スマートウオッチが大きな商品になれば，従来型の腕時計の市場規模は非常に小さなものになるだろう。その場合，X社は非常に厳しい立場に立たされる。一方，この新製品分野に後から参入するのは極めて難しい。スマートウオッチ市場に参入が予想される電機メーカーなどに対抗するためには，早くから参入してブランド・イメージを確立し，消費者のニーズを把握して技術開発に努める必要がある。こうした長期経営戦略的な意味づけを考えると，現時点でのスマートウオッチ市場への参入の是非を第1世代製品プロジェクトだけの単純な通常のNPV計算に基づいて行うのは問題がある。大規模な市場になる可能性のある第2世代製品市場で事業を営む権利まで含めて第1世代製品プロジェクトを評価する必要がある。その一方で，第1世代製品プロジェクトに対して「戦略投資」であるという定性的な判断だけに基づいて投資するのも危険である。

この種の経営戦略的な意味を持つ投資プロジェクトの評価においてリアル・オプション分析は極めて有用である。リアル・オプション分析は，プロジェクトの持つ「戦略性」について定量的な情報を提供してくれるからだ。

(3)　成長オプション価値計算の前提

簡単な前提条件に基づき，このスマートウオッチに対する投資プロジェクトをリアル・オプション分析の観点から分析してみよう。第1世代製品より本格的な機能を備え実用性も増した第2世代製品の製品開発完了は3年後と予想される。3年後に第2世代製品に投資を行うとすれば必要投資額は150億円，第2世代製品の生むフリー・キャッシュフローを3年後の時点で評価した現在価値は160億円(現在時点で評価すると$160/1.10^3=120$億円)，第2世代製品の価値変動のボラティリティは年率40%，現在のリスクフリー・レートは1%である。

この第2世代製品への投資は成長オプションと考えることができる。この事例の場合，問題の基本的構造はヨーロピアンの株式コール・オプションに即して考えることができるので，この成長オプションの価値を，ブラック＝ショールズ・モデルを用いて計算してみよう。成長オプションと株式コール・オプション間のパラメーターの対応関係は**図表12－3**に示した通りである。

図表12－3に示されたパラメーターの値をブラック＝ショールズ・モデルに代入して計算すると，スマートウオッチ・プロジェクトの成長オプションの価値は24.53億円と計算できる[(1)]。したがって，拡張NPVは

図表12－3　パラメーターの対応関係

成長オプション				株式コール・オプション
プロジェクトが生むキャッシュフローの現在価値：120億円	＝	S	＝	現在の株価
必要投資額：150億円	＝	K	＝	行使価格
意思決定までの期間：３年	＝	τ	＝	オプション期間
リスクフリー・レート：１％	＝	r	＝	リスクフリー・レート
プロジェクト・リスク：40％	＝	σ	＝	株式のボラティリティ

拡張 NPV＝通常の NPV＋リアル・オプション価値

＝－10.15＋24.53＝14.38億円

となる。したがって，このプロジェクトは推進すべきであるという結論に達する。このプロジェクトを採用すると，X 社の企業価値は

X 社の企業価値＝既存事業の価値＋拡張 NPV

＝300＋14.38＝314.38億円

になる。X 社の有利子負債の時価は，この新規事業の採否によって影響されないとすると，プロジェクトを実施する場合の株式価値は

実施時の株式価値＝実施時の企業価値－有利子負債の時価

＝314.38－100＝214.38億円

(1)　$C=SN(d_1)-K\exp(-r\tau)N(d_2)$

ここで，$d_1=\ln\left(\frac{120}{150\times\exp(-0.01\times3)}\right)/(0.4\times\sqrt{3})+(0.4\times\sqrt{3})/2=0.0676$

$d_2=0.0676-0.4\times\sqrt{3}=-0.6252$

$N(d_1)=0.5270$，$N(d_2)=0.2659$

したがって，

$C=120\times0.5270-150\times\exp(-0.01\times3)\times0.2659=24.53$億円

になる。このようにリアル・オプション分析によると，X 社の株価は，プロジェクトの採用によって7％強上昇すると推定される。

12.1.3　様々なリアル・オプションの評価

12.1.2項の例では，成長オプションの価値を，ブラック＝ショールズ・モデルを用いて評価した。ところが，リアル・オプションのほとんどは，標準的なヨーロピアン・オプションとは異なるペイオフ構造を持っているので，ブラック＝ショールズ・モデルでは価値が評価できない。そのため，リアル・オプションの評価には，より柔軟な対応ができる二項ツリーやモンテカルロ・シミュレーションなどが利用される。ここでは，二項ツリーによる様々なリアル・オプションの評価例について説明したい。

(1)　代替燃料プラント・プロジェクト

例として，代替燃料プラントの建設プロジェクトについて考えてみよう。このプロジェクトは，トウモロコシを用いて自動車を走らせる代替燃料を生産するプラントの建設プロジェクトである。

プロジェクトの当初投資額は120百万ドルである。現在のリスクフリー・レートは4％，代替燃料プロジェクトに対する割引率は9.2％である。原油価格は現在，50ドル/バレルであり1年後には確率50％で70ドル/バレルに上昇，確率50％で40ドル/バレルに下落すると見込まれている。プロジェクトからのキャッシュ・インフローの1年後の時点における現在価値（グロス価値）は，**図表12－4**の通りである。すなわち，代替燃料プロジェクトのグロス価値（初期投資額を差し引く前の価値）は代替関係にある原油価格の変動と連動しており，原油が現在の50ドル/バレルから70ドル/バレルに値上がりしたときには156百万ドルの価値を持つが，原油価格が40ドル/バレルに下落すると，プロジェクトの価値も96百万ドルに下落する。

通常の NPV 基準を用いて，このプロジェクトを評価してみよう。プロジェク

図表12－4　代替燃料プロジェクトのグロス価値と原油価格の変動

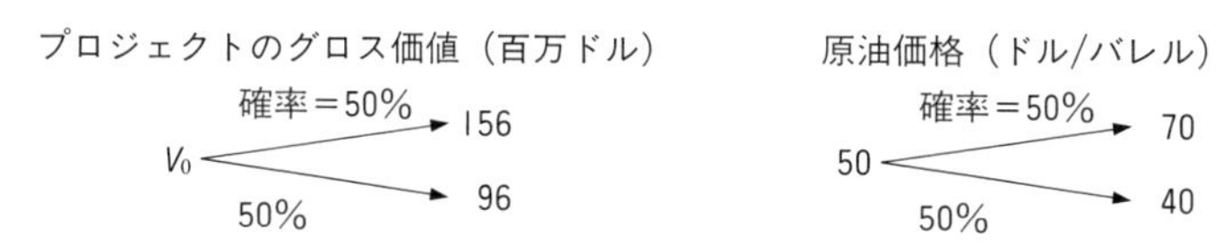

トからのキャッシュ・インフローの時点 $t=0$ における現在価値 V_0 は,

$$V_0=\frac{E(V_1)}{1+k}=\frac{0.5\times156+0.5\times96}{1.092}=115.38\text{百万ドル}$$

一方，必要投資額 I_0 は120百万ドルなので，通常の NPV は,

$$\text{NPV}=-I_0+V_0=-120+115.38=-4.62\text{百万ドル}$$

であり，通常の NPV 基準によると，このプロジェクトは採用できない。

次に，このプロジェクトに関わるリアル・オプションを，二項モデルを用いて評価しよう。そのために，まずプロジェクト価値の上昇するリスク中立確率 q を求める。代替燃料プロジェクトのグロス価値は原油価格と連動しているので，リスク中立確率 q は，上昇倍率を u，下落倍率を d，リスクフリー・レートを r として

$$q=\frac{(1+r)-d}{u-d}=\frac{1.04-40/50}{70/50-40/50}=0.4$$

と計算できる。

原油価格に連動して価値が決まる任意のプロジェクトの価値評価にはこのリスク中立確率 q を用いることができる。

(2) 延期オプションの評価

さて，このプロジェクトは必ずしも現在すぐに着手する必要はなく，1年後に事業を行うか否かの判断をすることが可能な「延期オプション」が付いている場合について考えてみよう。単純のために，1年後に投資する場合も現在投資する場合と同様に，1年後の時点における原油価格に応じた**図表12－4**の通りのグロス価値を1年後の時点で得られると仮定する。その場合，必要投資金額が現在と同じでは1年後に投資した方が相対的に有利になるので，1年後の投資額 I_1 は金利分だけ上昇して124.8百万ドル（$=120\times1.04$）であると仮定する。1年後に原油が70ドルに値上がりした場合の投資額控除後のネット価値を E_u，40ドルに下落した場合のネット価値を E_d と表すと，次のようになる。

$$E_u=\text{Max}(V_u-I_1, 0)=\text{Max}(156-124.8, 0)=31.2$$

$$E_d=\text{Max}(V_d-I_1, 0)=\text{Max}(96-124.8, 0)=0$$

したがって，現在時点での拡張 NPV である E_0 は

$$E_0=\frac{qE_u+(1-q)E_d}{1+r}=\frac{0.4\times31.2+0.6\times0}{1.04}=12\text{百万ドル}$$

と正の値になり，このプロジェクトは現在時点では採用という結論になる。延期オプションを含んだ拡張 NPV と延期オプションを含まない通常の NPV の差が延期オプションの価値になるので，この例の場合の延期オプションの価値は

$$\text{延期オプションの価値}=\text{拡張 NPV}-\text{通常の NPV}$$
$$=12-(-4.62)=16.62\text{百万ドル}$$

となる。

(3) 操業規模オプションの評価

次に，元々のプロジェクトに加えて，現在時点で120万ドルの投資を行うが，1年後の事業環境が良いときには追加投資 I_e を行って操業規模を $(1+x)$ 倍に拡大できる「操業規模オプション」が存在する場合について考えよう。この操業規模オプションを含む1年後のプロジェクトの総価値 E_1 は，操業規模オプションのないときの1年後のプロジェクト価値 V_1 と操業規模オプションのペイオフ $\mathrm{Max}(xV_1-I_e, 0)$ の合計として，次のように表される。

$$E_1=V_1+\mathrm{Max}(xV_1-I_e, 0)=\mathrm{Max}(V_1, (1+x)V_1-I_e)$$

いま $x=0.4$，$I_e=45$百万ドルとすると，1年後の時点で原油価格が上昇したときのプロジェクト価値 E_u と下落したときのプロジェクト価値 E_d は

$$E_u=\mathrm{Max}(156, 1.4\times156-45)=173.4$$
$$E_d=\mathrm{Max}(96, 1.4\times96-45)=96$$

となる。したがって，現在時点の拡張 NPV の E_0 は

$$E_0=\frac{qE_u+(1-q)E_d}{1+r}-I_0=\frac{0.4\times173.4+0.6\times96}{1.04}-120=2.08\text{百万ドル}$$

と正の値になるので，このプロジェクトは採用される。この場合の操業規模オプションの価値は

$$\text{操業規模オプションの価値}=\text{拡張 NPV}-\text{通常の NPV}$$
$$=2.08-(-4.62)=6.70\text{百万ドル}$$

になる。

(4) 切り替えオプションの評価

次に代替燃料の製造設備を用いて他製品の生産も可能である場合，すなわち「切り替えオプション」が付いているときのプロジェクトの価値を評価しよう。この代替燃料プラントで生産される代替燃料はトウモロコシを原料にしている。

図表12－5　代替品生産を行った場合のプロジェクトのグロス価値

（百万ドル）

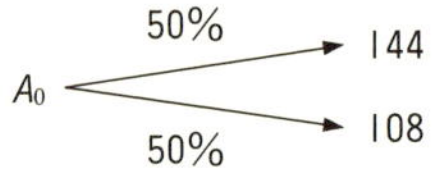

$$A_0 \xrightarrow{50\%} 144, \quad A_0 \xrightarrow{50\%} 108$$

そのため生産された油は食用油として食品会社に販売することも可能であると仮定する。製品を食用油として販売する場合のプロジェクトのグロス価値は図表12－5のように表せる。

食用油として販売する場合には，プロジェクトのグロス価値は原油価格が上昇したとき144百万ドル，下落したとき108百万ドルになる。自動車燃料として販売する場合に比べて，原油価格の変動に対するプロジェクト価値の変動は小さい。

このような切り替えオプションがある場合には，原油価格の変動に応じて代替燃料か食用油かいずれか有利な方の製品として販売することができる。したがって，１年後に原油価格が上昇した場合の投資額控除前のプロジェクト価値を E_u，原油価格が下落した場合のプロジェクト価値を E_d と表すと

$$E_u = \mathrm{Max}(V_u, A_u) = \mathrm{Max}(156, 144) = 156$$

$$E_d = \mathrm{Max}(V_d, A_d) = \mathrm{Max}(96, 108) = 108$$

となる。その結果，切り替えオプションのある場合のプロジェクトの拡張NPVである E_0 は

$$E_0 = \frac{qE_u + (1-q)E_d}{1+r} - I_0 = \frac{0.4 \times 156 + 0.6 \times 108}{1.04} - 120 = 2.31\text{百万ドル}$$

と正の値になり，プロジェクトは採用される。この場合の切り替えオプションの価値は

切り替えオプションの価値＝拡張NPV－通常のNPV

＝2.31－(－4.62)＝6.93百万ドル

となる。

(5)　段階的投資オプションの評価

次は，代替燃料プロジェクトに「段階的投資オプション」が付いている場合である。代替燃料プロジェクトについてプラント建設の工期を段階に分け必要総投資額の120百万ドルを一度に投資するのでなく，初年度10百万ドル，１年後

図表12－6　プロジェクトのグロス価値の2年間の変動

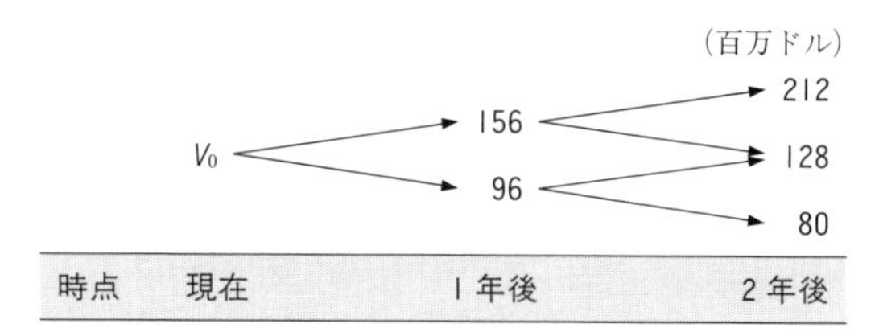

31.2百万ドル（＝30×1.04），2年後86.528百万ドル（＝80×1.04²）と3年に分けて投資でき，途中で投資をやめることも可能な場合について考える。ただし，投資をやめると設備が完成しないのでプロジェクト価値はゼロになると仮定する。

2年間におけるプロジェクト価値の変動は，原油価格の変動に連動して**図表12－6**の通りに変化すると仮定する。

この場合，各時点で合理的意思決定を行うという前提に基づき，2年後の時点からスタートして時間をさかのぼって拡張NPVを計算する。まず，2年後の時点において，原油価格が時点0から2年連続して上昇した場合のプロジェクトのネット価値をE_{uu}，上昇，下落ないし下落，上昇という経路を辿った場合の価値をE_{ud}，2年連続して下落する場合をE_{dd}と表すと

$$E_{uu}=\mathrm{Max}(V_{uu}-I_2,0)=\mathrm{Max}(212-86.528,0)=125.472$$

$$E_{ud}=E_{du}=\mathrm{Max}(V_{ud}-I_2,0)=\mathrm{Max}(128-86.528,0)=41.472$$

$$E_{dd}=\mathrm{Max}(V_{dd}-I_2,0)=\mathrm{Max}(80-86.528,0)=0$$

同様に，1年後の価値は，1年目に原油価格が上昇，下落した場合のプロジェクトのネット価値をそれぞれE_u，E_dと表すと

$$E_u=\mathrm{Max}\left(\frac{qE_{uu}+(1-q)E_{ud}}{1+r}-I_1,0\right)$$

$$=\mathrm{Max}\left(\frac{0.4\times125.472+0.6\times41.472}{1.04}-31.2,0\right)=40.985$$

$$E_d=\mathrm{Max}\left(\frac{qE_{du}+(1-q)E_{dd}}{1+r}-I_1,0\right)$$

$$=\mathrm{Max}\left(\frac{0.4\times41.472+0.6\times0}{1.04}-31.2,0\right)=0$$

図表12－7　段階的投資オプションのあるときの拡張 NPV の計算

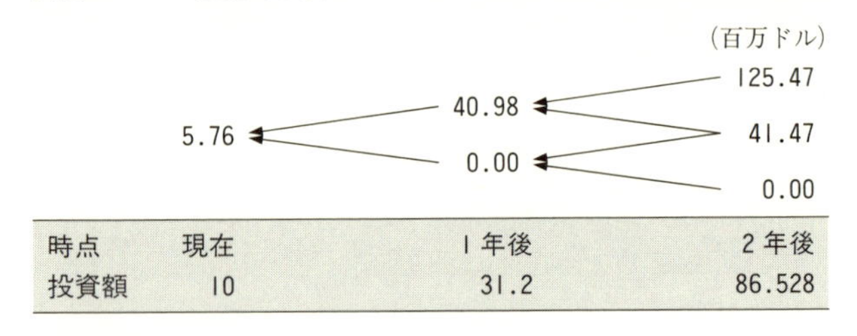

時点	現在	1年後	2年後
投資額	10	31.2	86.528

そして，現在時点の拡張 NPV である E_0 は

$$E_0=\mathrm{Max}\left(\frac{qE_u+(1-q)E_d}{1+r}-I_0,\ 0\right)$$

$$=\mathrm{Max}\left(\frac{0.4\times 40.985+0.6\times 0}{1.04}-10,\ 0\right)=5.76\text{百万ドル}$$

となる。この場合の段階的投資オプションの価値は，

段階的投資オプションの価値＝拡張 NPV－通常の NPV

$=5.76-(-4.62)=10.38$百万ドル

となる。図表12－7 は上記の段階的投資オプションのある場合の拡張 NPV の計算を示したものである。

12.2　リアル・オプション分析の適用と感応度分析

12.2.1　ベンチャーの投資価値評価

リアル・オプション分析は，様々なリアル・オプションを含む設備投資プロジェクトの評価のみならずその他にも広範な応用分野を持っている。本節ではその一例として，ベンチャー企業評価への応用例を見てみよう。また，この例に即して感応度分析などリアル・オプション分析を行う際に留意すべき項目について説明する。

(1)　フォーワン・ビール

フォーワン・ビールは，最高のビールをつくることを夢見るマッサンとエリーの2人によって設立された会社である。2人は，現在，事業資金を調達すべくベンチャーキャピタル数社を訪問してフォーワンの事業計画を説明していた。新しいビールの製品開発と試作品作りには，2年間にわたり6ヶ月ごとに200万ドルずつ合計で800万ドルの資金が必要であると見込まれた。また，開発した製品を市場に出すには，さらに工場建設などのために3,000万ドルの事業化投資が必要である。

2年後に旨いビールが開発できた場合の年間売上高は1,200万ドルであると推定された。公開されている地ビール会社のうち，同規模の会社の1株当たりの株価/売上倍率の平均は3.67倍で，この倍率を用いて推定した2年後の時点でのフォーワン・ビールの価値の期待値は，4,400万ドル（1,200万ドル×3.67）である。比較対象の地ビール会社の株価ボラティリティなどを参考に推定にしたフォーワンの企業価値のボラティリティは年率40%である。現在フォーワンは2つのリアル・オプションを持っている。第1は，現在ではなく2年後に事業を開始するか否かを決定するという延期オプション，第2は製品開発途中での撤退オプションである。後者は，2年間の製品開発期間中にも開発の遅延やその他の原因で事業採算がとれないと判断されたときには，開発を断念して撤退するオプションである。マッサンとエリーは，最初に200万ドルを使って製品開発を始めた後は，6ヶ月ごとに製品開発の進捗状況等について見直しをして開発を続行すべきかどうか決める方針である。

(2)　投資価値の計算

現在の市場環境などから推定されるパラメーターの値は次の通りである。フォーワン・ビールのベータ値は2.0，市場リスク・プレミアムは8%，リスクフリー・レートは5%である。CAPMを用いるとフォーワンの株式の資本コストは21%と推定される。

まず，フォーワンのプロジェクトを通常のNPVで評価してみよう。ターミナル価値は株主資本コストの21%で，製品開発と事業化投資のキャッシュフローをリスクフリー・レートの5%で割り引くと，NPVは

$$\mathrm{NPV}=-\left(\sum_{t=0}^{3}\frac{200}{(1.05)^{t/2}}+\frac{3,000}{1.05^2}\right)+\frac{4,400}{1.21^2}=-487.371\text{万ドル}$$

と，負になる。このように通常のNPVを基準にすると，フォーワンは投資に値しない企業になる。

しかし，上の評価ではフォーワンが持つ2つのリアル・オプションを考慮に入れていない。2つのリアル・オプションを考慮に入れたフォーワン・ビールの評価を行ってみよう。評価には二項ツリーを用いる。モデルの1区間を6ヶ

図表12－8　フォーワン・ビールの価値変動の二項ツリー

（万ドル）

時点（1区間の長さ：6ヶ月）				
0	1	2	3	4
3,005.3	3,987.7	5,291.2	7,020.9	9,316.0
	2,264.9	3,005.3	3,987.7	5,291.2
		1,706.9	2,264.9	3,005.3
			1,286.4	1,706.9
				969.5

月とすると，上昇倍率 u と下落倍率 d は次のように計算できる。

$$u=\exp(0.4\times\sqrt{1/2})=1.326896,\ d=\exp(-0.4\times\sqrt{1/2})=0.753638$$

この u と d を用いると原資産のフォーワンの企業価値の変動は次の**図表12－8**のようになる。二項ツリーの出発点の3,005.3万ドルは，$4{,}400/1.21^2$ と計算されたものである。

一方，フォーワンの企業価値が上昇，下落するリスク中立確率は

$$q=\frac{1.05^{1/2}-d}{u-d}=0.472835,\ 1-q=0.527165$$

と計算できる。2年後のターミナル時点 $T=4$ での状態 i におけるフォーワンのネット価値である E_T^i は，そのときの事業の価値 V_T^i に応じて

$$E_T^i=\mathrm{Max}(V_T^i-3000,0)$$

と表すことができる。途中時点でのノード $(0<t<4)$ での状態 i における途中価値 E_t^i は，その時点の6ヶ月後の時点 $(t+1)$ において価値が上昇したときの途中価値 E_{t+1}^+ と価値が下落したときの途中価値 E_{t+1}^- を使って，

$$E_t^i=\mathrm{Max}\left[\frac{qE_{t+1}^+ +(1-q)E_{t+1}^-}{1.05^{1/2}}-200,0\right]$$

と表される。一方，当初開発投資の200万ドルは必ず支出されるので，現在時点での拡張 NPV である E_0 は

$$E_0=\frac{qE_{t+1}^+ +(1-q)E_{t+1}^-}{1.05^{1/2}}-200$$

と計算できる。以上の計算手順に基づく具体的な数値計算は，**図表12－9**に示した通りでフォーワンの拡張 NPV は188.6万ドルになり，少なくとも現在時点では投資価値があるという結論になる。

図表12－9　フォーワン・ビール・プロジェクトの拡張 NPV

（万ドル）

時点（1区間の長さ：6ヶ月）				
0	1	2	3	4
188.6	842.1	2,038.9	3,893.2	6,316.0
	0.0	196.8	860.0	2,291.2
		0.0	0.0	5.3
			0.0	0.0
				0.0

12.2.2　感応度分析

リアル・オプション分析では，想定するパラメーターの値によって様々異なる結果が出る。その結果，ともすれば分析結果が恣意的なものになる危険がある。そのため実際にリアル・オプション分析を利用する際には，十分な感応度分析を行い分析結果がどの程度頑健なものかをチェックすることが不可欠である。

フォーワンの例に則していくつかの項目について感応度分析を行ってみよう。例えば，その他の仮定はそのままにして営業開始のために必要な事業化投資額だけが3,000万ドルではなく50％増の4,500万ドルになった場合についてみてみる。その場合，拡張 NPV は**図表12－10**のケース D に示したように－78.1万ドルと負に転じ，プロジェクトは採用できないことになる。

ベンチャーキャピタルがフォーワンに出資すべきか否かの結論を出す前には，この他にも様々な感応度分析を行うことが必要である。フォーワンのケースの

図表12－10　フォーワン・ビール投資評価の感応度分析結果

ケース	ターミナル価値の期待値（万ドル）	資本コスト（％）	事業化投資（万ドル）	6ヶ月ごとの開発費（万ドル）	ボラティリティ（％）	開発期間（年）	拡張 NPV（万ドル）
A	4,400	21.0	3,000	200	40.0	2	188.6
B	3,500	21.0	3,000	200	40.0	2	－54.3
C	4,400	30.0	3,000	200	40.0	2	24.3
D	4,400	21.0	4,500	200	40.0	2	－78.1
E	4,400	21.0	4,500	200	50.0	2	68.2
F	4,400	21.0	3,000	300	40.0	2	－34.3
G	4,400	21.0	3,000	200	40.0	3	－47.7

（注）ケース A がベース・ケース。網掛けのパラメーターの値をベース・ケースから変更。

場合，感応度分析の項目としては，例えば，

(1) ターミナル価値の期待値

(2) 資本コスト

(3) 価値変動のボラティリティ

(4) 6ヶ月ごとの開発費

(5) 開発に必要な期間

などを挙げることができる。

これらの想定パラメーターを変化させた計算結果は**図表12－10**に示した通りである。想定の変更の中でもボラティリティには特に注意が必要である。感応度分析の結果は，素朴な直観に反するものになるからである。

すなわち，リスクの大きい投資対象であるとしてボラティリティを高く設定すると，プロジェクトに含まれているリアル・オプションの価値が上昇して，パラメーター変更の意図に反してプロジェクトが採用されやすくなるからである。例えば，プロジェクト価値のボラティリティの値をベース・ケースの40％から50％に上昇させると，事業化投資の金額が50％増の4,500万ドルでも拡張NPVは**図表12－10**のケースEに示したように68.2万ドルと正の値になる。

この例でみたようにリアル・オプション分析に関して感応度分析を行う場合には，常にあるパラメーターの想定変更がリアル・オプションの価値にどのような影響を与えるかを慎重に検討する必要がある。

12.2.3 ステージ・ファイナンシングの意義

「ステージ・ファイナンシング（Stage Financing）」とか「マイルストーン・インベストメント（Milestone Investment）」と呼ばれるベンチャーキャピタルのベンチャー企業に対する資金提供方法がある。これはプロジェクトに必要な資金全額を一括で出資しないで，プロジェクトの進捗状況などをチェックしながら段階的に資金提供する方法のことである。これは，ベンチャーキャピタルにとってのリスク・ヘッジ手段であるのと同時に，プロジェクトを採用しやすくする効果もある。段階的出資というリアル・オプションを含ませることによって，プロジェクトのネット価値が上昇するからである。上のフォーワン・ビールのケースでは，製品開発の進捗状況に応じて6ヶ月ごとに次の6ヶ月の200万ドルの開発資金をベンチャーキャピタルが提供するか否かを判断することがで

きる。

これに関連するもうひとつの留意点は，進捗状況を途中でチェックしてプロジェクトを続行するか否かを決定する際に，誰が決定の鍵を握るかである。上のフォーワンのケースでは，ベンチャーキャピタル側ではなくフォーワン側が，製品開発が順調に進んでいるかを6ヶ月ごとに判断して製品開発を続行するか否かを決定する主導権を握ると想定されていた。これではベンチャーキャピタル側にとって，きちんとしたチェックにならない。製品開発の進捗状況などに関して客観的な指標に基づきプロジェクトの続行およびベンチャーキャピタルからの追加出資の是非を判断する仕組みを工夫する必要がある。逆に，製品開発の途中段階で進捗状況をチェックする客観的な指標が作れないとするならば，少なくともベンチャーキャピタル側にとって撤退オプションは，実質上意味のないものになってしまう。その場合，フォーワン・ビール・プロジェクトのリアル・オプション分析において，事業化投資の意思決定に伴う延期オプションだけが存在すると考えるべきであろう。

12.3　新株予約権付社債による資金調達

12.3.1　新株予約権付社債とその種類

企業が発行する負債のなかにはオプション的な要素を含んだものが多数存在する。代表的なものが新株予約権付社債である。新株予約権付社債とは，決められた価格で発行企業の新株を買う権利がついた社債のことである。現在の「新株予約権付社債」は従来の転換社債とワラント債を包括する概念で2002年4月の改正商法の施行により導入された。新株予約権付社債には次の3つの種類（法律上はそのうち最初の2種類）がある。

(1)　転換社債型新株予約権付社債（旧転換社債，Convertible Bond（CB））
新株予約権の行使の際に社債が償還されるもの

(2)　（狭義の）新株予約権付社債（非分離型ワラント債）
社債券と新株予約権の分離ができないもの

(3)　旧分離型新株引受権付株式（分離型ワラント債）
社債券と新株予約権の分離が可能なもの

なお，現行法においては，(3)は新株予約権付社債の一種ではなく，新株予約権と普通社債の同時発行と扱われる。分離型ワラント債の新株予約権部分はワラント，社債部分はエクスワラントと呼ばれ，それぞれ別途に売買できる。

なお，本章では，(1)の転換社債型新株予約権付社債を単に転換社債，(2)と(3)をまとめてワラント債と短縮形で呼ぶことにする。

転換社債とワラント債はともに新株予約権というコール・オプションが付いている点で共通している。しかし，オプション権を行使する際に，転換社債の場合には社債を株式に転換するので社債がなくなるが，ワラント債の場合には現金を払い込むので社債は残るという違いがある。その結果，両者はオプション権行使後の企業の資本構成に異なる影響を与える。

12.3.2 新株予約権付社債の発行理由

企業が新株予約権付社債発行を行う理由として次の４つの要因が挙げられる。第１の要因はキャッシュフローのマッチングである。新株予約権付社債は普通社債に比べてクーポン・レートが低く，高成長企業で設備投資などに多額の資金が必要な企業にとっては好都合な資金調達手段になる。

第２は，投資家にとって発行企業の事業リスクの評価が難しい場合である。ある企業が，株式投資の対象として魅力的な将来高成長が期待できる企業なのか，安定的な収益を生む社債投資家にとって魅力的な企業なのか，投資家が判断に迷うような状況を考えよう。この場合，株式と社債の両面を持っている新株予約権付社債は投資家にとってヘッジ機能を内包した投資対象になる。そのため普通社債の発行や公募増資よりも新株予約権付社債の発行が，相対的に行いやすくなる。

第３の要因は，株主と債権者の間のエージェンシー問題の緩和である。株主は，ハイリスク・ハイリターンの事業を好む傾向があるのに対して，債権者は安全性の高さを重視する。その結果，株主と債権者間でエージェンシー問題が発生するが，新株予約権付社債は社債であると同時に株式の側面を持っているので，エージェンシー問題の緩和に役立つ。第５章の5.4.1項でみたように，企業が財務的な困難に直面して企業価値が大幅に低下すると，企業が非常にリスクの高い投資を行おうとする資産代替の問題が起こりがちである。このような厳しい財務状況下では，転換社債に付いている転換権の価値がほとんどなくなるので，転換社債の保有者は債権者としてリスクが高い投機的な投資を推進するような経営方針に大反対するだろう。一方で，企業価値が非常に高くなると，転換権の価値が大幅に上昇して転換社債の保有者は株主のように行動するだろう。しかし，企業価値が非常に高い場合には，資産代替問題は発生し難いので，不都合は生じない。

第4の要因は様々な制度的な理由である。そのひとつに会計処理の問題がある。新株予約権付社債のクーポン・レートが低い理由は，新株予約権が社債に付いているためで，発行企業が支払う「金利」が低いわけではない。しかし，転換社債の場合，会計上はこうした経済的実態ではなく，単純に支払われるクーポンをそのまま「支払利息」として計上できる。その結果，普通社債と比較して転換社債を発行すると，支払利息が少なく税引後利益を高めに計上できる。そのため，できるだけ高い税引後利益を計上しようとする企業には転換社債発行が魅力的である。

12.4　新株予約権付社債の資本コスト

12.4.1　オプションのベータ

本節では新株予約権付社債の資本コストについて検討する。その準備として，まずオプションのベータについて考えよう。オプションのベータを計算するひとつの方法はオプションを複製する複製ポートフォリオのベータを求めることである。一般にポートフォリオのベータはポートフォリオを構成する各証券のベータの組入れ比率をウェートにした加重平均になる。第11章の11.2.2項で学んだ通りオプションを複製するポートフォリオを構成するのは，原資産と安全資産である。したがって，オプションのベータ β_O は，原資産のベータ β_S と安全資産のベータ β_B の複製ポートフォリオにおける組入れ比率をウェートにした加重平均になる。すなわち，

$$\beta_O=\frac{S\Delta}{S\Delta+B}\beta_S+\frac{B}{S\Delta+B}\beta_B \tag{12.1}$$

ここで S は原資産の単位当たり価格，Δ は複製ポートフォリオ中の原資産の数量，B は複製ポートフォリオ中の安全資産の保有残高である。ここで，安全資産のベータは $\beta_B=0$ であるので，(12.1)式は

$$\beta_O = \frac{S\Delta}{S\Delta + B}\beta_S \tag{12.2}$$

と単純化できる。さて，無裁定条件の下では，分母に現れる(12.2)式の複製ポートフォリオの時価総額 $S\Delta + B$ はオプション価格と等しいので，分母の値は正である。そのためオプションのベータは(12.2)式の分子と同じ符号になる。コールの場合には，$\Delta > 0$ で $S > 0$ であるので，$\beta_S > 0$ であればコールのベータは $\beta_C > 0$ となる。またコールの場合 $B < 0$ であるので，$S\Delta + B < S\Delta$ となり原資産のベータが $\beta_S > 0$ のとき $\beta_C > \beta_S$ である。一方，プットの場合には，$\Delta < 0$ で $S > 0$ であるので，$\beta_S > 0$ のときベータは $\beta_P < 0$ となる。

コールの場合，ブラック＝ショールズ・モデルを用いると $\Delta = N(d_1)$ であるので，これを(12.2)式に代入して $C = S\Delta + B$ であることに注意すると，コールのベータについて

$$\beta_C = \frac{S}{C}N(d_1)\beta_S \tag{12.3}$$

を得る。なお，(12.3)式中の $(S/C)N(d_1)$ は，第11章の11.2.5項で示したオメガ Ω である。

つまりコールのベータは，

$$\beta_C = \Omega\beta_S \tag{12.4}$$

となる。オプション期間が短いほどオメガは大きいので，原資産のベータが正ならばコールのベータはオプション期間が短いほど高くなる。

12.4.2　ワラントの行使と希薄化

新株予約権付社債の新株予約権（ワラント）部分と通常のコール・オプションの違いのひとつは，ワラントには１株当たりの持分の希薄化が伴うことである。通常のオプション取引は投資家間の取引なので権利行使があっても発行済株式数は変わらない。一方，ワラントは企業が発行するので行使されると発行済株式数が増加する。これに対応するため次の希薄化ファクターという調整項を考える。

$$\text{希薄化ファクター} = \frac{\text{ワラント行使後に増加する株式数}}{\text{行使前発行株式数}} \tag{12.5}$$

簡単な数値例を使って考えてみよう。A 社のワラント満期日直前の株価は

2,220円である。A社のワラント行使前の発行済株式数は1億株で，A社のワラントは行使価格2,000円で1,000万株を購入できるとする。よって希薄化ファクターは0.1である。ワラント行使時には，A社の株式の時価総額と発行済株式数は

ワラント行使後の株式時価総額

$$=\text{行使直前の時価総額}+\text{行使価格}\times\text{行使株式数}$$

$$=(2{,}220\text{円}\times 1\text{億株})+(2{,}000\text{円}\times 0.1\text{億株})=2{,}420\text{億円}$$

ワラント行使後の発行済株式数＝1.1億株

となる。したがって

満期日におけるワラントの1枚の価値

$$=\mathrm{Max}\left(\frac{2{,}220\times 1+2{,}000\times 0.1}{1.1}-2{,}000,\ 0\right)$$

$$=\frac{1}{1.1}\mathrm{Max}(2{,}420-2{,}200,\ 0)=\frac{1}{1.1}\times 220=200$$

一方，満期日，行使価格の等しいコール・オプションの場合には

$$\text{満期日におけるコールの価値}=\mathrm{Max}(2{,}220-2{,}000,\ 0)=220$$

つまり，

$$\text{満期日におけるワラントの価値}=\frac{\text{満期日におけるコールの価値}}{(1+\text{希薄化ファクター})}=\frac{220}{1.1}=200$$

という関係が成立する。

12.4.3　新株予約権付社債の資本コスト

新株予約権付社債の資本コストに関して考えよう。ここではワラント債を前提とするが，転換社債の場合にもほぼ同様に考えることができる[(2)]。ワラント債の価値は普通社債の価値 B とワラントの価値 W の合計 $B+W$ である。したがって，ワラント債の税前資本コスト r_{BW} は，普通社債の資本コスト r_B とワラ

(2)　転換社債に付いている転換権の場合，社債と株式が交換されるので，厳密に言うと，その時々の市場金利の変動に伴い行使価格が変動するコール・オプションになる。この点で，ワラントを行使する際には通常，現金の払込みを行うワラント債と異なる。その結果，残存期間，クーポン・レートや付与されている転換権やワラントの転換価格（行使価格）などの条件が表面上同等のように見える転換社債とワラント債間でも，資本コストはわずかに異なる。

ントの資本コスト r_W の価値構成比をウェートにした加重平均として(12.6)式のように計算できる。

$$r_{BW}=r_B\frac{B}{B+W}+r_W\frac{W}{B+W} \tag{12.6}$$

さてワラント債の発行企業は連続配当を支払っていると仮定しよう。連続配当利回りを δ とすると連続配当のあるときのブラック＝ショールズ・モデルから，オメガ Ω は

$$\Omega=\left[\frac{S}{W}\exp(-\delta\tau)N(d_1)\right] \tag{12.7}$$

ここで，

$$d_1=\frac{\ln(S/K)+(r-\delta+\sigma^2/2)\tau}{\sigma\sqrt{\tau}}$$

となる。なお，S は1株当たり株価，W はワラント価格，K は行使価格，r はリスクフリー・レート，τ はオプション期間，σ は株式のボラティリティを表す。

(12.7)式と(12.4)式からワラントのベータ β_W は，次のようになる。

$$\beta_W=\left[\frac{S}{W}\exp(-\delta\tau)N(d_1)\right]\beta_S \tag{12.8}$$

簡単な数値例をみてみよう。X社は現在設備投資資金の調達のために100億円のワラント債の発行を計画している。このワラント債の付与率は1で社債額面と購入できる株式金額が等しい。現在のX社の財務関連指標および市場変数は図表12－11に示した通りである。

X社がクーポン・レート（年2回利払い）を1.00％としてワラント債をパー（額面＝市場価格）発行するとき，その資本コストはいくらか計算してみよう[(3)]。ワラント債の普通社債としての額面100円当たりの価値は

$$\text{普通社債としての価値}=\sum_{i=1}^{10}\frac{1/2}{(1+0.04/2)^i}+\frac{100}{(1+0.04/2)^{10}}=86.526\text{円}$$

となり，ワラント債の額面100円当たりの普通社債価値とワラント価値の構成比は，次のようになる。

---

(3) ここでは，ワラント債発行に伴う引受手数料などは無視する。

図表12－11　X社の財務関連指標と市場変数

X社の財務関連指標	
株価	800円
配当利回り（連続複利基準，年率）	1.00%
普通社債（残存期間　5年）の最終利回り（年2回複利基準）	4.00%
ワラント債（残存期間　5年，行使価格1,000円，額面100円当たりの市場価格100円）のクーポン（年2回複利基準，年率）	1.00%
ワラント債の希薄化ファクター	3.58%
株式ベータ	0.85
株式ボラティリティ	25.00%
市場変数	
法人税率	40.00%
5年スポット・レート（連続複利基準，年率）	3.50%
市場リスク・プレミアム	4.00%

ワラント債価値（100円）

＝普通社債価値（86.526円）＋ワラント価値（13.474円）

ワラント債の額面100円中のワラントの価値は，ブラック＝ショールズ・モデルを用いてコールの価値（C）を計算して，希薄化ファクター（λ）を使ってワラントの価値 W に換算しても13.474円と求めることができる(4)。

一方，ワラントのベータは

$$\beta_C=\frac{S}{W}\exp(-\delta\tau)N(d_1)\beta_S=\frac{800}{134.74}\times 0.9512\times 0.5414\times 0.85=2.60$$

である。CAPMを利用するとワラントの資本コストは

$$r_C=r_f+\beta_C[E(r_m)-r_f]=3.50+2.60\times 4.00=13.90\%$$

になる。ちなみに，株式の資本コストは

(4)　すなわち，

$$d_1=\frac{\ln(S/K)+(r-\delta+\sigma^2/2)\tau}{\sigma\sqrt{\tau}}=\frac{\ln(800/1,000)+[0.035-0.01+(0.25)^2/2]\times 5}{0.25\times\sqrt{5}}$$
$$=0.103944$$

$$d_2=d_1-\sigma\sqrt{\tau}=0.103944-0.25\times\sqrt{5}=-0.45507$$

$$C=S\exp(-\delta\tau)N(d_1)-K\exp(-r\tau)N(d_2)=800\times\exp(-0.01\times 5)N(0.103944)$$
$$-1,000\times\exp(-0.035\times 5)N(-0.45507)=139.5636$$

$$W=\frac{C}{1+\lambda}=\frac{139.5636}{1.0358}=134.74$$

ワラント債の額面100円当たりでは，13.474円。

$$r_S = r_f + \beta_S[E(r_m) - r_f] = 3.50 + 0.85 \times 4.00 = 6.90\%$$

と，この例の場合にはワラントの資本コストは株式の資本コストの約２倍の水準である。ワラント債の税前資本コスト r_{BW} は，価値を構成する負債の資本コストとワラントの資本コストの加重平均として

$$r_{BW} = r_B \frac{B}{B+W} + r_W \frac{W}{B+W} = 4.00 \times \frac{86.53}{86.53+13.47} + 13.90 \times \frac{13.47}{86.53+13.47}$$
$$= 5.33\%$$

となる。この数値例で示したようにワラント債などの新株予約権付社債の資本コストは普通社債より高い。上の例の場合，推定されたワラント債の税前資本コストの5.33％は，普通社債の4.00％と株主資本コスト6.90％の間の値である。

12.4.4 新株予約権付社債の税引後資本コスト

転換社債，ワラント債の資本コストは，普通社債よりも高くなる。その理由は，本章12.4.3項で説明した通り，これら新株予約権付社債には新株予約権という株式よりも高いベータを持つコール・オプションが付加されているからである。付帯条件が同じ転換社債とワラント債の資本コストは税引前ではほぼ等しい。しかし，両者の会計処理方法の相違により，税引後では転換社債の方がワラント債よりも高くなる。

転換社債型である場合，発行企業は社債部分と転換権部分の価値を区分しない一括法で会計処理することが認められている。一括法で処理する場合には，支払利息を小さく，利払後利益を大きく計上できる。一方で，クーポンが普通社債よりも低い分だけ損金算入できる支払利息金額が低くなり節税メリットが小さくなる。

一方，ワラント債の場合には，区分法で社債価値と新株予約権（ワラント）の価値を区分経理しなければならない。その結果，社債差金の償却が生じるので，ワラント債の普通社債価値部分の税引後資本コストは，普通社債とほぼ同じになる。そのためワラント債の税引後負債コストは転換社債より低くなる。

本章のまとめ

- オプション理論は，コーポレート・ファイナンスの様々な分野で幅広い応用分野を持っている。中でも重要性が高い分野は，リアル・オプション分析および企業の発行する社債にオプション的な要素を付加した資金調達手段の分析である。
- リアル・オプションとは実物資産（Real Assets）を原資産にするオプションのことである。リアル・オプションを用いることによって，企業経営における意思決定の柔軟性の価値を分析できる。リアル・オプション分析は，オプションを含む設備投資プロジェクトの評価，研究開発，天然資源開発，ベンチャー企業の企業価値評価など広範な応用分野を持つ。
- 代表的なリアル・オプションには，延期オプション，操業規模オプション，切り替えオプション，段階的投資オプション等がある。
- リアル・オプションを含む設備投資の意思決定ツールは拡張 NPV である。拡張 NPV は，伝統的な NPV にリアル・オプション価値を加えたもので，その値がプラスであれば，プロジェクトは採用される。
- リアル・オプションは，一般的にペイオフ構造が多様で複雑なものが多い。その結果，リアル・オプション分析には柔軟性の高い分析手法である二項ツリーやモンテカルロ・シミュレーションが用いられることが多い。
- リアル・オプション分析は極めて強力な分析ツールである一方，想定するオプションの数や計算に利用するパラメーター値などに分析結果が大きく左右される。恣意的な分析になってしまう危険を避けるために，実際に利用する際には十分な感応度分析を行うことが不可欠である。
- 新株予約権付社債は普通社債に転換権やワラントという一種のコール・オプションが付与されて発行される社債である。新株予約権付社債は転換社債とワラント債に分けられる。転換社債の場合，投資家が転換権を行使して社債を株式に転換すると社債は消滅するが，ワラント債では現金を払い込んでワラントが行使されるので権利行使後も社債が残る。
- 新株予約権付社債は普通社債に比べてクーポン・レートが低い。そのため資金需要が旺盛で，支払利息のキャッシュ・アウトフローを少なくしたい高成長企業の資金調達手段に向いている。
- ただ，クーポン・レートが普通社債よりも低いことは新株予約権付社債の資本コストが低いことを意味しない。新株予約権付社債の価値は，社債価値と新株予約権によって構成されている。新株予約権の資本コストは株式の資本コストよりも高い。新株予約権付社債の資本コストは普通社債と株式の中間になる。

Problems

問1　A航空は，新規路線運行について検討中である。開業には，航空機など85億円の投資が必要である。A航空は，開業1年後にそれ以降も運行を続けるか否かの再検討をする計画で，撤退する場合，航空機などを60億円で売却できるものとする。開業初年度のキャッシュフロー，および2年目以降の事業の継続価値の現在価値の組み合わせは，(20億円，100億円）ないし（10億円，50億円）と見通される。前者が起こるリスク中立確率は36%である。このときA航空はこの路線に進出すべきか。ただし，期間1年のリスクフリー・レートは年1回複利基準で年2%とする。

問2　不動産会社のB社が購入を検討しているマンション用地の上には，3階建て30戸ないし5階建て50戸のマンションが建設可能である。1戸当たりの平均建築費は3階建ての場合4,000万円，5階建ての場合5,000万円である。近隣のマンション価格は現在1戸当たり平均6,000万円である。B社は土地取得後直ちにマンションを建設して販売することもできるし1年間様子を見てから販売することもできる。マンション価格のボラティリティが20%，リスクフリー・レートが1%（連続複利基準）の場合，B社がプラスの拡張NPVを得ようとするとき，この用地の取得のために支払える土地代の上限はいくらか，1期間二項ツリーを使って求めなさい。

問3（Excel利用）　C社の株価は現在800円，株式のボラティリティは25%，配当利回りは1%(連続複利基準)である。C社は償還年限5年，行使価格1,000円，付与率1の総額100億円のワラント債発行を計画している。なお，ワラントが全部行使されるとC社の発行済株式数は6.31%増加する。このとき，転換社債をパー発行するために必要なクーポン・レート（年2回利払い）を求めなさい。ただし，(1)現在5年スポット・レートは3.5%（連続複利基準)，(2)C社が償還年限5年の普通社債をパー発行しようとすると，クーポン・レートは5%（年2回複利基準）である。

第13章

財務リスク・マネジメント

Financial Risk Management

本章の概要

本章では，企業の財務リスク・マネジメントについて，学ぶ。財務リスク・マネジメントとは何か，なぜ企業は財務リスク・マネジメントを行う必要があるのか，どのようなプロセスで行っていけばよいのか，どんな手法があるのか。デリバティブを用いた財務リスク・マネジメントはどのように行うのか。最後に注意点を述べる。

Key words

財務リスク・マネジメント，ヘッジ，投機，財務リスク，市場リスク，信用リスク，流動性リスク，完全資本市場，リスクの認識，リスクの評価，リスク管理テクニック，リスク保持，リスク回避，リスク分散化，リスク移転，VaR，フォワード型のヘッジ，オプション型のヘッジ，オペレーショナル・ヘッジ

13.1　財務リスク・マネジメントとは

13.1.1　財務リスク・マネジメントの定義

本章では，企業の財務リスク・マネジメントについて説明する。企業は様々なリスクに直面している。生産の遅れ，不良品や欠陥品の生産，予期しない販売数量の変動など，製品の生産・販売に関するリスク，利害関係者からの訴訟

のリスク，為替レートや原材料価格，製品価格の変動などの価格変動リスク，取引先の債務不履行リスク，など様々である。その結果，それらのリスクが複合的に作用して将来の売上高やキャッシュフローが大きく変動する。

リスク・マネジメントとは，直面するリスクを適切にコントロールすることである。近年のデリバティブ市場の発展や経済のグローバル化の進展などの要因により，企業が直面する複雑なリスクの集合をコントロールすることが，重要となっている。本章では，リスク・マネジメントが対象とするリスクをコーポレート・ファイナンスに関連する財務リスクに限定する。すなわち，財務リスク・マネジメントである(1)。

具体例として，売上高のうちドル建ての比率が50%の自動車部品メーカーA社について考えてみよう。A社は，大きな為替リスクに直面している。為替レートの変動により，A社の円建ての売上高が大きく変動する。費用が為替レート変動の影響をほとんど受けないとすれば，売上高から費用を差し引いた利益の変動率は売上高の変動率よりも大きくなる。この企業のリスク・マネジメントとは，直面する為替リスクを，(1)ヘッジすべきか，(2)どの程度ヘッジすべきか，(3)どのようにヘッジすべきか，という問題について対処することである。なお，ヘッジとは，直面するリスクを軽減する行為全般のことである。

13.1.2　企業が直面する財務リスクのタイプ

企業が直面するリスクは，大きく分けると，オペレーショナル・リスクと財務リスクの2つに分けられる。オペレーショナル・リスクは，製品の生産・販売に関するリスクなど，事業の遂行に直接関わるリスクである。本章ではオペレーショナル・リスクは扱わないので，財務リスクについて説明する。

財務リスクは，市場リスク，信用リスク，流動性リスク，の3つに分けられる。

●市場リスク

製品価格，原材料価格，使用するエネルギー価格，金利，為替レート，インフレなどの価格変動リスクを意味する。市況商品を扱っていたり，グローバルに事業を展開していたり，価格競争の激しい企業では，特に市場リスクの重要

---

(1)　なお，本章では特に明示しない限り，リスク・マネジメントという語を財務リスク・マネジメントの意味するものとして用いる。

度が高く，常に悩まされるリスクである。

●信用リスク

本来受け取ることのできるはずであった債権を完全には回収できないリスクである。例えば，製品販売先の経営破綻による債務の不履行，金融取引における相手方の破綻によって利息や元本などが一部分しか戻ってこないなどがある。信用リスクは，好況時にはそれほど問題とはならないが，不況時に顕在化し，深刻な影響を与えることが多い。

●流動性リスク

保有する事業用資産や金融資産の売却や，投資のための新たな実物資産の購入やそのための資金調達において，市場価格で調達，売却できないリスクである。流動性の低い財や金融商品の取引では，流動性リスクが大きくなる。

これら財務リスクの多くは，オペレーショナル・リスクに比べると数量化が容易であるためコントロールしやすい。また，デリバティブを利用することによって，比較的容易にヘッジすることが可能である。

財務リスクについて注意すべき点は，直面するリスクの特性が，企業ごとに大きく異なることである。よって，望ましいリスク・マネジメントも企業ごとに異なる。したがって同業種内の企業であっても，事業内容の違いや財務内容の違いによって最適なリスク・マネジメントは異なる。

13.1.3　リスク・マネジメントの目的

第１章で明らかにしたように，企業の目的は価値の創造，すなわち企業価値を高めることである。したがって，リスク・マネジメントの目的も，企業価値を高めることである。しかし，実際に企業のリスク・マネジメントを行う主体は，経営者である。経営者にとって望ましいリスク・マネジメントが，企業価値を高めるものとは限らない点に注意すべきである。経営者が自己利益の追求のためにリスク・マネジメントを行う可能性がある。

13.2　リスク・マネジメントと企業価値

では，企業はどのようにリスク・マネジメントを行えば企業価値を高めることができるのであろうか。まずその基本原理を説明する。

13.2.1　完全資本市場下でのリスク・マネジメント

リスク・マネジメントを行うことによって常に企業価値が高まるとは限らない。第5章において，完全資本市場の下では資本構成が企業価値に影響を与えないことが示された。資本構成の変更は，財務リスクの変化をもたらす行動であるから，リスク・マネジメントに含まれるものである。企業のリスク・マネジメントにも資本構成に関するMM定理を一般化することによって，次のことがいえる。すなわち，完全資本市場の下では，倒産コストがない場合，事業会社が財務リスクに対してどんなリスク・マネジメントを行っても，企業価値は変化しない。

この理由は，完全市場の下で資本構成を変化させても企業価値が変化しないことと同じで，リスク・マネジメントを行っても，完全資本市場では効率的市場が成立し，そこでの金融取引のNPVはゼロとなるからである。すなわち，企業自身が行うリスク・マネジメントと全く同じ効果を，投資家が金融市場を通じて行うことができる。例えば，本章冒頭で示した，ドル建て売上債権を持つ自動車部品メーカーA社について，A社が為替リスクを先物為替でヘッジすることと全く同じ効果を，投資家がヘッジしていないA社株を買って先物為替のポジションをとることにより実現できる。そのため，為替ヘッジを行ってもA社の企業価値は変化しないのである。

13.2.2　リスク・マネジメントを行う理由

一方，倒産コストが存在したり，資本市場が不完全である場合は，リスク・マネジメントの実行により，企業価値を高められる可能性がある。

まず，倒産コストについて考える。企業の資産価値は，事業を継続することによって得られるキャッシュフローによって決定される。しかし，倒産によって事業清算して資産を売却する場合には，資産の価値は，多くの場合，事業を継続している場合に比べて大幅に下落する。そのような倒産による資産価値の大幅下落を防ぐためには，リスク・マネジメントによって倒産のリスクを低減することが有効である。期待倒産コストを低下させ，企業価値を高めることができるからである。また，倒産の直接コスト以外に，業績不振や財務内容悪化に伴って生じる，製品の買い手の不安による需要減，資金調達コストの上昇，取引先との取引条件悪化，従業員の士気の低下などの財務的困難に伴うコストの顕在化をリスク・マネジメントによって防ぐことで，企業価値を高めることができる。

第2の理由である不完全資本市場は，第5章で示されたように，取引コストや取引制約，情報の非対称，などによって生じる。例えば，外部からの資金調達に対する制約がある場合にも，リスク・マネジメントの実行により，投資をあきらめる状況を回避することができる。また，あるリスクが顕在化することによってキャッシュフローの大幅低下が生じる場合，必要な資金調達ができずにNPV＞0となる投資が実行できない可能性が生じる。そのような場合には，キャッシュフローの減少のリスクを軽減することにより，企業価値を高めることができる。例えば，海外売上高が大きい製薬会社の場合，為替リスクをヘッジすることにより，巨額のR&D投資のための内部資金を確保することができる。

企業経営者と外部資金提供者との間に情報の非対称性がある場合には，内部資金に比べて外部資金の調達コストの上昇が生じる。その場合には，企業は資金調達をあきらめて投資を縮小する選択をするかもしれない。コストの低い内部資金を確保するために，デリバティブを用いたヘッジや，大量の現金を保有するなどのリスク・マネジメントが有効となる。

このように，資本市場の不完全性は，投資計画に悪影響を与える可能性がある。リスク・マネジメントを実行することにより，投資計画への悪影響が回避されることで企業価値が高まるのである。

また，企業が財務リスク・マネジメントを行う理由には，企業価値を高めないものも存在する。第1は大株主の分散化の制約に対する対応である。経営権や経営への発言権を維持するなどの理由により，保有株を売らずにいる大株主が存在する。それらの大株主の場合，保有株式が自己のポートフォリオに過大な割合を占める。その場合には，経営者あるいは大株主は，企業のヘッジによりリスクを低減させることで自身のポートフォリオのリスクが低下するメリットを享受できる(2)。第2の理由は，経営者が自己の安定的な立場を維持するためである。そのためのリスク・マネジメントとしては，例えば，収益を安定化させるためだけの事業の多角化，最適な資本構成から乖離した過小な負債比率，業績悪化に備えるための過大なキャッシュ保持，企業価値を高める投資を行わない，などがある。これらの場合は，エージェンシー・コストの発生が発生し，企業価値を高めないばかりか，低下させる懸念がある。

13.3 リスク・マネジメントの実際

13.3.1 リスク・マネジメントのプロセス

リスク・マネジメントのプロセスは，以下のような5つのステップにまとめることができる。順に説明してゆく。

⑴ リスクの認識

ある企業が直面するリスクを正しく把握し，ヘッジすべきリスクと思われるものを漏れなくリストアップすることである。ヘッジすべきかどうかは，企業価値に大きな影響を与えるかどうかで判断される。また，例えば，信用リスク，流動性リスクのように，ヘッジすべき重要なリスクであるにもかかわらず，顕在化しないリスクについては，見逃しや過小評価による除外に注意すべきである。

⑵ リスクの評価

リスクの評価とは，ヘッジすべきであると認識したリスクについての情報を収集し，そのリスクの特性を統計的なモデルを用いて数量的に把握することである。例えば，為替レートのリスク特性を数量的に把握し，為替レート変動によって生じる利益変動の確率分布の推定などである。リスクの数量的特性を誤って評価すると，たとえ適切なリスク・マネジメント手法を用いても，期待される効果を得ることはできない。代表的な手法に，後述するVaR（Value at Risk）がある。

⑶ 最適手法の決定

これは異なる効果を持つ様々な手法を検討し，その中で最適な手法を決定することである。例えばデリバティブを用いる場合に，どのようなデリバティブ

⑵ 一方，大株主による経営の監視は，所有と支配の分離によって生じるエージェンシー・コストの削減効果がある。このエージェンシー・コストが削減されれば企業価値が高まる可能性がある。

を用いるのか（先物，オプションなど），どのくらいの大きさのリスクを負担するかを決定することである。

(4) リスク・マネジメントの実行

これは決定したリスク・マネジメントを実際に実行することである。一般に，リスク・マネジメントの実行においては，同じ効果を上げる手法が複数存在する。また，実行を依頼する金融機関等が複数存在する。その中で最小のコストで実行できる手段，依頼先を正しく選択することが必要である。

(5) 再 評 価

実行時の判断は適切であったか，実行後から現在までに状況の変化があったか，などを検証するものである。リスクの特性も企業の状況も時間を通じて変化するため，ある時点における最適なリスク・マネジメントは状況に応じて変化する。

13.3.2 VaR（Value at Risk）

ここで，リスク評価の代表的手法であるVaRについて，簡潔に説明しよう。VaRとは，リスクにさらされた資産全体の価値変動ΔWの信頼レベルを$(1-\alpha)\times100\%$としたとき，確率$100\alpha\%$で生じる最大の損失額xを表す。式で表現すると，以下のようになる。

$$P(\Delta W \geq x)=1-\alpha$$

図で示すと以下の**図表13－1**の通りである。曲線は，将来のリスクにさらされた資産全体の価値の変化額ΔWの確率分布を示している。xは，確率密度関

図表13－1　VaR

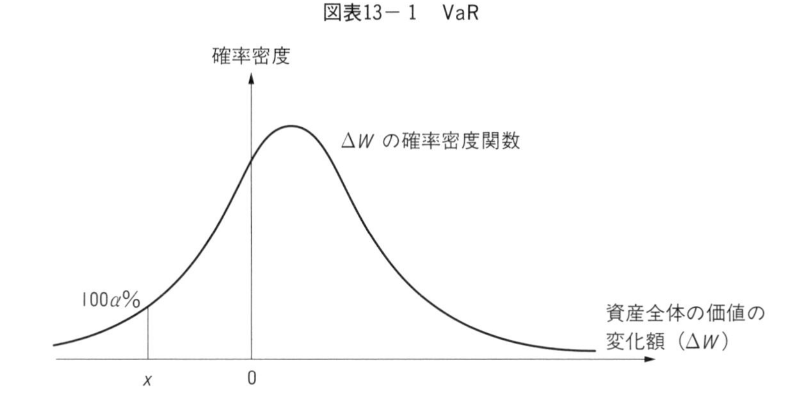

数の下側100α％点を示している。資産の損失がxを下回る確率が100α％であることを示している。

VaRは，主に市場リスクを対象に，金融機関の保有金融資産・債務全体のリスク・マネジメントで多く用いられている。事業会社においてもVaRを用いることもできるが，資産価値ではなく利益やキャッシュフローの変動リスクに関心があることも多い。その場合には，VaRでの対象をリスクにさらされた資産全体から利益やキャッシュフローに置き換えたEaR（Earnings at Risk）やCFaR（Cash Flow at Risk）を用いることが有益である。すなわち，EaR（CFaR）とは，リスクにさらされた来期の利益（キャッシュフロー）の分布の下側100α％点の値を表す。

VaRやEaRの特長は，株価・金利・為替レートなど，複数のリスク・ファクターとそれらの相関を考慮して，リスクにさらされているポジション全体のリスク量を1つの数値（金額）で表す点にある。そのため，経営トップが，企業全体の直面するリスクを容易に把握し，リスク・マネジメントの大枠を決定することが十分に可能となる。また，リスク・マネジメントを行わない場合と行った場合との比較も容易となるため，ヘッジの効果も明確となる。

ただし，VaRにおいて注意すべき点として，まず個々のリスク・ファクターの確率分布の推定誤差の問題がある。例えば，資産価値の変化率は正規分布に従うとは限らず，しばしば正規分布よりも裾の広い分布を示すにもかかわらず，正規分布を想定してしまう誤り，などである。また，2008年のリーマン・ショックなど，大暴落時には平時に比べて個々のリスク・ファクター間の相関が急上昇することなどを考慮することも重要である。

13.3.3 リスク・マネジメントの手法

リスク・マネジメントの具体的な実行方法には様々なタイプがある。大きく分けると，リスク回避，リスク分散，リスク移転，の3つに分けられる。事業会社の財務リスクのヘッジで中心的役割を果たす手法は，第2のリスク分散と第3のリスク移転である。これら3つの手法について順に説明する。

●リスク回避

リスク回避とは，リスクの高い行動やリスクのある事業を行わないことである。企業価値を高める効果がないリスクは，負担すべきではなく，回避することも1つの選択肢である。しかし，回避できないリスクでヘッジする必要がある場合には，次のリスクの分散化と移転が必要になる。

●リスク分散（プーリング）

リスク分散は，リスクの源泉を多数に分散化することによって，企業が負担するリスク全体を小さくする行為である。これは，ポートフォリオ理論のエッセンスである。第4章で示したように，リスク要因の間に相関が低いほど，分散化の効果は大きくなる。事業会社にとってのリスクの分散化の例としては，取引通貨や取引先を複数に分散するなどが挙げられる。

●リスク移転

現在さらされているリスクを別の相手に移転することによって，リスクを小さくする行為である。財務リスクのヘッジには，このリスク移転が最もよく用いられる。リスク移転の伝統的な手段として保険の購入がある。例えば，火災保険，海上保険などである。また，デリバティブを用いたヘッジや保有する債権の証券化による売却などが近年有力な手段となっている。

13.4　デリバティブを用いたリスク・マネジメント

13.4.1　デリバティブの特性

デリバティブとは，先物，オプション，金利スワップなど，原証券価格（あるいは原数値）に依存してペイオフが決まる証券である[3]。デリバティブの特徴として，(1)様々なタイプのリスクの移転が容易，(2)高いレバレッジ，が挙げられる。この特徴により，デリバティブを用いることによって財務リスクのヘッジが容易になるのである。

デリバティブを用いたヘッジの方法は，フォワード型とオプション型に分けられる。フォワード型は先渡し（フォワード）契約や先物（フューチャーズ）などを用い，オプション型はコールやプットなどのオプションを用いるヘッジである。

(3)　オプションについては，第11章で詳細な説明を行った。先物については，次のフォワード契約で説明を行っている。金利スワップとは，固定金利支払い（受取り）と変動金利受取り（支払い）を交換する金利についての先物型の代表的なデリバティブである。

具体的な数値例として，冒頭の自動車部品メーカーA社が輸出代金として半年後に１億ドル受け取る予定である場合について考えてみる。現在の為替レートは120円/ドルとする。半年後の円建ての収入は，半年後の為替レート S_T が現在の為替レートに比べて円安になれば増加し，円高になれば減少することになる。半年後の為替レートと円建ての収入の関係は，**図表13－２**の「ヘッジなし」の通りで，右上がりの直線となる。

13.4.2 フォワード型のヘッジ

フォワード（先渡し）契約とは，将来に行う取引（買いまたは売り）の取引条件（取引する財，価格，数量など）を予め決定する契約である。フォワード契約を結ぶことにより，将来取引する財の価格がどのように変化しても，予め決定した価格（先渡し価格）で取引する義務が発生する。このフォワード契約の性質により，フォワード型のヘッジは，将来の価格変動に伴って生じるかもしれない損失を回避できる一方，利益を得る機会をも失ってしまう。フォワード型のヘッジでは将来生じる利益は将来生じる損失と相殺されるため，契約時に生じるヘッジのコストはほぼゼロになる。

A社について，フォワード型のヘッジの効果を考えてみる。A社は為替リスクにさらされている半年後に受け取る１億ドルの収入を，それと同額のフォワードのドル売り（半年物先渡しレートは118円/ドルとする）という契約を現時点で結ぶことによってヘッジするとしよう。フォワードのドル売り契約により，半年後に100円/ドルのような円高となっても，118円/ドルで売ることができるので，円高時にはドル売りのフォワード契約には利益が発生する。反対に，円安時には損失が発生する。したがって，１億ドルのフォワード売りを用いた完全なヘッジにより，半年後の為替レートがどのように変化しても，半年後の円建て収入の価値は118億円で一定となる。**図表13－２**における水平な直線がフォワード契約による完全ヘッジ後の円建て収入の価値を示している。なぜなら，円高（円安）によって生じる円建ての収入の減少（増加）が，フォワードのドル売りによる利益（損失）で相殺されるからである。

リスクにさらされているポジションの大きさに対するフォワード契約の金額の割合はヘッジ比率と呼ばれる。この例では，ヘッジに用いたフォワード契約の金額（１億ドル）がリスクにさらされているドル建ての収入（１億ドル）と同額であるから，ヘッジ比率は100％となる。フォワードの取引金額を変化させることによって，０％から100％までヘッジ比率を変化させることができる。フォワードのドル売り金額が5,000万ドル，すなわちヘッジ比率50％の場合では，売上高の変動の大きさは全くヘッジをしない場合に比べると半分になる。ヘッジ比率が100％未満のヘッジは，部分ヘッジと呼ばれる。部分ヘッジによる円建て収入は，**図表13－２**に示されているように，右上がりの直線となる。ヘッジ比率によって直線の傾きが変わる。ヘッジ比率が大きくなるほど円建て収入の変動は小さくなり，直線の傾きは水平に近づく。ヘッジ比率をどのように決めたらよいかは一概にはいえないが，13.2節で示したように，倒産コストや資金制約などを考慮して決定すべきである。

ここまでは輸出企業でドル建て債権を持つＡ社について説明してきた。他方，仕入れのためのドル建ての支払い債務を持つ輸入企業の場合には，為替リスクをヘッジするためには輸出企業であるＡ社と逆の取引を行えばよい。すなわち，フォワードでドル買いをすればよい。

フォワード型のヘッジの場合は，ヘッジ比率を当初のヘッジ比率のまま一定に保つ必要は必ずしもない。フォワードのポジションを変更することによってダイナミックにヘッジ比率を変更することができる。例えばＡ社のような輸出企業の場合，現時点で円安予想を持っている場合，今はヘッジ比率を低くして

図表13－２　フォワード契約（ドル売り）によるヘッジの効果

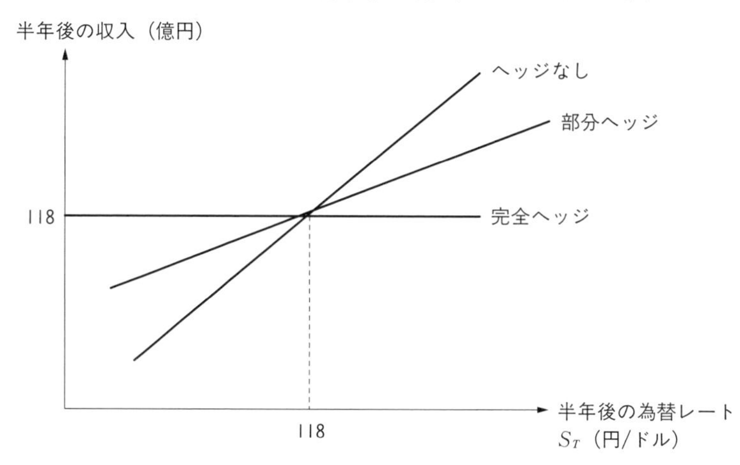

おいて，将来に予想を円高予想に変更した時にヘッジ比率を上げることができる。また，ダイナミックなヘッジ比率の変更によって，オプション型のヘッジと同じ機能を持たせることが可能である。このように，ダイナミックにヘッジ比率を変更できる点はフォワード型のヘッジが持つ大きな長所である。

13.4.3 オプション型のヘッジ

オプション型のヘッジは，オプションをヘッジ手段に用いることによって，利益の得られる機会を維持しつつ損失のみを回避するヘッジである。適切なオプション契約を結ぶことにより，損失が発生する場合にオプションを行使することによって，損失を穴埋めすることができるのである。オプション型のヘッジは一種の保険契約と見なせるもので，事前にオプション料（保険料）を払うことによって，損失が出た時にリスク移転した相手から補償を受ける行為である。オプション型には，大きな損失の機会のみをカバーするので大きな収益機会を失わずに済むというメリットがある。このメリットがあるために，事前にオプション料を支払う必要がある。その結果，オプション型のヘッジコストは，フォワード型に比べて大幅に増加する。

輸出企業であるA社の場合，円高が生じたときに，円建ての売上高が大きく減少する。この円高による売上高の減少リスクのみをヘッジするという考え方がオプション型のヘッジである。フォワード型のヘッジでは円安時の売上高増加の機会をも失うことになるのに対し，オプション型のヘッジでは，円安時の売上高増加のメリットを享受できる。オプション型のヘッジは，フォワードではなく，通貨オプションの利用によって実現することができる。例えばA社は1億ドルを半年後に120円/ドルで売る権利，すなわち行使価格120円/ドルのドル・プット・オプションを購入すればよい。以下ではこのケースについて説明する。

現在，行使価格120円/ドル，満期が半年後のドル・プット・オプションの価格が5円/ドルであるとすると，1億ドル分だけ購入すると，5億円を支払う必要が生じる。このプット・オプションを購入した時の収入（プット購入コスト控除後）と半年後の為替レートとの関係は**図表13－3**のようになる。半年後の為替レートが120円よりもどんなに円高になっても，115億円の収入が保証され，一方，120円よりも円安になった場合には，円安が進むほど，円建て収入が増加するということを示している。為替レートが120円/ドルよりも円高になったときには，円建て収入は減少するが，プット・オプションを行使することによって円高の利益が生じ，この利益が円建て収入の減少を相殺する。このヘッジに伴うコストは最初に支払ったオプション料５億円のみである。一方，120円/ドルより円安になった場合には，円換算の収入の増加が生じる。このときはオプションの権利を放棄すれば，損失はオプション料５億円のみで，円安になればなるほど円建ての収入増大のメリットを享受することができるのである。よって，半年後の円建て収入（プット・オプション購入額の５億円を控除後）は，図のように将来為替レートが120円/ドル未満では115億円で水平で，120円/ドル以上では右上がりの直線となるのである。

オプション型のヘッジ場合，オプションをどのくらいの金額分を購入するかだけではなく，いくらの行使価格のオプションを買うかも，ヘッジを行う際に決定すべきことである。120円/ドルの行使価格のプット・オプションよりも低い行使価格のプット・オプションを用いればオプション価格も低くなるため，ヘッジコストが小さくて済む。しかし，円高時の損失を相殺する範囲が小さくなる。

ここまでは最も単純なヨーロピアン・プット・オプションを用いた場合を説明したが，オプションには，満期前の権利行使を許すアメリカン・オプション

図表13－３　オプション型のヘッジ

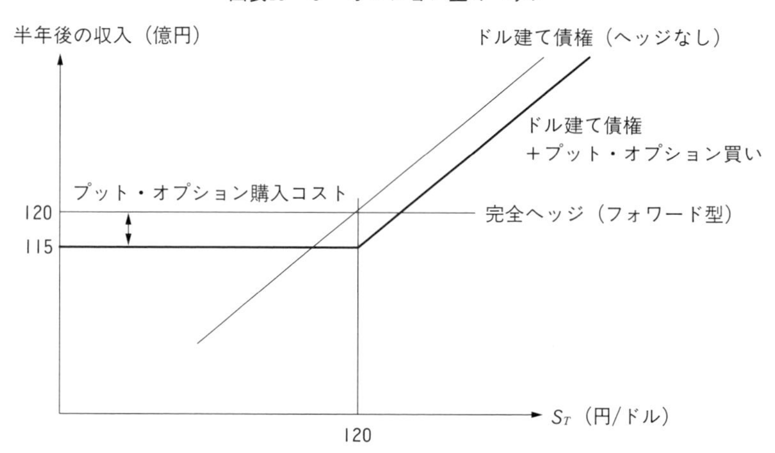

や，複雑なペイオフをもたらすエキゾチック・オプションなど，様々なタイプが存在し，ヘッジに際してはどのタイプのオプションを用いるかも重要な選択肢となる。また，複数のオプションを組み合わせることによって，多様なリスクヘッジを行うこともできる。

13.4.4 デリバティブを用いたヘッジの注意点

財務リスク・マネジメントは，資本構成やキャッシュの保有割合などの財務内容の決定と深く関連する。したがって，財務内容の決定とデリバティブによるヘッジは，同時に決定すべきである。例えば資本構成の決定においては，デリバティブを用いたリスク・マネジメントによって財務上の困難に伴うコストを削減すれば，より多くの負債調達が可能になる点を考慮する必要がある。ただし，資本構成をはじめとした財務内容の大幅な変更は短期間では難しい。そのため短期でのリスク・マネジメントにおいては，所与の資本構成の下で，デリバティブを用いたヘッジが中心となる。

デリバティブを用いたヘッジには限界もある。そのうち最も重要な点は，ヘッジすべきリスクは，その対象，期間，確率的特性により，きわめて多様であるのに対し，多くのリスクが市場で取引できないことである。そのため，ヘッジをしたくてもヘッジができない，あるいは不充分なヘッジしかできないという状況がしばしば生じる。典型例として，医薬品会社が会社の存続を危うくするような大規模な薬害事件を起こしてしまうリスクがある。近年の金融技術の発展により，天候や信用リスクに対するデリバティブが登場するなど，対象となるリスクは拡大しつつあるが，依然としてヘッジできるリスクは市場リスクが中心で，種類も限られている。

長期のリスク，例えば長期間の為替レート変動リスクのヘッジとしては，オペレーショナル・ヘッジによるヘッジが有効である。オペレーショナル・ヘッジとは，生産工場の海外移転などの事業活動によって生じる債権・債務を同一の外貨建てにして相殺を図るヘッジである。詳細は次章14.4.2を参照。

コラム

日本企業のリスク・マネジメントの認識

日本企業は，実際のリスク・マネジメントをどのように考えているであろうか。著者の1人は，2012年8月に全上場企業（銀行・証券・保険を除く）3,442社に対するサーベイ調査を実施した。回答企業は435社(回答率12%)。質問のうち，「以下のリスク・マネジメントの目標は，貴社にとってどのくらい重要ですか」の結果を下表に示している。14の異なる目標について，選択肢1（重要ではない）から4（非常に重要である）までの4段階から1つ選んでもらった。

	平均得点	「重要」の割合
(1)　会計利益の予測可能性を高める	3.01	81.1%
(2)　会計利益の安定化	3.18	88.0%
(3)　営業キャッシュフローの安定化	3.13	84.8%
(4)　借入可能額の増加	2.22	37.1%
(5)　負債コストの削減	2.51	52.3%
(6)　予想される将来キャッシュフローの増加	2.97	76.5%
(7)　自社の信用格付の維持/改善	2.63	58.2%
(8)　予期しない価格変動による大きな損失の回避	2.74	64.1%
(9)　事業計画の立案や意思決定を容易にする	2.71	63.7%
(10)　株価ボラティリティの減少	2.34	36.6%
(11)　株式コストの削減	2.24	30.7%
(12)　企業価値の増大	3.24	89.0%
(13)　リスク・マネジメントに対する株主の期待	2.60	55.3%
(14)　財務的に厳しい時期においても投資機会を追求できるように内部資金を確保	2.82	69.7%
(15)　財務危機や倒産の確率の抑制	2.86	67.1%

（出所）花枝・芹田他［2020］「日本のコーポレートファイナンス」（白桃書房）第8章をもとに作成。

最も平均得点が高かったのが，(12)企業価値の増大であった。「重要」と答えた割合も89.0%と最も高い。また，会計や営業キャッシュフローの安定化も重要度が高いことがわかる。(14)財務的に厳しい時期においても投資機会を追及できるように内部資金の確保も高い重要性を示している。これらの結果は，本章で強調した目標と整合的な結果である。このようなサーベイ調査を実施することにより，企業の財務行動についての認識や複数の選択肢の相対的重要性がわかる。また，このようなサーベイ調査は財務データや株価を用いた実証分析とは異なるアプローチであるので，ファイナンス理論の検証や新理論の構築に役立つ。

◆ 本章のまとめ ◆

- 財務リスクは，市場リスク，信用リスク，流動性リスク，の3つに分けられる。
- リスク・マネジメントの目的は，企業価値を高めることである。
- 倒産コストのない完全資本市場においては，企業がリスク・マネジメントを行っても企業価値は高まらない。
- 企業がリスク・マネジメントを行う理由は，倒産コストがあるときに期待倒産コストを小さくするため，また不完全資本市場において適切な資金調達ができないときに設備投資のための内部資金を確保するためである。この時には企業価値が高まる可能性がある。
- 企業が行うリスク・マネジメントには，企業価値を高めないものもある。これらの中には，大株主の分散化の制約に対する対応，経営者が自身の利益のために行うリスク回避によるものがある。
- リスク・マネジメントのプロセスは，①リスクの認識，②リスクの評価，③手法の選択，④実行，⑤再評価，となる。
- リスク評価の代表的手法には，VaR（Value at Risk）がある。
- リスク・マネジメントの手法には，リスク回避，リスクの分散化（プーリング），リスク移転，がある。
- デリバティブを用いたリスク・マネジメントは，フォワード型とオプション型に大きく分けられる。
- 長期のリスクのヘッジには，オペレーショナル・ヘッジがある。

Problems

問1　航空会社のA社は，費用の大きな割合を占める燃料費の価格変動リスクに直面している。A社はこのリスクをヘッジすべきであろうか。ジェット燃料に対する先物市場（取引所取引のフューチャーズ）が存在しない状況で，A社は燃料費の価格変動リスクをどのようにヘッジすべきであろうか。

またガソリン小売販売会社のB社は，販売するガソリンの価格変動リスクをヘッジするべきであろうか。

問2　X社は，1年前に設備投資のために変動金利で銀行から借入れを行った。しかし，今後金利が上昇すると予想しているX社の財務担当役員は，金利リスクをデリバティブを用いてヘッジしたいと考えている。そこで①金利スワップを用いて，金利変動リスクを完全にヘッジする。②キャップを用いて支払金利に上限を付ける，および③ヘッジをしない場合の3通りについて，支払金利のペイオフ図（横軸を将来の変動金利，縦軸を将来の支払金利）を描きなさい。なお，解答にあたっては，フォワード型の金利スワップ，オプション型のキャップという2つの代表的な金利デリバティブ契約について事前に調べる必要がある。

第14章

国際財務管理

International Financial Management

本章の概要

本章では海外でビジネスを行う企業の財務管理を扱う。そのような企業は為替リスクに直面している。そこで，まず為替リスクの理解のために，外国為替市場と為替レート決定について学ぶ。続いて，海外投資プロジェクト評価法について検討する。最後に，為替リスクのヘッジについて学ぶ。

Key words

外国為替市場，為替レート，裁定レート，直物為替レート，先渡し（フォワード）レート，カバー付きの金利平価，購買力平価（PPP），カバーなしの金利平価，為替のリスク・プレミアム，海外投資の決定原理，外貨建てキャッシュフローの資本コスト，為替リスク，取引リスクと経済リスク，オペレーショナル・ヘッジ

14.1　為替レートと外国為替市場

海外でのビジネスから発生するキャッシュフローは現地通貨建てが多いので，海外でのビジネスを行う企業は為替リスクに直面している。為替リスクの理解のために，外国為替市場と為替レート決定を理解する必要がある。

14.1.1 外国為替市場とは

外国為替市場とは，2つの通貨を交換する市場のことである。外国為替市場は,世界中の銀行間の通信ネットワークを中心とした,市場参加者のネットワーク全体によって形成されている。2つの通貨間の取引を行う際の交換レートが為替レートである。ほとんどの取引は，特定の取引所ではなく，2人の市場参加者間で相対（あいたい）で行われる。すなわち，売り手と買い手が互いに取引通貨，価格(＝為替レート)，数量などについての条件を出し合い，互いに合意に達すれば取引が成立する。取引される通貨は多数あるが，主要な通貨は，ドル，ユーロ，ポンド，円である。ほとんどの通貨取引の中心は，事実上の基軸通貨であるドルとの取引である。

外国為替は，休日を除くとほぼ24時間世界のどこかで取引が行われている。主要な市場は，ニューヨーク，ロンドン，東京，シンガポール，フランクフルトなどであり，市場参加者は世界各国に分散している。各国の市場参加者は，主に自国および近隣の市場で，主として昼間の時間帯に取引を行う。また，日本やヨーロッパの銀行がニューヨーク市場で取引を行うなど，金融機関を中心に自国とは遠く離れた市場で非居住者と居住者間，あるいは非居住者間の取引も活発に行われている。

14.1.2 インターバンク市場と対顧客市場

外国為替市場は，大きく2つに分けられる。1つは，市場参加者が銀行などの金融機関を中心としたホールセール（卸売り）市場であるインターバンク市場である。インターバンク市場での市場参加者は，各国の商業銀行，投資銀行，通貨当局，ブローカー，ノンバンクなどの金融機関である。もう1つの市場は，リテール（小売り）市場である対顧客市場で，機関投資家，事業法人，個人などが金融機関との取引を行う。対顧客市場では，銀行を中心とした金融機関が，外貨の在庫を常時保有して取引の相手方を務めるディーラーとしての役割を果たし，顧客である事業会社，機関投資家，個人投資家などを相手にして取引が行われる。また，近年では，FX 取引（外国為替証拠金取引）が急増している。FX 取引は，インターバンク市場並みの低い取引コストによる取引を可能にしているため，個人投資家に広く浸透している。

14.1.3　為替レートとは

為替レートとは，外国為替市場で決定される２つの通貨の交換比率であり，リアルタイムで日々報道されている。基準となっているのは，多くの場合対ドルの為替レートであり，単位は１ドル当たりの円の金額（例えば120円/ドル）で表示される。それに対して，日本から見て他国の為替レート，すなわちユーロの対ドルレートや，ポンドの対ドルレートはクロスレートと呼ばれる。リアルタイムの為替レートは，日本経済新聞社やヤフーなどのニュース・サイトで利用可能である。

新聞やニュース・サイトの報道では，ある時点の為替レートは，１ドル119.99～120.00円というように，幅を持って表示されるのが一般的である。この為替レートは，インターバンク市場においてその時点で中心的に取引されている為替レートである。幅があるのは，前述のように外国為替市場が相対取引の市場であるからである。119.99円がビッド価格，120.00円がアスク価格である。これはレートを提示している金融機関が取引相手からドルを買う場合は，１ドル119.99円で買います，取引相手にドルを売る場合は１ドル120.00円で売ります，と提示している価格である。レートを提示している金融機関が複数あり提示レートが異なる場合，119.99円は提示レートの中で最も高いドル買いの提示価格，120.00円は提示レートの中で最も低いドル売りの提示価格を指す。ビッド価格とアスク価格の差はスプレッドと呼ばれ，その大きさは取引コストを意味し，市場の流動性を反映している。スプレッドが小さいほど，売買の取引コストが小さく，取引によって生じる価格変化が小さいという意味で流動性が高いといえる。

裁定レート

N 種類の異なる通貨があれば，為替レートは，$N(N-1)/2$ 個存在する。通貨が20種類の場合には，$20\times19/2=190$個もの為替レートが存在する。前述のように，外国為替市場での取引の中心は対ドルとの取引になる。共通の尺度として，ドルを用いることで，19個の対ドル為替レートだけあれば各通貨間の為替レートを決定できる。円とユーロの取引も行わるが，それらのレートは，基準レート（円/ドルレート）とクロスレート（ドル/ユーロレート）から決定される。例えば，現在120円/ドル，1.1ドル/ユーロであったとすると，１ユーロをまずドルと交換して，それを円に交換して得られる円換算の金額は，$1.1\times120=$

132円となる。この132円/ユーロが円とユーロの間の為替レートになるはずである。このように基準レートとクロスレートから決定される為替レートを裁定レートと呼ぶ。

もし，現実の円・ユーロの為替レートが132円/ユーロから離れた水準にあったならば裁定取引が行われ，現実の為替レートが裁定レートに一致するように調整される。例えば，円・ユーロレートが140円/ユーロ（ユーロが割高）であれば，裁定機会が生じる。すなわち，以下の取引により，資金ゼロ，リスクゼロでプラスの裁定利益が得られる。

(1)　1ユーロ借入

(2)　借り入れた1ユーロを円に変換し140円を得る。

(3)　140円をドルに換えて，(140/120）ドルを得る。

(4)　(140/120）ドルをユーロに換えて，(140/120)/1.1=1.061ユーロを得る。

(5)　1.061ユーロから1ユーロを返済すれば，0.061ユーロが手元に残る。

もし円・ユーロレートが125円/ユーロ（ユーロが割安）ならば，上記(1)～(5)とは反対の取引によって，やはりプラスの裁定利益が得られる。したがって，裁定機会が存在しないように，円・ユーロレートは，132円/ユーロである必要がある。

14.1.4　直物為替レートと先渡し為替レート

外国為替市場での取引は，取引が成立後直ちに決済される直物（じきもの）取引（実際には2営業日後に決済)，受渡しが将来時点となる先渡し（フォワード）取引，直物取引と先渡し取引を両方同時に行うスワップ取引に大きく分かれる[1]。それぞれの取引で適用される為替レートが，直物為替レートと先渡し（フォワード）為替レートである。ニュース等でリアルタイムで報道される為替レートは，直物為替レートのことである。先渡し為替レートは，次に記述するような，無裁定条件の1つであるカバーつきの金利平価によって決定される。

---

(1)　広義の先物取引には，取引所取引のフューチャーズと相対取引のフォワードの2つがあり，外国為替市場での広義の先物取引のほとんどは，フォワード取引である。また，スワップ取引は，為替リスクのヘッジや金利裁定取引のために行われる取引である。

14.1.5　先渡し為替レートの決定：カバー付きの金利平価

将来のある時点において円とドルとを交換する契約は，外国為替のフォワード（先渡し）契約である。フォワード契約において予め定められる先渡し為替レート F の決定について説明しよう。先渡し為替レートは，金利裁定と呼ばれる裁定取引によって決定される。r_{JPN} と r_{US} をそれぞれ日本とアメリカの金利（リスクフリー・レート）とし，S（円/ドル）を直物為替レートとしよう。現在の1円を日本の安全資産で1年間運用した場合には，1年後に $(1+r_{JPN})$ 円になる。別の運用として，現在の1円を直ちに直物為替レートでドル（$1/S$ ドル）に換え，それをアメリカの安全資産で1年間運用した場合には，1年後に $(1+r_{US})/S$ ドルが戻ってくる。このドル建ての金額分を現時点でドル売り・円買いの先渡し（フォワード）契約を結んでおけば，1年後の為替レートの変動にかかわらず，1年後の円換算の価値は確実に $(1+r_{US})F/S$ 円になる。よって，裁定取引が十分に行われて裁定機会が存在しない時，日本の安全資産で運用した場合と，先物カバー付きのアメリカの安全資産で運用した場合の収益率は等しくなる。これを先物カバー付きの金利平価（Covered Interest Parity）と呼ぶ。数式で表現すれば以下のようになる。

$$1+r_{JPN}=\frac{(1+r_{US})F}{S} \tag{14.1}$$

これを書き換え，近似式で表現すると，以下のようになる。

$$\frac{F-S}{S}\approx r_{JPN}-r_{US} \tag{14.2}$$

(14.2)式の左辺は，フォワード・プレミアム率と呼ばれる。右辺は円とドルの金利差，すなわち内外金利差を表している。よって，(14.2)式は，フォワード・プレミアム率が内外金利差に等しくなるように先渡し為替レートが決定されることを表している。国内金利 r_{JPN} が外国金利 r_{US} より高い（低い）時には，フォワード・プレミアム率はプラス（マイナス），すなわち先渡し為替レートは直物為替レートに比べてプレミアム（ディスカウント）の状態にある。

先渡し為替レートの計算例

この先物カバー付きの金利平価に基づいて，先渡し為替レートがいくらになるのかを数値例で説明する。日本とアメリカの1年物金利がそれぞれ0.1％および0.5％（ともに年率），直物為替レートが120円/ドルであるとすると，1年物の先渡し為替レート F は，(14.1)式を用いて以下のように計算することができる。

$$F=\frac{(1+r_{JPN})S}{1+r_{US}}=\frac{1.001\times 120}{1.005}=119.52円$$

この例では，日本の金利がアメリカの金利よりも低いため，先渡し為替レートが直物為替レートより低いディスカウントの状態になっている。

期間が1ヶ月物や3ヶ月物の先渡し為替レートを計算するときには，それぞれ1ヶ月物の金利，3ヶ月物の金利を用い，それぞれ年率表示の金利を1ヶ月当たり，3ヶ月当たりの金利に変換してから計算すればよい。金利は通常年率で表示されているからである。

なお，このようなカバー付きの金利平価は，円ドルの先渡し為替レートについて，インターバンク市場では常時ほぼ成立している。それは，外国為替取引の制約がほとんどなく，取引コストも小さいためである。

14.2　為替レートの決定

為替レートを動かす要因は，短期と長期では異なるため，為替レートの決定は，長期と短期で分けて考えることが有用である。

14.2.1　長期理論：購買力平価

(1)　購買力平価とは

為替レートの長期均衡水準は，2国の財価格が均等化するように，すなわち一物一価の法則が成立するように決定されると考えられる。これが購買力平価（Purchasing Power Parity，PPP）と呼ばれる為替レートの決定理論である。

具体例で考えてみよう。日本での12,000円で購入できる消費財のバスケットと同じ消費財バスケットをアメリカで買えば80ドルであるとする。このとき，為替レートが120円/ドルであったとすると，日本の輸入業者や消費者は，12,000円より少ない9,600円を80ドルに換えてアメリカで購入して輸入すれば，日本国内で購入するよりも同じ商品を安く手に入れることができる。このような状況が解消されるためには，為替レートは12,000/80＝150円/ドルとなる必要がある。すなわち，同じ消費財バスケットが日本で買ってもアメリカで買っても同じ価格となるように為替レートは決定されるのである。ただし，これが成立するには，以下の仮定が必要である。

(1)　すべての消費財が貿易財（輸出入可能）

(2)　輸送コストがゼロ

(3)　貿易に関税や制限がない

現実にこのような2国間の財の裁定を行おうとすれば，輸送コストをはじめとした取引コストがかかる。また，国際間で取引できる財は貿易財のみに限定され，サービスをはじめとして多くの非貿易財は2国間で取引することができない。よって，自国財価格と，現状の為替レートで算出された外国財価格との間で格差が生じていても，すぐには解消されず，解消されるには時間がかかると考えられる。短期では，購買力平価から乖離することは十分ありえるのである。したがって，購買力平価で決定される為替レートは，長期的均衡レートと考えることができる。長期間購買力平価からの乖離が続くと，2国の財市場間で裁定取引が行われ，購買力平価が成立する力が働くと考えられる。

(2)　絶対的 PPP と相対的 PPP

PPP には，絶対的 PPP と相対的 PPP の2つのタイプがある。

購買力平価に基づく為替レート S^{PPP} は，2国の物価水準の比として，以下のように表すことができる。

$$S^{PPP}=\frac{P}{P^*} \tag{14.3}$$

P：自国の物価水準

P^*：外国の物価水準

(14.3)式を絶対的 PPP と呼び，為替レートは，2国間の物価水準が等しく(一物一価が成立する)なるように決定される。PPP に基づく為替レートの変化の要因は，2国の物価水準の変化のみと考えることができる。よって，日本(アメリカ）の物価上昇は円安（円高）をもたらす。

これに対して，絶対的 PPP を表す(14.3)式は成立しなくても，為替レート変化率 s は両国のインフレ率の差 $\pi-\pi^*$ になると考えることができる。これが，次の(14.4)式で表される相対的 PPP である。すなわち，

$$s=\pi-\pi^* \tag{14.4}$$

π：自国のインフレ率

π^*：外国のインフレ率

(14.4)式から，為替レートの変化率は，2国のインフレ率格差に等しい。すなわち，インフレ率の高い国ほどその通貨は，減価してゆくことになる。相対的PPPは，為替レートの長期的なトレンドを示していると見ることができる。すなわち，長期的な為替レートの変動のトレンドとしては，相対的にインフレ率の大きい国の通貨が減価していくことを示している。なお，絶対的PPPが成立すれば，相対的PPPは成立するのは明らかである。

では，実際にPPPは成立しているのであろうか。短期的にはPPPが成立しないことは，日本と各国間に大きな内外価格差が継続して存在することや，2国間のインフレ格差とは別の要因で日々の為替レートが大きく変動していることから明らかである。しかし，長期的には為替レートは，購買力平価が成立する力が働く。多くの為替レートについて，短期的にPPPに基づく為替レートから乖離しても，長期的には，両国のインフレ率格差によって，相対的に高インフレ率の国の通貨が減価する傾向が見られる。これは，為替レートが，長期的には購買力平価が示すように2国間のインフレ率格差をある程度反映して動いていること，購買力平価から極端に乖離するような為替レートは継続しないことを表している。

14.2.2 短期理論：アセット・アプローチ

短期における為替レートの決定について説明する。短期における為替レートは，国際間の資産取引に基づいて決定される。すなわち，各国の市場参加者の国際的なポートフォリオ選択から生じる円建て資産とドル建て資産の交換によって生じる外国為替の需給によって決定される。このような為替レート決定に対する考え方は，アセット・アプローチ，あるいはポートフォリオ・アプローチと呼ばれる。

(1) カバーなしの金利平価

最も単純な場合として，すべての市場参加者がリスク中立的であるとする。この時の外国為替市場の均衡条件は，日本の安全資産とアメリカの安全資産が，日米の投資家にとって同等，すなわち完全代替となることである。言い換えれば，日本の安全資産の期待収益率とアメリカの安全資産の期待収益率が等しくなることである。この状態のとき，国際的な資金移動が止まり，外国為替市場の均衡状態となる。日本とアメリカの金利（1年物）をそれぞれr_{JPN}とr_{US}，円ドルレートの期待変化率を $E(s)$ とすれば，短期における外国為替市場の均衡条件は，以下のように表すことができる。

$$r_{\mathrm{JPN}}=r_{\mathrm{US}}+E(s) \tag{14.5}$$

$E(s)$：1年後の為替レートの期待変化率$=\dfrac{E(\tilde{S}_1)-S_0}{S_0}$

(14.5)式は，日本の投資家が日本の安全資産に投資した時の収益率（左辺）と，アメリカの安全資産に投資した時の期待収益率（右辺）が等しいことを示している。この(14.5)式が示す短期の外国為替市場の均衡条件は，カバーなしの金利平価と呼ばれている。カバー付きの金利平価を表す(14.2)式とよく似ているが，右辺の第2項がフォワードプレミアム率ではなく，為替レートの期待変化率に置き換えられている点に違いがある。また，(14.5)式より，現在の為替レート S_0 の決定要因は，内外の金利 r_{JPN}, r_{US} および1年後の予想為替レート $E(S_1)$ であることがわかる。日本の金利の上昇は円高を，アメリカ金利の上昇は円安をもたらすことがわかる。また，1年後の予想為替レートが大きく変われば，現在の為替レートも大きく変化することになる。ただし，$E(s)$ および $E(S_1)$ は直接観察することはできない。

現実の市場でカバーなしの金利平価が成立するかについては，否定的な結果が圧倒的に多く，フォワード・プレミアム・パズルと呼ばれる現象の存在が広く認められている。

(2)　為替のリスク・プレミアム

カバーなしの金利平価では，投資家がリスク中立的であるという仮定を置いていた。その場合には，為替のリスク・プレミアムはゼロとなる。しかし，投資家がリスク回避的である場合には，ゼロではない為替のリスク・プレミアムが生じる。すなわち，日本の安全資産とアメリカの安全資産とは投資家にとって同等ではない（＝不完全代替）ということになる。このとき，外国為替市場の均衡条件は以下のように修正される。

$$r_{\mathrm{JPN}}=r_{\mathrm{US}}+E(s)+\rho \tag{14.6}$$

ρ：為替リスク・プレミアム

為替のリスク・プレミアムは，為替リスクをとる場合に投資家が要求する追加的なリターンである。為替のリスク・プレミアムにおいて注意すべき点は，$\rho>0$（<0）すなわち，日本の投資家がプラス（マイナス）の為替リスク・プレ

ミアムを得る場合には，アメリカの投資家はマイナス（プラス）のリスク・プレミアムを得ることである。第4章で説明した通り，金融市場でプラスのリスク・プレミアムが与えられるのは，分散化では消滅させることのできないリスク（システマティック・リスク）の場合のみである。どちらの国の投資家にプラスのリスク・プレミアムが与えられるかは，為替リスクがどちらの国の投資家にとって分散化できないリスクとなるかによる。日本の経常収支黒字が継続する場合には，累積された経常収支分だけのドル建ての金融資産を日本の投資家は持たざるを得ない。その場合には，日本の投資家に対してプラスの為替のリスク・プレミアム（$\rho>0$）が生じることが予想される。なお，為替のリスク・プレミアムも，予想為替レート変化率と同様に，直接観察できず，状況に応じて変化すると考えられる。

14.3　海外投資プロジェクトの評価

14.3.1　海外投資の決定原理

日本企業がアメリカに工場を建設するなど，海外での投資プロジェクトの決定原理について考えてみる。海外投資プロジェクトのキャッシュフローは現地通貨建てになることと，それに伴って為替リスクが発生する点が国内の投資プロジェクトと大きく異なる点である。海外投資を実行すべきかどうかはどのように考えるべきであろうか。また，為替リスクはどのように扱うべきであろうか。

結論から先に述べると，海外での投資プロジェクトの決定においては，NPVの算出には2通りある。1つは，為替リスクを無視し，現地通貨建てのキャッシュフローに対して，現地通貨ベースで要求される割引率を用いて，現地通貨建てのNPVに基づいて投資すべきかどうかを決定する方法である。もう1つは，現地通貨建てキャッシュフローの期待値を先渡し為替レートで自国通貨建てに直したものを，現地通貨建てキャッシュフローのための資本コストで割り引く方法である。どちらで算出しても結果は変わらない。これらのことを数値例を用いて示そう。

第1の方法　現地通貨建てのままNPV算出，最後に自国通貨建てへ

第1の方法は，将来の現地通貨建てのキャッシュフローの期待値を算出し，それを現地通貨建てのリスクに応じた割引率で割り引いてNPVを算出する。NPV＞0（＜0）ならば投資プロジェクトを実行（放棄）すればよい。

簡単な数値例で詳しく検討してみる。現在の為替レートを120円/ドルとする。日本の輸出企業が直接投資として，50百万ドル（＝60億円）でアメリカに工場を建設するプロジェクトを考える。このプロジェクトからのドル建ての各期の期待キャッシュフローは以下の**図表14－1**の通りである。

図表14－1　ドル建ての期待キャッシュフロー

（単位：百万ドル）

期間	0	1	2	3	4（継続価値）
キャッシュフロー	－50	5	10	15	50

このドル建てキャッシュフローを持つ海外プロジェクトに適用される割引率が10％であるとすると，NPVは，

$$\mathrm{NPV}=-50+\frac{5}{1.1}+\frac{10}{1.1^2}+\frac{15}{1.1^3}+\frac{50}{1.1^3}=8.23\text{百万ドル}$$

NPV＞0であるから，このプロジェクトは実行すべきということになる。このドル建てのNPVを円建てに直すには，ドル建てのNPVを現在の為替レートを用いて変換すればよい。すなわち，

円建てのNPV＝8.23×120＝9.88億円

ここまでのNPVの算出においては，将来の予想為替レートや為替リスクは全く考慮していない。したがって，海外投資プロジェクトの決定において，将来の為替レートに対する予想や為替リスクは全く影響を与えていないのである。また，この場合のNPVの算出では，為替リスクを全くヘッジしていないと考えることもできる。

第2の方法　現地通貨建てキャッシュフローを自国通貨建てに変換してNPV算出

第2の方法，すなわち，このプロジェクトを，フォワード契約を用いて完全に為替リスクをヘッジをした場合について考える。NPVを算出するためには，完全ヘッジされたキャッシュフローを求め，そのキャッシュフローを割り引くために適切な割引率を選ぶ必要がある。日本とアメリカのリスクフリー・レー

ト（年率）は，それぞれ1％，2％とする。1～4年物の先渡し為替レートは，前述のカバー付きの金利平価の公式(14.1)式を用いると以下のように算出することができる。

$$1\text{年物の先渡し為替レート}=120\times\frac{1.01}{1.02}=118.82$$

$$2\text{年物の先渡し為替レート}=120\times\frac{1.01^2}{1.02^2}=117.66$$

$$3\text{年物の先渡し為替レート}=120\times\frac{1.01^3}{1.02^3}=116.51$$

$$4\text{年物の先渡し為替レート}=120\times\frac{1.01^4}{1.02^4}=115.36$$

為替リスクを完全ヘッジした場合の円換算の期待キャッシュフローは，ドル建ての期待キャッシュフローに先渡し為替レートを掛け合わせることによって，以下の**図表14－2**のようになる。

図表14－2　為替リスクを完全ヘッジした円建ての期待キャッシュフロー

（単位：億円）

期間	0	1	2	3	4
CF	－0.5×120 ＝60	0.05×118.82 ＝5.94	0.1×117.66 ＝11.77	0.15×116.51 ＝17.48	0.5×115.36 ＝57.68

次に，ドル建ての割引率が10％である時，完全ヘッジした円建てのキャッシュフローに適用すべき割引率をどのように設定したらよいかを考える。投資プロジェクトと同じリスク特性を持つ1年後の期待キャッシュフロー1.1ドルの現在価値は，1ドルである。1年後の1.1ドルの為替リスクを完全ヘッジすると，1.1×(1.01/1.02)＝1.089ドルとなる。よって，この8.9％が完全ヘッジした円換算キャッシュフローに適用すべき割引率と考えることができる。

したがって，為替リスクを完全ヘッジした円換算のNPVは，以下のように計算される。

$$NPV=-60+\frac{5.94}{1.089}+\frac{11.77}{1.089^2}+\frac{17.48}{1.089^3}+\frac{57.68}{1.089^4}=9.88\text{億円}$$

この時適用される割引率8.9%は,外貨建てキャッシュフローに対する資本コスト（海外投資の資本コスト）を表し，以下のようにまとめることができる。

$$R^{¥}=R^{\$}\frac{1+r_{JPN}}{1+r_{US}}\approx R^{\$}+(r_{JPN}-r_{US}) \qquad (14.7)$$

$R^{\$}$：ドル建てのキャッシュフローに対する資本コスト

$R^{¥}$：為替リスクを完全ヘッジした円換算キャッシュフローに適用すべき資本コスト

この為替リスクを完全ヘッジしたNPVは，先にドル建てで計算されたNPVの円換算値に等しくなっていることがわかる。

このように，海外投資については，２通りの方法のいずれかで評価すればよいことが明らかになった。現地通貨ベースでNPVの原理を用いればよく，為替レートの予想は投資の決定には無関係なのである。また，海外投資の為替リスクのヘッジをどのようにすべきかは，投資決定とは独立に考慮すべき問題であり，次節で説明する。ただし，ここで示した海外投資プロジェクトの評価方法では，外国為替市場を含めて完全市場の仮定を用いていることに注意すべきである。

14.3.2　市場分断化の影響

ここまでは，各国の金融市場には取引の制約がなく，世界全体で統合されていることを前提にしていた。しかし，各国の金融市場が分断化されていると，海外での投資決定に影響を受ける。市場の分断化とは，金融市場へのアクセスにおいて，投資家の資金調達企業がどこの国にいるかで違いが生じることである。市場分断化の例として，各国の国際資本規制や外国為替管理がある。例えば，日本の企業は，アメリカ市場での知名度がないために十分な資金調達ができない，資金調達コストがアメリカ企業に比べて割高となる，などが挙げられる。

分断化された市場においては，前述の第１の方法と第２の方法で，海外投資の評価は一致しない。また，企業の資金調達コストは企業ごとに異なる。その場合には，ある企業が投資プロジェクトのNPVを算出する場合には，その企業に適用される固有の割引率に基づいて投資プロジェクトを割り引く必要がある。

14.4 為替リスクのヘッジ

14.4.1 為替リスクのタイプ

事業会社が直面する為替リスクは，取引リスク，換算リスク，経済リスク，の3つに大きく分けられる。

取引リスクとは，外貨建て取引において，契約と決済の時間のずれにより，その間の為替レート変動によって生じるリスクである。取引リスクは，第13章において輸出企業A社の例を用いて説明したように，短期のリスクであり，また数量的な把握が容易なリスクである。したがって，取引リスクは，通貨デリバティブを用いることによって，容易にヘッジすることが可能である。

換算リスクとは，連結財務諸表の作成のために外貨建ての債権・債務を本国通貨建てに換算する際に生じるリスクである。代表例として，海外からの借入れや外国通貨建て資産を本国通貨建てに換算することがある。換算リスクは実際のキャッシュフローの変動を伴わないが，為替レートの変動により，換算のための為替レートをいくらに設定するかによって，利益をはじめ貸借対照表や損益計算書中の数値が大きな影響を受ける。

経済リスクとは，為替レートの変動によって国際競争力が低下するリスクである。経済リスクは，生産・販売面，原材料調達面，財務面，などに様々な影響をもたらし，中長期にわたって企業の将来キャッシュフローに大きな影響を与えるリスクである。例えば，長期的な円高が日本企業に与える影響としては，外貨建て売上高の円換算価値の減少，輸出価格の上昇による販売量やマーケットシェアの低下，輸入原材料の円換算調達コストの低下，外貨建て負債の円換算価値の低下，などがある。輸出企業か輸入企業か，業原材料の輸入比率，業種などにより，直面する経済リスクは企業ごとに大きく異なる。また，経済的リスクは，中長期にわたって企業活動の様々な面に影響を与えるため，数量的な把握が難しいという特徴を持っている。したがって，経済リスクの管理も難しい。

14.4.2 オペレーショナル・ヘッジ

経済リスクや一部の換算リスクは中長期に渡るリスクであるため，デリバティブによるヘッジにも限界がある。経済リスクのような長期の為替レート変動のリスクのヘッジには，オペレーショナル・ヘッジが有効である。オペレーショナル・ヘッジとは，事業活動によって生じる外貨建ての債権と債務を同一の外貨建てにして相殺を図るヘッジである。例えば，輸出企業の場合，海外からの部品調達比率を高める，生産工場の海外移転，外貨借入の増加，などである。それらは，長期的に大きな為替レートの変動が起こっても，企業の将来キャッシュフローの変動を緩和するように働く。日本の自動車会社が過去の長期的な円高傾向の中で，海外直接投資による現地生産の拡大により，為替レート変動が生じても円建ての連結利益の変動が小さくなるように工夫してきたことが代表例である。

ただし，オペレーショナル・ヘッジには時間とコストがかかる。また，デリバティブとは異なり，短期間での柔軟な変更が難しいという欠点がある。例えば，直接投資による現地生産においては，現地生産を開始するまでに年単位の時間がかかる。また，予想外の円安の進行や現地の市場環境の悪化によって海外子会社の収益が悪化しても，直ちに現地生産から撤退することは難しい。多国籍企業化は，生産販売拠点を各国に分散化してリスクを低減する工夫の１つである。ただし，現地生産では，国内工場と同レベルの安定した生産や品質の維持が難しいことが多い。特に，途上国における生産では，経済全体の不安定さに加えて，政治的な不安定などのポリティカル・リスク（後述）にも注意する必要がある。

14.4.3　海外投資のタイプと為替リスク

企業による海外への直接投資の決定を生産･販売の側面から３つのタイプに分けて，その投資プロジェクトが直面する為替リスク，特に経済リスクについて考えてみよう。

第１は，現地の生産要素・原材料で生産，現地で販売する場合である。例えば，日本の自動車メーカーがアメリカ工場を建設する場合である。この場合の経済リスクは小さい。なぜならば，ドル建ての資金調達および原材料コストに対して，工場稼働後にドル建ての売上が得られ，主要な債権と債務が相殺されるからである。長期的に為替レートが円高傾向に大きく変化しても，影響は小さい。

第2は，現地の生産要素で生産し，その国以外の国で販売する場合である。例えば，家電メーカーが生産コストの低いアジアに工場を建て，日本に逆輸入する場合である。この場合には，短期の取引リスク，中長期の経済リスクとも大きい。為替レートが円安になると，原材料や資金調達コストなどの主な債務と円建ての売上高とで換算通貨が異なるからである。円安が継続すると，国際競争力が大きく低下し，収益性が悪化する。為替リスクをヘッジするためには輸出先を日本だけに限定するのではなく，できる限り債務と同一通貨の地域へシフトさせる必要がある。

最後に，本国の生産要素で生産し，現地で販売拠点を設立して販売する場合である。例えば，ソフトウェア会社が販売拠点として海外現地法人を設立する場合である。このようなビジネスの場合，大きな為替リスク，その中でも経済リスクを負担せざるを得ない。為替リスクをヘッジするためには，販売先をグローバルに分散することによって売上を複数通貨建てにすることで為替リスクの分散化を図ったり，現地で新たに現地向けの製品を開発することなど，が考えられる。

このように，海外投資にも様々なタイプが存在し，タイプに応じてオペレーショナル・ヘッジの戦略も大きく異なる。

14.5 国際的な資金調達

企業は，国際金融市場で，資金を調達することができる。特にグローバルな事業展開を行っている多国籍企業は，しばしば国際金融市場で資金調達を行う。国内での資金調達の際に決定すべき主要な事項は，調達形態(株式，債券など)および調達額である。国際的な資金調達では，それらに加えて，どこで調達するのか，どの通貨で調達するかを決定する必要がある。

14.5.1 調達場所

企業は，どこで資金調達をすべきであろうか。もし国際資本市場が統合されていて取引制約がないのであれば，どこで調達しても資金調達コストは同じである。しかし，国際資本市場が分断されている場合には，資金調達コストは市場間で異なる。現実の国際金融市場を構成する各国市場は，税金をはじめ，それぞれ異なる規制下に置かれているため，どこで資金調達をするかは重要な問題となる。基本的な解答は，最も資金調達コストが低いところで行えばよい，ということになる。

資金調達では自国市場での発行が中心であるが，欧米や日本の大企業がしばしば海外で証券を発行して資金調達することがある。ユーロ市場は，国内市場に比べて規制が緩いため，より柔軟な，あるいはより有利な条件で証券を発行できる(2)。外国企業や外国政府などの非居住者によって日本で発行される円建て外債は，サムライ債と呼ばれる。日本におけるサムライ債の市場は，知名度が高くて高格付けの外国企業にとっては，低コストで円資金を調達できる市場として発展している。

14.5.2　調達通貨

株式以外による資金調達では，どこで調達するかと同時に，どの通貨建てで調達するかを決定する必要がある。海外で発行された債券は，外債と呼ばれる。例えば，日本企業によってニューヨークで発行されたドル建ての債券がそうである。特に，ユーロ市場で発行された外債はユーロ債と呼ばれる。また，海外での転換社債やワラント債の発行など，エクイティ・ファイナンスによる資金調達も行われている。日本企業については，1980年代以降，転換社債・ワラント債の発行によるユーロ市場を通じた資金調達が積極的に行われてきた。

証券発行だけではなく，借入も重要な資金調達手段である。多国籍企業を中心に，国際的な業務を行っている銀行から，ユーロ市場で様々な通貨での借入もしばしば行われている。海外において外国通貨での社債発行や借入れが相対的に不利な場合には，通貨スワップを用いて，自国通貨での借入れを外貨建て借入に変更するという手法も多く用いられている。

どの通貨で資金調達すべきかについては，内外金利差や将来の為替レートの予想に基づいて発行する通貨を決定することが考えられる。自国通貨建ての利回り r よりも外国通貨建ての利回り $r^*+E(s)$ が低くなるならば外国通貨建

(2)　ユーロ市場とは，その市場が存在する国の通貨以外の通貨によって資金の運用･調達が行われる市場の総称である。例えば，ロンドンで取引されるドルや円の市場はユーロ市場に含まれる。EU の通貨であるユーロとは別である。

ての債券発行や借入れを行うことによって，調達コストを低くすることができる。近年では，歴史的な低金利が継続した円金利で借り入れて直ちに自国通貨に転換する円キャリートレードも行われた。しかし，為替レートの予想は難しく，為替レート予想に基づいた外国通貨建ての資金調達はリスクが大きい投機的な行動であることを十分に認識する必要がある。為替リスクヘッジの観点からは望ましくない。

発行通貨の選択においては，自社の将来を含めた債権・債務の観点から決定するというのが最も有力な考え方である。前述のように，外国通貨建てでの債券発行や借入れは，経済リスクのヘッジ機能を持っているからである。ドル建て売上高比率が高い企業の場合，ドル建て債券の発行により，ドル建て債権と債務が相殺されるため，為替リスクを軽減することができる。特に多国籍企業の場合には，様々な通貨建てでの取引を行っており，為替リスクのヘッジ手段としての外貨建ての資金調達は有効性が高い。国際金融市場で外貨建ての資金調達を行う主要な企業は，多国籍企業である。

日本企業も，国際金融市場の発展に伴って，1980年代以降，国際的な資金調達を拡大させてきた。具体的には，中長期の外債，短期社債（コマーシャル・ペーパー），転換社債などである。日本国内の発行市場の相対的に厳しい規制を逃れて，自由な発行条件による海外での発行という側面が強いが，各国金融の規制緩和や，デリバティブや証券化などの金融技術の進展によるところも大きい。

14.6　ポリティカル・リスク

これまでは，海外プロジェクトのリスクとして為替リスクを扱ってきた。他にも，ポリティカル・リスク（政治リスク）がある。特に新興国へ投資では重要性が高い。

ポリティカル・リスクとは，投資や取引を行う国の政治的行動の結果生じるリスクである。具体的には，戦争・内乱，収用，外貨送金・交換制限，輸出入制限，政府系機関の債務不履行などがある。これらのリスクは，程度の差はあるが，海外プロジェクトに特有では必ずしもなく，先進国の国内でも生じるリスクである。

ポリティカル・リスクへの企業の対応として，保険および保証が大きな役割を果たす。保険（ポリティカル・リスク保険）は，ポリティカル・リスク発生時に生じる損害をカバーするもの，保証は融資において同様の損害が生じたときに返済を保証するものである。

保険や保証の提供は，民間保険会社，政府系金融機関，国際金融機関によって行われている。民間保険は，日本では主に外資系金融機関によって提供されているが，リスクの性質上，民間での提供は限定される。そのため，民間保険を補完するために政府系金融機関が置かれ，日本では国際協力銀行（JBIC）による融資保証や日本貿易保険（NEXI）が提供する貿易保険，海外投資保険などがある。国際金融機関には，世界銀行グループの１機関である国際金融公社（IFC）や多数国間投資保証機関（MIGA）などがある。

企業自身のポリティカル・リスクへの対応策もいくつかある。収用リスクについては，企業は接収されにくいプロジェクトにすることができる。例えば部品製造工場の場合，その海外子会社だけでは価値を生まないため，収用されにくい。一方，鉱山，油田などは一度生産が開始されれば，そこから生み出されるキャッシュフローは収用後も容易に継承できるため，収用されやすい。その場合には，融資において，現地政府系金融機関や国際金融機関の保証を付けることで，収用への「抑止力」を働かせる工夫がとられることもある。

ポリティカル・リスクがある場合の投資プロジェクトの評価は複雑になる。キャッシュフローから保険料などのコストを差し引く，あるいは割引率にポリティカル・リスクの程度に応じてプレミアムを上乗せすることで対応することになる。その際には，政情不安シナリオをモデル化するなど，コストやプレミアムの算定には工夫が必要となる。

コラム

ビッグマック指数

購買力平価の成立をわかりやすく理解できる尺度に，英国エコノミスト社が開発したビッグマック指数がある。ビッグマックは，マクドナルド社のハンバーガーで，商品が標準化され，世界の多くの国で販売されている。ビッグマック指数とは，ある時点における各国のビッグマックの現地通貨建て価格をアメリカでのドル建てのビッグマック価格から算出される比率（ビッグマックに基づく絶対的PPPレート）と現実の為替レートを比較し，それに基づいて現実の為替レートの割高・割安を示す指数である。

下記の図表には，2015年1月時点における28ヶ国についてのビックマック指数が示されている。例えば，アメリカでのビッグマックの価格は4.79ドル，日本での価格は370円であるから，これらの価格に基づく購買力平価レートは，370/4.79=77.2円/ドルとなり，現実の直物レート117.77円/ドルは，購買力平価レートに比べて34.4%割安ということを表している。表からわかるように，2015年1月時点においては，ビッグマック価格に基づく購買力平価レートが，現実の為替レートに比べてかい離幅が大きいことがわかる。特に，多くの国の通貨がドルに対して割安を示している。最新データについては，英国エコノミスト誌のウェブサイトを参照のこと。

ビッグマック指数

スイス	57.5%	韓国	−21.0%
ノルウェー	31.5%	フィリピン	−23.4%
デンマーク	12.2%	ギリシャ	−26.2%
ブラジル	8.7%	シンガポール	−26.4%
スウェーデン	3.7%	メキシコ	−30.1%
カナダ	−3.1%	アルゼンチン	−32.1%
フランス	−5.7%	日本	−34.4%
イタリア	−6.9%	タイ	−36.6%
イギリス	−8.8%	サウジアラビア	−38.9%
オーストラリア	−9.8%	中国	−42.2%
ドイツ	−11.2%	香港	−49.4%
スペイン	−11.7%	インドネシア	−53.3%
オランダ	−16.5%	南アフリカ	−53.6%
オーストリア	−18.0%	インド	−60.6%

（注）対象国は，原データから一部の国を除いた28ヶ国。
（出所）英国 Economist 誌ウェブサイトより，2015年1月時点。
http://www.economist.com/content/big-mac-index をもとに著者作成。

◆ 本章のまとめ ◆

- 外国為替市場とは，異なる2つの通貨を交換する市場のことであり，そこでの交換レートが為替レートである。
- 先渡し（フォワード）為替レート F は，カバー付きの金利平価で決定される。すなわち，フォワード・プレミアム率 $\frac{F-S}{S} \approx r_{\mathrm{JPN}} - r_{\mathrm{US}}$
- 為替レートの長期均衡水準は，2国の財価格が均等化するように決定されると考えられる。この考え方は購買力平価（PPP）と呼ばれる。
- 絶対的購買力平価は，$S^{\mathrm{PPP}} = \frac{P}{P^*}$ 相対的購買力平価は，$s = \pi - \pi^*$
- 短期における為替レートは，国際間の資産取引に基づいて決定される。これはアセット・アプローチと呼ばれる。
- 短期における外国為替市場の均衡条件は，投資家がリスク中立である時，カバーなしの金利平価 $r_{\mathrm{JPN}} = r_{\mathrm{US}} + E(s)$ が成立することである。また，投資家がリスク回避的である時には，上記の均衡条件に為替のリスク・プレミアムが付加される。
- 海外投資プロジェクトの決定においては，NPVの算出には2通りある。1つは，現地通貨建てキャッシュフローの期待値に対して，現地通貨ベースで要求される割引率を用いて，現地通貨建てのNPVを算出して決定する方法である。もう1つは，現地通貨建てキャッシュフローの期待値を先渡し為替レートで自国通貨建てに直したものを，現地通貨建てキャッシュフローのための資本コストで割り引く方法である。どちらを行っても各国の金融市場が統合されていれば結果は変わらない。
- 為替リスクは，取引リスク，換算リスク，経済リスク，の3つに大きく分けられる。
- 国際的な資金調達では，国内での資金調達の決定事項に加えて，発行場所と，発行通貨を決定する必要がある。
- 海外投資プロジェクトには，投資や取引を行う国の政治的行動の結果生じるリスクであるポリティカル・リスクもある。

Problems

問1 以下の情報に基づいて，下の問いに答えなさい。

- 現在の円ドル為替レート：120円/ドル
- 円の6ヶ月物金利：1％（年率）
- ドルの6ヶ月物金利：3％（年率）
- 日本の今後1年間の予想インフレ率：2％
- アメリカの今後1年間の予想インフレ率：4％

(1) 6ヶ月先の先渡し為替レートはいくらか。

(2) もし6ヶ月先の先渡し為替レートが117.00円/ドルであるとすると，どのような裁定取引ができるか。

(3) PPPが成立しているとすれば，今後1年間の日米のインフレ率が予想通りであったとすると，1年後の円ドルレートはいくらになるか。

問2（Excel 利用） 日本の自動車部品企業のX社が，ドイツへの直接投資を検討している。初期投資額は8千万ユーロで，プロジェクトからの5年間のキャッシュフローは以下の図表の通りである。ユーロで要求される割引率は10%，現在の為替レートは130円/ユーロである。ユーロの金利は年率3.0%，円の金利は年率1.0%である（ともにすべての年限で一定)。また，この投資プロジェクトのベータは1.2で，市場のリスク・プレミアムは8％である。

ユーロ建ての期待キャッシュフロー

（単位：百万ユーロ）

期間	0	1	2	3	4	5（継続価値）
キャッシュフロー	−80	5	30	25	20	60

(1) このユーロ建てのキャッシュフローに対する要求リターンはいくらか。その考えに基づいて，ユーロ建てのNPVを計算し，円に変換するといくらか。

(2) 1年後から5年後までの先渡し為替レートはそれぞれいくらか。

(3) (2)の結果に基づいて，ユーロ建てのキャッシュフローを為替リスクを完全にヘッジした円建てのキャッシュフローに変換し，円換算のNPVを求めなさい。

(4) この海外投資プロジェクトは実行すべきか。

さらに学ぶために

コーポレート・ファイナンス全般に関する参考文献

アメリカのビジネススクールなどで利用されているMBAコース向けの代表的なコーポレート・ファイナンスの教科書で翻訳されているものに以下がある。

- Berk, J., and P. DeMarzo（久保田敬一・芹田敏夫・竹原均・徳永俊史訳）『コーポレートファイナンス 入門編［第2版］』丸善出版，2014年
- Berk, J., and P. DeMarzo（久保田敬一・芹田敏夫・竹原均・徳永俊史・山内浩嗣訳）『コーポレートファイナンス 応用編［第2版］』丸善出版，2014年
- Brealey, R., S. Myers, and F. Allen（藤井眞理子・國枝繁樹監訳）『コーポレート・ファイナンス［第10版］』日経BP社，2014年
- Ross, S., R. Westerfield, and J. Jaffe（大野薫訳）『コーポレートファイナンスの原理［第9版］』きんざい，2012年

第1章 イントロダクション

財務比率分析の代表的な教科書としては，以下のものが挙げられる。

- 桜井久勝『財務諸表分析［第6版］』中央経済社，2015年

第4章 リスクとリターン

ポートフォリオ理論の詳細については，以下の2冊が代表的なテキストである。

- 小林孝雄・芹田敏夫『新・証券投資論Ⅰ 理論篇』日本経済新聞出版社，2009年
- Bodie, Z., A. Kane, and A. Marcus（平木多賀人・伊藤彰敏・竹澤直哉・山崎亮・辻本臣哉訳）『インベストメント［第8版］（上，下）』日本経済新聞出版社，2010年

回帰分析を含む統計学の基本テキストは数多く出版されているが，代表的なものとして以下のテキストが挙げられる。

- 森棟公夫『統計学入門［第2版］』新世社，2000年

第5章　資本構成

エージェンシー理論や契約理論と企業の資本構成の関係に関しては以下の文献が網羅的に説明している。

● Tirole, J., "*The Theory of Corporate Finance*," MIT Press, 2006.

エージェンシー理論や契約理論について述べた本に以下がある。

● 清水克俊・堀内昭義『インセンティブの経済学』有斐閣，2003年
● 伊藤秀史『契約の経済理論』有斐閣，2003年

第6章　資本コスト

資本コスト推定に際して検討すべき諸点に関しては下記が詳しい。

● McKinsey & Company Inc., T. Koller, M. Goedhart, and D. Wessels, "*Valuation : Measuring and Managing the Value of Companies* (6th Edition)," Wiley, 2015.（第5版の翻訳書として，本田桂子他訳『企業価値評価（上，下）』ダイヤモンド社，2012年がある。）

第8章　企業価値の評価

企業価値の計算方法については，第6章の参考文献として挙げた以下の文献で詳しく説明されている。

● McKinsey & Company Inc., T. Koller, M. Goedhart, and D. Wessels, "*Valuation : Measuring and Managing the Value of Companies* (6th Edition)," Wiley, 2015.

スターンスチュワート社の提唱するEVA（経済付加価値）については，以下の文献で詳しく説明されている。

● Stewart, III, G.B.（日興リサーチセンター/河田剛・長掛良介・須藤亜里訳）『EVA創造の経営』東洋経済新報社，1998年
● スターンスチュワート社『EVAによる価値創造経営』ダイヤモンド社，2001年

第9章　企業の合併・買収

21世紀に入って増加した日本国内の敵対的買収と買収防衛策について考察した文献として，以下のものがある。

● 新井富雄・日本経済研究センター編『検証　日本の敵対的買収』日本経済新聞出版社，2007年

第10章　コーポレート・ガバナンス

欧米におけるコーポレート・ガバナンス研究の概要を知るための代表的なサーベイとしては以下がある。

- Becht, M., P. Bolton, and A. Röell, "Corporate Governance and Control," in Constantinides, G., M. Harris, and R. Stulz (eds.) "*Handbook of the Economics of Finance*," North-Holland, 2003.

邦語文献としては，下記がある。

- 小佐野広『コーポレート・ガバナンスの経済学』日本経済新聞社，2001年

日本企業のコーポレート・ガバナンスや近年のガバナンス改革の動きに関して紹介する書籍が，最近多数出版されている。例えば下記がある。

- 藤田勉『日本企業のためのコーポレートガバナンス講座』東洋経済新報社，2015年

第11章　オプション

オプションに関してもう少し専門的でかつ文科系の人にも理解しやすい書籍として下記が挙げられる。

- Hull, J., "*Options, Futures, and Other Derivatives* (9th Edition)," Prentice Hall, 2014.（第7版の翻訳書として，三菱UFJ証券市場商品本部訳『フィナンシャルエンジニアリングーデリバティブ取引とリスク管理の総体系［第7版］』金融財政事情研究会，2009年がある。）
- Kosowski, R., and S. Neftci, "*Principles of Financial Engineering* (3rd Edition)," Academic Press, 2014.

第12章　オプションの応用

新株予約権付社債については，例えば，下記がある。

- De Spiegeleer, J., W. Schoutens, and C. Van Hulle, "*The Handbook of Hybrid Securities : Convertible Bonds, CoCo Bonds and Bail-In*," Wiley, 2014.

リアル・オプションに関してもう少し専門的でかつ理解しやすい書籍として下記が挙げられる。

- Trigeorgis, L., "*Real Options : Managerial Flexibility and Strategy in Resource Allocation*," The MIT Press, 1996.（前川俊一他訳『リアルオプション（ファイナンス工学大系シリーズ）』エコノミスト社，2001年）

● Mun, J., "*Real Options Analysis : Tools and Techniques for Valuing Strategic Investment and Decisions* (2nd Edition)," Wiley, 2005（初版の翻訳書として川口有一郎，構造計画研究所訳『実践リアルオプションのすべて－戦略的投資価値を分析する技術とツール』ダイヤモンド社，2003年がある。）

実際のリアル・オプション分析にはモンテカルト法が用いられるが，それについて学びたい人には下記の書籍がある。

● 大野薫『モンテカルロ法によるリアル・オプション分析－事業計画の戦略的評価』きんざい，2012年

第13章　財務リスク・マネジメント

財務リスク・マネジメントを扱ったコーポレートファイナンスの教科書には以下がある。

● 花枝英樹『企業財務入門』第12章，白桃書房，2005年

財務リスクマネジメント，デリバティブの利用を詳しく扱ったテキストとして，以下がある。

● 新井富雄・高橋誠『デリバティブ入門』日本経済新聞社，1996年
● 中條誠一『ゼミナール　為替リスク管理［新版］』有斐閣，1999年
● Harrington, S., and G. Niehaus（米山高生・箸方幹逸監訳）『保険とリスクマネジメント』東洋経済新報社，2005年
● Stulz, R., "*Risk Managemaent and Derivatives*", South-Western, 2003
● Doherty，N.A.（森平爽一郎・米山高生監訳）『統合リスクマネジメント』中央経済社，2012年

第14章　国際財務管理

外国為替市場や為替レートの決定理論については，以下のテキストが詳しい。

● 上川孝夫・藤田誠一編『現代国際金融論［第４版］』有斐閣，2012年
● Krugman, P., and M. Obstfeld（山本章子訳）『クルーグマンの国際経済学　下　金融編』丸善出版，2014年
● Solnik，B.，and D. MacLeavey.，"*Global investments 6th edition*"，Pearson Prentice Hall. 2009

索　引

欧・数

あ行

か行

さ行

た行

な行

は行

ま行

や行

ら行

わ行

著者紹介

新井　富雄（あらい　とみお）　第5，6，10，11，12章

東京大学名誉教授

1973年，早稲田大学政経学部卒業。同年，㈱野村総合研究所に入社後，企業調査部，Nomura Research Institute, America，金融技術研究部，システムサイエンス部，㈶野村マネジメント・スクール等に勤務。この間，1977年にペンシルベニア大学ウォートン・スクールMBA取得。㈱野村総合研究所／野村マネジメント・スクール研究理事等を歴任。2004年，東京大学大学院経済学研究科・経済学部教授。

著書　『ビジネス・ゼミナール　デリバティブ入門』（共著）日本経済新聞社，1996年
『資本市場とコーポレート・ファイナンス』（共著）中央経済社，1999年
『検証　日本の敵対的買収』（共編著）日本経済新聞出版社，2007年
『現代の財務管理（新版）』（共著）有斐閣，2011年　等

高橋　文郎（たかはし　ふみお）　第1，3，7，8，9章

青山学院大学大学院国際マネジメント研究科教授

1977年，東京大学教養学部教養学科卒業。同年，㈱野村総合研究所入社後，1984年より㈶野村マネジメント・スクールに勤務。この間，1982年にペンシルベニア大学ウォートン・スクールMBA取得。CSKベンチャーキャピタル㈱取締役，UAMジャパン・インク取締役等を歴任。2001年，中央大学経済学部教授を経て，2004年より現職。

著書　『エグゼクティブのためのコーポレート・ファイナンス入門』東洋経済新報社，2006年
『経営財務入門（第4版）』（共著）日本経済新聞出版社，2009年
『ビジネスリーダーのフィロソフィー』金融財政事情研究会，2012年　等

芹田　敏夫（せりた　としお）　第2，4，13，14章

青山学院大学経済学部教授

1986年，筑波大学第三学群社会工学類卒業。1988年，大阪大学大学院経済学研究科前期課程修了。1990年，同大学院経済学研究科後期課程退学。
1990年に甲南大学経済学部助手，同助教授。1995年，青山学院大学経済学部助教授を経て，2004年より現職。

著書　『新しい企業金融』（共著）有斐閣，2004年
『新・証券投資論Ⅰ　理論篇』（共著），日本経済新聞出版社，2009年　等

コーポレート・ファイナンス－基礎と応用－

2016年4月5日　第1版第1刷発行
2021年6月25日　第1版第4刷発行

著者　新井富雄
　　　高橋文郎
　　　芹田敏夫
発行者　山本継
発行所　㈱中央経済社
発売元　㈱中央経済グループパブリッシング

〒101-0051　東京都千代田区神田神保町1-31-2
電話　03（3293）3371（編集代表）
　　　03（3293）3381（営業代表）
https://www.chuokeizai.co.jp
印刷／昭和情報プロセス㈱
製本／誠製本㈱

ISBN978-4-502-18351-5 C3034